So CPL-ES-f3   14.50
S-24556   13.80

Contre-histoire de la philosophie IV

LES ULTRAS DES LUMIÈRES

Né en 1959, Michel Onfray est docteur en philosophie. Après avoir enseigné dans un lycée technique, il démissionne de l'Éducation nationale en 2002 pour créer l'université populaire de Caen. Auteur d'une trentaine d'ouvrages, il a comme projet la formulation d'une théorie de l'hédonisme à la fois éthique, esthétique, politique et épistémologique. Il se propose ainsi de réconcilier l'homme avec son corps, et envisage la philosophie comme un art de vivre, permettant à l'homme de se débarrasser de ses illusions. Lecteur de Freud, il prône une philosophie liée à la psychanalyse et se définit comme un « freudo-marxiste » ; admirateur de Nietzsche, il souhaite une révolte contre le conformisme et le dogmatisme ; il affiche enfin un athéisme sans concession.

Paru dans Le Livre de Poche :

À CÔTÉ DU DÉSIR D'ÉTERNITÉ
L'ARCHIPEL DES COMÈTES
L'ART DE JOUIR
CONTRE-HISTOIRE DE LA PHILOSOPHIE
1. Les Sagesses antiques
2. Le Christianisme hédoniste
3. Les Libertins baroques
CYNISMES
LE DÉSIR D'ÊTRE UN VOLCAN
ESTHÉTIQUE DU PÔLE NORD
FÉERIES ANATOMIQUES
LES FORMES DU TEMPS
L'INVENTION DU PLAISIR : FRAGMENTS CYRÉNAÏQUES *(inédit)*
PHYSIOLOGIE DE GEORGES PALANTE
POLITIQUE DU REBELLE
LA PUISSANCE D'EXISTER
LA RAISON GOURMANDE
LA SAGESSE TRAGIQUE. DU BON USAGE DE NIETZSCHE
(inédit)
LA SCULPTURE DE SOI
THÉORIE DU CORPS AMOUREUX
THÉORIE DU VOYAGE *(inédit)*
TRAITÉ D'ATHÉOLOGIE
LE VENTRE DES PHILOSOPHES
LES VERTUS DE LA FOUDRE

Collection dirigée par Jean-Paul Enthoven

MICHEL ONFRAY

Contre-histoire de la philosophie IV

Les Ultras des Lumières

GRASSET

© Éditions Grasset & Fasquelle, 2007.
ISBN : 978-2-253-08445-7 – 1ʳᵉ publication LGF

SOMMAIRE

(Contre-histoire de la philosophie, quatrième partie)
LES ULTRAS DES LUMIÈRES

Introduction : Les Ultras des Lumières 15
1) La clarté faiblarde des cierges. 2) Les escrocs philosophiques. 3) La vociféation des « antiphilosophes ». 4) Les Lumières pâles. 5) De l'existence de Lumières radicales. 6) Augmenter les Lumières. 7) Penser sous le manteau. 8) Généalogies de la mort de Dieu. 9) Voltaire le bigot ! 10) Brûler l'*Encyclopédie* ? 11) Qu'est-ce qu'une pensée radicale ?

PREMIER TEMPS – *Les matérialistes radicaux*

I. JEAN MESLIER ET « LE DOUX PENCHANT DE LA NATURE » 43
1) D'un certain Jean Meslier. 2) Un curé athée. 3) Une bombe philosophique. 4) Les *Essais* d'un athée. 5) Une architecture rococo. 6) Tripes de curés, boyaux de nobles. 7) Feu contre christicoles et déicoles ! 8) La première déconstruction du christianisme. 9) Les prunes du Paradis. 10) Un malade nommé Jésus. 11) Des idoles de pâte et de farine. 12) Pour une morale postchrétienne. 13) Une éthique de la pitié. 14) Botter les fesses de Malebranche. 15) Le massacre des chats. 16) Meslier, philosophe à part entière. 17) Une ontologie matérialiste. 18) Une histoire naturelle

du mal. 19) Philosophie des Etats généraux. 20) Une république eudémoniste. 21) L'Eglise soutient les tyrans. 22) Un gramscien sous Louis XIV. 23) Comment la révolution ? 24) Voltaire détrousse les cadavres. 25) Pillages et destins posthumes.

II. LA METTRIE ET « LA FÉLICITÉ TEMPORELLE »   99
1) Un faux nouveau Jésus. 2) Socrate chez Hippocrate. 3) Eloge du philosophe médecin. 4) Se faire sonner les cloches. 5) La perruque, le jabot et le pâté de faisan. 6) Autoportrait en opiomane. 7) Autofiction à la poudre à rats. 8) Prolifération lyrique de l'œuvre. 9) Stratégies de la dissimulation. 10) Trois brins du fil d'Ariane. 11) La négation de Dieu en creux. 12) Un matérialisme radical. 13) Une machine perpendiculairement rampante. 14) L'innocence du devenir. 15) Abolir le remords. 16) « Métaphysique de la tendresse ». 17) Le repos dans le crime. 18) Une clarté neuronale. 19) Renouer avec la volupté naturelle.

DEUXIÈME TEMPS – *Les utilitaristes français*

I. MAUPERTUIS ET « LE DÉSIR D'ÊTRE HEUREUX »   139
1) Les matériaux de l'utilitarisme français. 2) Fils de corsaire. 3) L'attraction contre les tourbillons. 4) Philosopher au pôle Nord. 5) Hamster blanc, serviteur noir. 6) Avoir « le vit sec ». 7) Nouvelles colères. 8) Colères, suite et encore... 9) La mort du Lapon. 10) Vénus, nègres blancs, etc. 11) Maupertuis l'oxymorique. 12) *More geometrico*. 13) Un dynamomètre pour le plaisir ? 14) Construire la jouissance. 15) Le désir est partout. 16) Le souverain bien. 17) L'hédonisme chrétien.

Sommaire

II. Helvétius et « le désir du plaisir » 167
1) Un percepteur gauchiste. 2) Le souci du bonheur. 3) La dentelle, les bas et le minerai. 4) Du beau monde philosophique. 5) L'exercice communautaire de la pensée. 6) L'éthique par-delà la métaphysique. 7) Le déisme de l'athée. 8) L'agnosticisme matérialiste. 9) Le projet d'un dictionnaire philosophique. 10) L'affaire *De l'esprit*. 11) Les dix dernières années. 12) Un penseur utilitariste. 13) La fondation hédoniste. 14) Une psychologie cynique. 15) Fatalité du tropisme égoïste. 16) Exercices de décomposition. 17) Königsberg contre Paris. 18) Généalogie du conséquentialisme. 19) La religion d'un mécréant. 20) Le culte de l'intérêt public. 21) Le « cri de la misère ». 22) Un radicalisme réformiste. 23) « Egaux en bonheur ». 24) La philosophie des Neuf Sœurs. 25) La construction d'un être. 26) Petits accidents et causes imperceptibles. 27) Robespierre, Napoléon et Cie...

III. D'Holbach et « l'art de jouir » 221
1) Un baron atrabilaire. 2) Synagogue et boulangerie. 3) L'œuvre de l'ogre. 4) L'opus magnum. 5) Le héraut de l'athéologie. 6) Les pièces à conviction. 7) Généalogie de Dieu. 8) Une machine de guerre antichrétienne. 9) Le commerce de la culpabilité. 10) Marie-couche-toi-là. 11) Contre la pulsion de mort chrétienne. 12) Vérité du matérialisme. 13) Désir de jouir, besoin de se conserver. 14) Une théorie des motifs. 15) Conséquentialisme et utilitarisme. 16) Contre la peine de mort, sauf... 17) Un clinamen providentiel. 18) Mode d'emploi d'un tempérament. 19) Principes d'éthocratie. 20) Manger du curé ? 21) L'athée vertueux.

TROISIÈME TEMPS – *Le libertinage féodal*

SADE ET « LES PLAISIRS DE LA CRUAUTÉ » 271
1) Grand seigneur, méchant homme. 2) Duplicité, cynisme et opportunisme. 3) Délinquant sexuel et relationnel. 4) Les crimes du philosophe. 5) L'impunité de l'aristocrate. 6) L'algolagnie d'un malade. 7) Les compagnons de route du féodalisme. 8) Carpe philosophe, lapin aristocrate. 9) Les prélèvements du philosophe. 10) Sade, La Mettrie satanique. 11) Les logiques du fatalisme. 12) L'isolisme n'est pas un humanisme. 13) 120 journées fascistes. 14) Le camp de la mort. 15) L'hédonisme féodal. 16) Ce que peut le sexe. 17) Que sauver ?

Conclusion : Les deux révolutions françaises .. 301
1) « La poule et l'œuf » philosophique. 2) A morts les philosophes. 3) Le dionysisme de la Révolution. 4) Les deux Révolutions. 5) La radicalité révolutionnaire. 6) Philosophie (bourgeoise) des professeurs. 7) Clartés anglaises contre brumes allemandes.

Bibliographie 313
Chronologie 327
Index 333

« Toute philosophie moderne est politique ou policière »

Nietzsche,
Considérations inactuelles, II.

QUATRIÈME PARTIE

Les ultras des Lumières

Introduction

Les ultras des Lumières

1

La clarté faiblarde des cierges. Les ornithologues spécialisés dans le bestiaire philosophique savent que la chouette de Minerve prend son vol une fois la nuit tombée. En matière d'historiographie, il faudrait convoquer et trouver un animal plus lent, spécialiste des longues durées, une bête fossile, un genre de tortue... Car l'historiographe se réveille bien longtemps après la manifestation du réel. Il arrive à l'heure des cendres froides et remue les choses avec à l'esprit le souvenir de ce qui s'est écoulé entre l'événement et sa narration.

Certes, on imagine mal une histoire du présent, encore moins une histoire du futur. Mais de quel passé peut-on faire l'histoire ? Et surtout à quel moment ? Après quel raisonnable délai de refroidissement du monde ? Ce qui a lieu ici et maintenant porte des potentialités magnifiques pour ce qui sera. Mais personne ne les connaît avant l'écoulement qui permet le passage du virtuel au réel. Que la première moitié du XVIIIe siècle porte en elle la Révolution française semble ne plus faire aucun doute. Mais après les faits. Et l'on repense souvent a posteriori le passé à la lanterne de ce qui l'a suivi. L'écriture de l'Histoire est toujours une histoire d'écriture.

Ainsi, donc, ce siècle est dit des Lumières. Par qui ? Quand ? Et pour dire quoi précisément ? De même que pour l'appellation attribuée au XVIIe – le Grand Siècle –, on ne trouve pas de réponse claire et nette permettant d'exhiber un nom propre, un livre, un article, une date de publication qui en soit à l'origine. Des supputations, des hypothèses, oui, mais pas d'inventeur nominatif. L'historiographie semble échapper à l'historien. Certes, Descartes parle de la « lumière naturelle » de la raison, Voltaire des « lumières d'un siècle éclairé », les Allemands ont leur *Aufklärung*, les Anglais leur *Enlightenment*, on sait également que « recevoir la lumière » en maçonnerie signifie être initié, mais « siècle des Lumières », voilà, semble-t-il, une expression sans géniteur connu.

Depuis Platon, et avec le christianisme ensuite, la lumière est associée au ciel des Idées intelligibles ou à Dieu. Selon la *République*, le sensible procède de l'intelligible comme toute clarté terrestre d'un feu céleste incorruptible, éternel, immortel, incréé. La lumière propose une image, une allégorie, une métaphore de l'indicible. Du feu de l'allégorie de la caverne au rayonnement divin, la lumière caractérise la puissance de l'arrière-monde, la force de la transcendance, la vérité d'un au-delà du réel. La clarté idéale, celle de Dieu le Père, inonde le monde dans le moindre détail. Or ce paradigme s'effondre avec le Grand Siècle : en philosophie, certes, avec Descartes, mais aussi en physique, avec le même qui travaille également l'optique et la réfraction de la lumière. Boyle, Huygens et Newton s'activent eux aussi sur ce même chantier.

A l'évidence, le XVIIIe siècle, en cela fils du Grand Siècle inventeur de la raison moderne qui donne l'impulsion à l'émancipation de la philosophie, peut bien être dit des Lumières : contre les ténèbres religieuses, l'obscurantisme théologique, la nuit catholique, apostolique et romaine tombée sur l'Europe depuis le coup d'Etat de Constantin (321), à rebours de la pensée magique et mystique, aux antipodes des fictions, fables et autres secours mythologiques, une poignée de penseurs – mais pas ceux qu'on croit... – apporte torches et flambeaux, luminaires et lanternes, puis surclasse la petite clarté faiblarde du cierge.

2

Les escrocs philosophiques. Et cette lumière paraît bien nécessaire quand on regarde l'histoire de ce siècle dans son entièreté. Pas seulement ce qu'on a retenu et qui semble préparer, donc confirmer, la Révolution française, mais ce qui grouille et s'épanche sur les terrains les plus extravagants : car le fameux siècle des Lumières, c'est également celui de Johann Kaspar Lavater, philosophe et théologien protestant suisse, poète à ses heures et mystique en permanence, qui s'oppose aux Encyclopédistes et s'excite sur les émotions du visage, puis crée une fausse science, vraie imposture : la *physiognomonie*. De même, le XVIIIe siècle, c'est aussi celui du médecin allemand Franz Joseph Gall qui mesure les crânes – manie de triste augure aux prolongements funestes... – pour extrapoler à partir de leurs creux et bosses – d'où la fameuse bosse des maths... –, une autre théorie fantasque, faussement scientifique, mais réellement symptomatique : la *phrénologie*. Hegel lui règle son compte en quelques mots bien sentis dans la *Phénoménologie de l'esprit*...

A la même époque, on se presse chez Franz Anton Mesmer, un médecin allemand qui extrapole, à partir de l'aimant, un magnétisme supposé guérir toutes les maladies. Dans un hôtel parisien, à partir de 1778, il plonge les femmes du monde et deux ou trois qui les accompagnent, dans son fameux baquet rempli d'eau, de limaille de fer et de verre pilé, où, pratiquant passes et attouchements, le malin soigne les maladies. L'hystérisation des patients, constatable sous forme de délires immédiats, augmente le crédit de cette supercherie vite dévoilée. Le *mesmérisme*, voilà encore un produit du siècle dit des Lumières !

Et que dire des extravagances d'Emanuel Swedenborg, ce Suédois mystique et délirant qui, en regard de ses visions extatiques, expose dans ses œuvres dites philosophiques – le *Livre de la sagesse éternelle* par exemple – comment les anges et les démons invisibles pilotent en permanence et dans le détail le cours du monde réel ? La secte qui s'inspire de lui – comme les « Sociétés de l'Harmonie » s'activent autour de Mesmer –, l'« Eglise de la Nouvelle Jérusalem », eut un grand nombre d'adeptes et produisit longtemps ses effets dans l'Europe... des Lumières !

A quoi il faut ajouter les *gnostiques de la Révolution* : Louis Claude de Saint-Martin et Fabre d'Eglantine, plus connu pour sa chanson « Il pleut, il pleut, bergère » que pour *La Voix de la perfectibilité* ou ses *Vues sur le genre humain*, autant de propositions mystico-délirantes occultistes regroupées sous le terme de *théosophie*. Avec le célèbre Cagliostro, instituteur d'une *maçonnerie égyptienne*, concepteur d'une Eau de jouvence, ces escrocs philosophiques de haute volée vendent de la fumée intellectuelle, séduisent avec l'irrationnel, emportent les suffrages à l'aide de force rhétorique sectaire convaincante. La raison ne triomphe pas partout au siècle dit aussi de Voltaire !

3

La vociferation des « antiphilosophes ». Malheur aux vaincus ! Quand l'histoire s'écrit avec la plume du vainqueur, il faut s'attendre à une continuation de la guerre sur le terrain du papier et des idées : l'extermination idéologique, l'anéantissement dans la visibilité historique, l'écartement de ce qui fut mènent le bal quand les scribes rédigent les annales et chroniques du passé des hérauts qui les appointent. Ainsi les « antiphilosophes » qu'on ne connaît plus guère mais qui, pourtant, organisent un grand vacarme dans le dessein de combattre et contrer la ligne encyclopédique des Lumières classiques. Lumières théologiques venues du ciel, délivrées par Dieu et, surtout, par une religion très terrestre, contre Lumières philosophiques produites par la Raison majuscule.

N'ayons garde d'oublier que le gros des antiphilosophes partage, avec les physiognomonistes, les phrénologues, les mesméristes, les gnostiques, les théosophes, les occultistes, un même goût pour le tropisme sectaire et une semblable détestation des pouvoirs méthodologiques et démonstratifs de la raison philosophique moderne récemment inventée par Descartes. Ne nous étonnons donc pas que les ennemis des philosophes communient tous dans le catholicisme apostolique et romain le plus intégriste.

Qui sont-ils ? Un archipel, là encore : des jésuites, des dévots, des jansénistes, des apologues, des académiciens, des tragédiens, des polygraphes, des ecclésiastiques, qui, tous, défendent bec et ongles la religion chrétienne, mais aussi le bien-fondé de son alliée de toujours, la monarchie... Ils recourent au roman, au théâtre, au dictionnaire, au livre pour enfants, au dialogue, autant qu'au sermon et à l'ouvrage apologétique classique ; ils choisissent le ton du pamphlet, de la guerre et mènent un combat pour empêcher les philosophes de monopoliser le discours audible à l'époque dans les salons et l'édition. Ils créent des néologismes du genre *tolérantisme* ou *philosophisme* et l'on mesure, à leurs suffixes dépréciatifs, dans quelle estime ils tiennent la tolérance et la philosophie.

L'histoire a, bien sûr, oublié le nom du métaphysicien Lelarge de Lignac et les philippiques antidéistes de l'abbé Bergier, ou bien le patronyme de Jacob Nicolas Moreau auteur d'un best-seller en son temps (*sic transit gloria mundi* !) – *Premier Mémoire sur les Cacouacs...* –, idem pour l'abbé Odet Giry de Saint-Cyr, sous-précepteur des Enfants de France et confesseur du Dauphin, et autres porteurs d'eau de la monarchie catholique française qui tient pour détestables ses philosophes pourtant les plus modérés !

4

Les Lumières pâles. Voilà donc un peu du XVIIIe siècle, loin de la carte postale idéologique habituelle. Des baquets pour hystériques, des compas craniométriques, des angélologues satanistes, des arrière-salles ésotériques, des penseurs détestant l'exercice de la raison pure, des mystiques occultistes, des charlatans de tout poil, l'ensemble côtoyant les fusées de Voltaire contre le clergé, mais pas contre Dieu, sa haine des athées, mais pas des religions utiles pour mener le peuple par les naseaux. Ce siècle obscur existe en même temps que Diderot, très sagace sur les peuples du bout du monde dans le *Supplément au voyage de Bougainville*, mais un peu moins disert quand il touche les bénéfices de son capital engagé dans la traite négrière... Même remarque pour un Condorcet condamnant l'esclavage dans *Réflexions sur l'esclavage des Nègres*, mais demandant un moratoire de quatre-vingts ans (!) pour ne pas léser les propriétaires... Lumières, Lumières !

Quid également d'un Kant parangon des Lumières – calvaire des lycéens avec son désormais célèbre *Réponse à la question : Qu'est-ce que les Lumières ?* – qui invite bien sûr à l'audace philosophique, au courage intellectuel de penser par soi-même, qui décrit l'irrésistible progrès de la Raison dans l'histoire, appelle à toujours plus d'émancipation de l'humanité, se réjouit des promesses de la Révolution française au point d'en manquer son habituelle balade près des remparts de Königsberg, souhaite un usage de la raison pure, tout en classant les femmes dans le carré des mineurs de fait, et ce substantiellement, essentiellement. Que dire d'un Kant qui s'appesantit, dans sa

Définition du concept de race humaine ou dans *Des différentes races humaines*, sur la mauvaise odeur des nègres ? – qui « puent le poireau », précise Buffon dans *De l'homme*, autre auteur fameux des Lumières... Le même Kant éclairé trouve bonne l'idée du suffrage universel, mais seulement pour les citoyens actifs – les citoyens passifs, les employés, ouvriers, salariés n'ayant pas plus que les nègres ou les femmes le droit d'être au monde sur le même mode qu'un Blanc propriétaire bien savonné... Lumières, quand tu nous tiens !

Que penser également d'un Jean-Jacques Rousseau qui défend, dans le *Discours sur les sciences et les arts*, tant de positions si peu éclairées ? Discrédit lancé contre l'invention de l'imprimerie, coupable d'avoir rendu possible la publication de tant de livres dangereux ; haine du théâtre qui amollit les consciences et les corps ; généalogie vicieuse de la science et de tous les arts ; éloge de l'ignorance ; souci de maintenir le peuple dans l'obéissance ; mise en garde contre tout désir révolutionnaire ; éloge de Sparte ; défense de la peine de mort ; célébration de la rusticité, du travail manuel, de l'ignorance, de la foi et de la religion, de la discipline militaire ; le tout doublé d'une critique des travaux intellectuels, de la philosophie et de la métaphysique. Un authentique bréviaire d'obscurantisme...

Voilà donc quelques parangons emblématiques des Lumières, et non des moindres, aux côtés des défenseurs de l'esclavage et de la traite négrière, colportant des idées sexistes et racistes, réactionnaires ou conservatrices – un nombre important de ces philosophes défend la peine de mort : Kant, Rousseau, Montesquieu, Diderot, Voltaire... ; la plupart, enfin, combattent activement l'athéisme et défendent le déisme, ce qui leur permet de composer avec le pouvoir officiel, réjoui qu'on lui laisse l'usage de ce soutien métaphysique de toujours à ses exactions...

5

De l'existence de Lumières radicales. Entre l'obscurité des antiphilosophes et les Lumières pâles célébrées par l'historiographie dominante, il existe des Lumières radicales qui attaquent le fondement de la société : le christianisme, et ce, du sol de l'Eglise de campagne au plafond du ciel, demeure d'un dieu unique, jaloux, punisseur et vengeur. Ces Lumières radicales ne se reconnaissent ni Dieu, ni maître, ni pape, ni roi. L'Eglise catholique et la monarchie ne constituent pas pour eux le tabou d'un domaine réservé. S'ils recourent à la raison moderne d'un Descartes, ils n'en limitent aucunement la puissance.

Contre ces ultras des Lumières, les antiphilosophes et les Lumières officielles peuvent même se retrouver pour un combat commun. Certes, les antiphilosophes reprochent aux philosophes des Lumières conventionnels d'attaquer la religion catholique, de ne pas croire au même Dieu qu'eux, de n'en point déduire les mêmes conséquences théoriques, morales et politiques. Mais ces pâles ennemis partagent une même croyance à l'existence d'une transcendance organisatrice de l'immanence et à l'excellence de sa copie sur terre : la monarchie.

La Profession de foi du vicaire savoyard propose, selon les mots de Rousseau, le « théisme ou la religion naturelle ». En fait, la récusation de l'anthropomorphisme, le discours emprunté à la théologie négative pour affirmer le caractère indicible de cette puissance organisatrice du monde, la critique de nombre d'aspects du monothéisme chrétien – confusion du temporel et du spirituel, inanité des miracles, ineptie du catéchisme officiel, contradictions entre l'esprit des Evangiles et discours officiel de l'Eglise, etc. –, tout cela définit bien un déisme, ce dont témoigne la formule d'« Etre suprême » présente dans l'ouvrage. Il semble qu'il y ait moins de Rousseau à Bergier que du citoyen de Genève à La Mettrie, d'Holbach ou Sade... Car, malgré leurs différences ouvertes, ils partagent Dieu sur le fond.

Voilà pourquoi tous ces déistes que sont Voltaire et Rousseau, Diderot – qui navigue en eaux troubles sur ce sujet... – et d'Alembert ne ménagent pas leurs critiques de la pensée matérialiste : La Mettrie essuie les tirs de barrage de tout ce monde-là qui ne se prive pas non plus d'attaquer Meslier et Helvétius, d'Holbach et Sade. Pour quel motif ? L'athéisme, le matérialisme, la critique de l'Eglise, le refus des religions, autant de condamnations radicales qui répugnent aux Lumières pâles.

Car la plupart de ceux-là fustigent un peu le clergé, râlent contre les excès de l'Eglise catholique, vocifèrent et invitent à « écraser l'infâme », moquent la superstition catholique, certes, mais avec retenue, du bout des lèvres, car ils trouvent à la religion un rôle bien utile pour conduire le peuple – faire du lien social comme on dit aujourd'hui... – et l'entretenir dans la servitude imposée par le régime monarchique. La liberté de penser, de s'exprimer, la liberté à l'endroit des dogmes de la religion ? Oui, bien sûr, mais pour la petite caste des philosophes, les salons bourgeois et mondains. Sûrement pas pour les gueux, la populace et les domestiques. Jean Meslier sent trop la campagne pour ces penseurs à jabots et dentelles.

6

Augmenter les Lumières. Pourquoi toute Lumière ne fut pas radicale en ce XVIIIe siècle ? La réponse se trouve incidemment chez Emmanuel Kant dans cet opuscule déjà cité : *Réponse à la question : Qu'est-ce que les Lumières ?* (1784). Le philosophe y explique le sens de ce terme, puis les conditions de possibilité, enfin les limites – obsessions kantiennes... – de leur exercice. Dans le principe de ce bornage de la raison se dissimule la réponse à cette question.

Précisons. On connaît la définition donnée par Kant : les Lumières sont la sortie de l'homme de sa minorité, une minorité dont il est responsable. Reprécisons-le, quand il s'agit d'homme, seul le genre masculin est considéré, car la femme est posée (un peu court pour le penseur de la raison pure, mais Kant se satisfait bien souvent du postulat, une démarche moyennement philosophique...) intrinsèquement comme une mineure de principe : on trouve sous sa plume l'expression minable de « sexe faible ». Est « mineur » quiconque ne pense pas et dispose d'une vision du monde par procuration. L'incapacité de se servir librement de son entendement sans le recours à un tiers, voilà le problème. Et pourquoi l'homme en est-il responsable ? Parce qu'il suffit de vouloir activer sa raison pour en finir avec la soumission. « *Sapere aude* », voilà la formule des Lumières : « Ose te servir de ton propre entendement ». La formule provient d'Horace, Gassendi en fait sa maxime, mais voilà l'impératif catégorique des Lumières.

Kant affine son propos : il s'adresse, bien entendu, à ceux qui peuvent penser. Pas les femmes, on l'a vu, certainement pas le nègre ou le samoyède, soyons sérieux, probablement pas non plus le paysan ou le domestique, l'employé, ni tous les citoyens passifs. Ne mélangeons pas torchons populaires et serviettes philosophiques. Les Lumières, c'est une prébende pour ceux qui les méritent. Pas le petit peuple, bien sûr, mais l'élite éclairée, à même de propager la bonne nouvelle lumineuse.

Donc, pas tout le monde, mais aussi, pas n'importe comment. Il s'agit de distinguer entre l'usage *public* de la raison et l'usage *privé*. Tous les domaines peuvent être abordés, certes, mais pas de n'importe quelle manière. Dans tous les sens du terme, il faut procéder avec ordre. Qu'est-ce qu'un usage public ? Un usage à destination des lecteurs ou de ceux qui peuvent prendre connaissance du propos. En tant qu'il écrit pour ses pairs ou qu'il enseigne à ses semblables, le philosophe ne doit pas limiter sa raison et peut en faire un usage libre.

Qu'est-ce qu'un usage privé ? Non pas un usage réservé à la maison, à l'espace domestique. Paradoxalement, pas plus que l'usage public ne signifie un usage ouvert à destination de tout public, l'usage privé ne concerne le for intérieur. Si l'on occupe un poste civil, on ne peut user librement de son entendement, eu égard à l'*intérêt de la communauté*... Exemples : l'officier de police doit obéir, et non pas raisonner ; le citoyen payer ses impôts, et ne pas s'y refuser ; le prêtre défendre les dogmes de son Eglise, et non sa pensée propre. Même si le gradé trouve l'ordre injuste, le contribuable inique sa feuille d'impôt, le curé stupides les fables de son employeur vaticanesque, chacun doit se soumettre. On conserve donc la liberté de penser ce qu'on veut (comment pourrait-il en être autrement ?), mais on doit se soumettre à l'Etat, à la Nation, à la Communauté, aux Lois, à la Règle sans broncher. On peut se rebeller autant qu'on veut en théorie, mais il faut de fait consentir à l'ordre du monde. Voilà des Lumières bien tremblotantes...

Croyant au progrès de l'humanité et à l'augmentation de l'inscription de la raison dans l'histoire, Kant fait confiance à l'avenir. Appeler à une séparation de la pensée d'avec les tutelles politiques et religieuses du moment, voilà un pas en avant. Le reste du chemin s'effectuera naturellement... Avec Kant et les kantiens, l'*idée* de Révolution française devient possible, mais avec eux et seulement eux, la *réalité* de 1789 n'aurait pas eu lieu ! Car, dans le cas kantien, les Lumières restent une affaire de salons mondains ou de cours d'université. Que nous chaut que le salon de Mme du Deffand ou les élèves du professeur de Königsberg exercent librement leur raison en cénacle, quand la rue se trouve à l'écart des idées nouvelles ?

Pour leur part, les ultras des Lumières ne reconnaissent pas cette coupure entre usage public et usage privé de l'entendement. Ils n'épargnent ni la religion de leur nourrice ni leur roi et lâchent les chiens philosophiques sans retenue contre Dieu et les siens, les nobles, le clergé, la religion, la monarchie, les puissants. Ces radicaux ne visent pas à l'émancipation de la seule caste philosophique telle une avant-garde éclairée de l'humanité, en faisant confiance au mouvement de l'histoire : ils vont plus vite et plus loin, et souhaitent en finir avec la religion chrétienne et la cité des hommes qui s'en inspirent.

7

Penser sous le manteau. La pensée d'une époque emprunte parfois des circuits inédits et oubliés par l'historiographie dominante. On dispose d'un XVIIIe siècle philosophique de carte postale avec protagonistes perruqués, ensalonés, mondains, discutant dans un intérieur Louis XV du monde comme il va, des progrès de l'humanité, du souverain bien, de la politique idéale, des bons sauvages ou des avancées de la technique.

Rousseau est en grande discussion avec Voltaire, Condorcet babille avec Turgot, Mme du Deffand lutine Horace Walpole, Grimm blague avec Diderot, Montesquieu parle vinification avec d'Alembert. Les idées tournoient. On se fait peur, on refait la planète, mais avec prudence, sans colère ni précipitation, en filles et fils précautionneux de la monarchie catholique française. Salons, cénacles et cafés bruissent des idées nouvelles.

Et puis la rue, aussi. Qu'est-ce que la rue en philosophie ? Les idées du temps, plus frustes, plus violentes, plus radicales, moins soucieuses d'élégance et de réserve. A leur manière, les manuscrits clandestins renseignent sur ces courants lourds qui travaillent le siècle. La surface mondaine déiste, spiritualiste, conservatrice, finalement monarchiste, coexiste avec le sous-sol athée, matérialiste, hédoniste et potentiellement révolutionnaire.

Les manuscrits clandestins sont au nombre d'une bonne centaine. Evidemment, la longueur en varie, la densité aussi, le contenu de même. Mais on y trouve des thèmes récurrents : la pensée de Spinoza, le problème de l'immatérialité de l'âme, la nature de la différence entre l'homme et l'animal, l'éternité du monde, et, bien sûr, et en plus grand nombre, les questions afférentes au christianisme : miracles, oracles, eucharistie, validité des écrits testamentaires, sens du message de Jésus, noms, définition et existence de Dieu, résurrection de la chair, etc. Les quelques textes qui abordent la religion en général, ou sa version mahométane, constituent autant de manières d'accéder en biais à cette problématique du christianisme.

Imprimés en cachette, sur des presses clandestines, diffusés sans nom d'auteur, ou comportant de fausses identités susceptibles de brouiller les pistes, sans éditeur revendiqué, ou avec des mentions fantaisistes, ces textes circulent sous le manteau, vendus par des colporteurs qui disparaissent aussitôt leur prospection terminée. La plupart font l'objet de condamnations et finissent lacérés et brûlés par la main du bourreau.

On n'écrit donc pas librement sur la religion chrétienne, même si on l'examine, la discute, la commente. Les déistes eux-mêmes font les frais de cette répression et voient condamner leurs écrits pas assez serviles à l'endroit du catholicisme apostolique et romain. Le Saint-Office met ainsi à l'Index Condillac, Voltaire, Diderot, d'Alembert, Rousseau, l'*Encyclopédie* et un nombre incalculable de livres sur la Bible... Pas besoin d'être athée pour encourir les foudres christicoles ! Dès lors on ne s'étonnera pas que Condorcet et d'Holbach, francs négateurs de Dieu, s'y trouvent aussi.

Le manuscrit circulant sous le manteau, la lettre échangée dans une correspondance discrètement lue en petit comité, la publication clandestine, la conversation entre gens sûrs de leur compagnie dans les salons, pallient le manque de liberté d'expression par le biais de circulations intellectuelles et idéologiques rhizomiques. La pensée libre se joue dans les coulisses.

Parmi les manuscrits clandestins, on ne trouve pas de textes affichant clairement l'athéisme. Même chose sur le terrain politique : personne ne met vraiment en cause la monarchie, on cherche à l'aménager, à lui donner une autre forme, mais le principe de la puissance terrestre concentrée dans les mains d'un seul, à l'image du Dieu de la cité céleste, encombre encore les esprits. Certes le *Contrat social* précise que la république est le meilleur régime, mais parce qu'elle définit d'abord le règne de la loi : en ce sens « la monarchie est également une république » (livre II, ch. 6). Avec ce genre de citoyen, la famille royale peut dormir en paix.

Les philosophes du XVIIIe siècle persistent dans l'idéal formulé par les libertins baroques du siècle précédent : une pensée privée libre, éventuellement rebelle, rétive, iconoclaste, et, en revers de la médaille, une pensée publique prudente, discrète, enveloppée dans la circonspection. De même, toujours dans le recyclage du libertinage, la plupart des philosophes en vue pensent que la religion joue un rôle fondamental pour tenir en laisse la populace – écartée quand on pense le monde idéal.

Conservatrice, l'élite philosophique se réserve la liberté de penser, de s'exprimer, y compris sur les questions religieuses, mais elle n'entend pas donner au peuple misérable et malheureux les moyens de son émancipation. 1789 connaît également cette lutte des classes qui fracture le cœur du monde philosophique. Ainsi la Révolution française a ses constituants bourgeois et ses sans-culottes radicaux, ses défenseurs de la propriété privée et ses Enragés communistes, ses poudrés prudents et ses ultras colériques.

8

Généalogies de la mort de Dieu. En lisant les publications clandestines on sent doucement arriver la mort de Dieu. Dans cette littérature on aborde toujours les mêmes questions : les preuves de l'existence de Dieu prouvent-elles vraiment ? L'âme survit-elle après la mort, et si oui, selon quelles modalités ? Le libre arbitre, postulat chrétien, se confirme-t-il à la lumière de l'expérience ? Le déterminisme mécaniste et matérialiste n'avance-t-il pas de plus vraisemblables hypothèses ? Comment composer avec les enseignements de la loi naturelle ? Bayle dit-il vrai en affirmant la possibilité d'un athée vertueux ? Le gouvernement du peuple exige-t-il le recours à la religion ? La science permet-elle de parvenir à d'irréfragables certitudes ? Descartes a-t-il raison d'affirmer l'existence de deux substances irréductibles ? Les animaux diffèrent-ils tant que ça des humains ? Si oui, selon quels critères ? L'éducation des hommes affranchit-elle des déterminismes théologiques ? Le XVIIIe siècle philosophique baigne dans ces interrogations. Tous les philosophes apportent leurs réponses.

Dans le premier quart du siècle, des personnages négligés par la tradition philosophique contribuent à ce débat. Dumarsais avec *Le Philosophe*, Henri de Boulainvilliers et son *Origine des êtres et des espèces*, Nicolas Fréret, l'auteur d'une *Lettre de Thrasybule à Leucippe*, André Robert Peruelle signataire de *Sur les preuves de l'existence de Dieu*, ou l'anonyme à l'origine de *Jordanus Brunus redivivus*. Ces textes circulent, informent et propagent les idées nouvelles : l'inefficacité des preuves pour démontrer Dieu ; la mortalité de l'âme matérielle ; l'inexistence du libre arbitre ; la vérité de la nécessité ; l'utilité d'infléchir Descartes dans le sens d'un monisme mécaniste ; la nature fournissant des modèles pour la raison ; la possibilité, bien sûr, d'un athée vertueux ; la différence de degré, et non de nature, entre les hommes et les bêtes ; la confiance dans l'éducabilité des humains. Avec cet arsenal conceptuel en partie hérité des libertins baroques, la mort de Dieu se profile à l'horizon philosophique.

Si l'on excepte Jean Meslier – radical novateur en tout, porteur de la totalité des potentialités ultras du siècle –, la première manifestation écrite et publiée d'un athéisme digne de ce nom date de 1743. Elle se trouve dans les *Réflexions sur l'existence de l'âme et sur l'existence de Dieu*, une dizaine de pages probablement écrites avant 1734 mais publiées anonymement dans les *Nouvelles Libertés de penser* une petite dizaine d'années plus tard. On peut y lire, dans un développement concernant les préjugés, que « l'existence d'un Dieu est le plus grand et le plus enraciné de ces préjugés ». Un propos homéopathique si l'on compare au *Testament* (1719-1729) de Meslier...

9

Voltaire le bigot ! On constate l'avancée de l'athéisme, mais il n'est pas encore à la mode. Les manuscrits clandestins le prouvent : les risques de persécution et de condamnation réduits au maximum grâce à l'anonymat, on ne se répand tout de même pas pour autant dans la franche négation de Dieu. On aborde doucement les côtes de l'athéisme, on s'approche, on s'y rend, mais l'heure de la mise à mort n'a pas encore sonné.

Le XVIIIe siècle n'est pas athée mais déiste. La Révolution française, faute d'avoir franchement attaqué le christianisme à la racine, reste au seuil de ses possibles. La déchristianisation fut un épisode vite relégué par les dévots de la Raison et leur culte de l'Etre suprême, cher à Rousseau et tant d'autres – Robespierre le premier. Dans le fond, on croit toujours au roi et à la religion de sa nourrice, on change de forme seulement. Descartes, pas mort...

On chercherait en vain, dans la carte postale philosophique du XVIIIe siècle, des athées revendiqués : le Rousseau de *La Profession de foi du vicaire savoyard*, le Voltaire du *Dictionnaire philosophique*, le Montesquieu de toujours, celui des *Pensées* surtout, le Kant des postulats de la raison pure pratique – voir *Critique de la raison pure*, *Critique de la raison pratique* –, le premier Diderot des *Pensées philosophiques*, l'*Encyclopédie* même, avec l'abbé Yvon et son article sur l'« Athéisme », tous affirment l'existence de Dieu...

Voltaire part en guerre. Dans l'article « Athéisme » de son *Dictionnaire*, il réhabilite un certain nombre de philosophes faussement accusés d'avoir propagé cette

« abominable et révoltante doctrine ». Théistes chrétiens et philosophes déistes cheminent bras dessus bras dessous, l'abbé Arouet en tête du cortège ! Ni les Grecs, ni les Romains, ni Michel de L'Hospital, ni Vanini, ni Giordano Bruno n'ont été athées – Voltaire se trompe en accablant pourtant Spinoza, un signe...

L'œuvre complète du patriarche de Ferney regorge de professions de foi déistes. Le *Dictionnaire philosophique* confirme : Arouet tient pour un « Etre suprême, gouverneur, vengeur et rémunérateur ». Tout est dit. En passant, on comprend mal comment cet homme peut être tenu depuis des siècles pour l'emblématique ennemi de l'Eglise catholique qui défend très exactement les mêmes positions.

Contrairement à Bayle qui affirme, on le sait, la possibilité pour un homme niant Dieu d'être parfaitement moral, Voltaire enseigne que l'athéisme interdit toute moralité. Sans Dieu, les humains ne reconnaissent aucun frein dans leurs relations avec autrui. Les lois civiles ne suffisent pas à empêcher les crimes ou le passage à l'acte délictueux. Seule la crainte d'une punition post mortem parvient à retenir les délinquants potentiels. Les princes et les peuples ont besoin de Dieu : les premiers pour gouverner, les autres pour subir ce gouvernement sans broncher...

10

*Brûler l'*Encyclopédie *?* On l'ignore bien souvent, mais l'*Encyclopédie* défend les mêmes positions... Ce monument éditorial passe pour le parangon de la modernité et la pointe avancée de l'intelligence du siècle. Autre carte postale, à déchirer aussi, car les pages consacrées par l'abbé Yvon à l'athéisme comportent des lignes étonnantes. Preuve qu'il n'y eut pas que des foudres d'intelligence et de raison magnifique dans cette entreprise.

L'abbé encyclopédiste légitime tout magistrat à punir le contrevenant athée : nier la Providence, prêcher contre son culte, profaner, parjurer, blasphémer, voire prononcer légèrement des jugements sur les dogmes et les mystères de la foi, tout cela mérite, selon les principes du « droit de nature » – qui, chez les chrétiens, a le dos large... –, une véritable correction. L'inquisiteur complète : on peut, on doit même, punir les athées et, lisons avec soin, on peut même « les faire périr ». Voilà qui est clair et net : la peine de mort pour les athées qui mettent en danger la société ! Il faut se protéger de cette engeance et s'en délivrer. Pour cela, la politique a le droit de traiter en ennemi quiconque veut détruire l'ouvrage de la religion.

Le même curé exterminateur rédige l'article « Ame ». Bien évidemment il défend son existence immatérielle et immortelle, selon les principes les plus orthodoxes de la religion qui l'appointe. Pourquoi donc le comité de rédaction de l'*Encyclopédie*, appelons-le comme ça, autrement dit Diderot et d'Alembert au premier chef, confie-t-il également l'article « Dieu » à cet ensoutané ? Pendant que d'Holbach, le baron athée, lui aussi collaborateur des dix-sept volumes, se voit attribuer plus de quatre cents notices, certes, mais toutes ayant trait à la chimie, aux sciences naturelles, à la géologie, à la minéralogie ! Que n'a-t-on laissé « montagnes », « couches », « glaciers », « fossiles » à l'abbé Yvon pour donner « âme », « Dieu » et « athéisme » à l'auteur du *Christianisme dévoilé* !

11

Qu'est-ce qu'une pensée radicale ? Ce XVIIIe siècle n'est-il donc que déiste, ennemi des athées, conservateur, bourgeois, monarchiste ? Ou comporte-t-il aussi une poignée de philosophes un peu plus mauvais garçons ? Effectivement, en revers de la carte postale de l'historiographie dominante on trouve fort heureusement des penseurs pendables qui, pêle-mêle, célèbrent la volupté déculpabilisée, annoncent la mort de Dieu, professent la collectivisation des terres, appellent à étrangler les aristocrates avec les boyaux des curés, célèbrent les partouzes philosophiques et les orgies charnelles, incitent à philosopher pour les pauvres et le peuple, croient à la possibilité de changer le monde, enseignent une morale eudémoniste, sinon hédoniste, tablent sur la justice des hommes.

Ceux-là, je les nomme les ultras des Lumières, car ils incarnent une pensée radicale. Or, qu'est-ce qu'une pensée radicale ? Reprenons tout bêtement la définition donnée par Marx dans sa *Contribution à la critique de la philosophie du droit de Hegel* : être radical, c'est prendre les choses à la racine. Où sont les racines ? Au siècle dit de Voltaire, elles sont nombreuses, mais le christianisme et la monarchie paraissent les principales.

De fait, les ultras constituent un paysage intellectuel et philosophique nouveau. Certes, chacun représente un fragment de ce nouveau monde, ou deux, ou trois, voire plus avec Jean Meslier qui les contient tous. Quatre continents radicalement neufs émergent dans cette époque fortement tellurique que caractérise une formidable tectonique des plaques : l'*athéisme*, le *matérialisme*, l'*hédonisme* et la *révolution*. Bien sûr il existe des précédents dans l'histoire des idées, ces forces idéales ne naissent pas de rien, mais leur modernité trouve ici sa formule pour la première fois.

Un : l'athéisme. Les ultras ne se proposent pas de raffiner les noms de Dieu ; d'ergoter sur le Dieu des philosophes et ses différences avec celui d'Abraham, d'Isaac et de Jacob ; ils ne pinaillent pas pour comparer les mérites du déisme et du théisme ; ils ne rhabillent pas en Etre suprême le vieillard barbu du Décalogue ; ils ne relookent pas, tel Kant dans *La Religion dans les limites de la simple raison*, le vieux catéchisme chrétien, vaguement transcendantalisé, en fait recyclé avec le vocabulaire de la corporation philosophique ; ils n'en appellent pas non plus à une religion naturelle.

Les ultras s'expriment clairement : la religion ? Une superstition. Dieu ? Une fiction. Le christianisme ? Une fable. L'usage correct de la raison permet de déconstruire le christianisme et ses corrélats idéologiques : la faute, la culpabilité, la haine des femmes, du corps, des désirs et des plaisirs, de la chair, le mépris de l'ici-bas, la célébration de l'au-delà et de la pulsion de mort. Avènement de l'*immanence radicale*. Le monde ne relève pas d'une Providence divine mais d'un agencement de causes réductibles à des processus matériels. D'où :

Deux : le matérialisme. Tout dans le réel se réduit à la mécanique des particules. L'époque invente un matérialisme français original et autonome par rapport à la physique démocritéenne ou épicurienne. On se soucie moins de Lucrèce et de son *De la nature des choses* qu'on n'expérimente scientifiquement l'observation du monde. L'*Encyclopédie* numérote et détaille les savoirs – chimie, géologie, botanique, médecine, cosmographie, minéralogie, zoologie, hydrographie, optique, etc. – qui relèvent des sciences de la nature, l'atelier de cette méthode nouvelle qui tourne radicalement le dos à la métaphysique dans un genre de positivisme avant l'heure.

Conséquemment, le libre arbitre devient pour les ultras ce qu'il est réellement : une fiction. Pas étonnant que Kant, ce parangon de chrétien habillé en philosophe, fasse de la liberté – avec Dieu et l'immortalité de l'âme ! – l'un de ses trois postulats de la raison pure pratique. Le christianisme a besoin de poser l'homme libre pour justifier sa mythologie du péché originel duquel découlent son eschatologie, sa doctrine de la faute et de la punition, de la culpabilité et du rachat. La responsabilité ? Une fiction là encore. Comment pourrait-on être responsable de ce qu'on ne peut pas ne pas être, puisque la nécessité matérielle gouverne tout, l'univers et l'individu ? Avènement d'un *monde au-delà de la morale* – contre une morale au-delà du monde. La nature doit fournir le modèle à suivre. D'où :

Trois : l'hédonisme. Puisque Dieu ne fait pas la loi, mais que tout obéit à la nature, tâchons d'en prendre des leçons, regardons-la, examinons-la, et voyons ce qu'elle nous dit pour notre gouverne. Les animaux le montrent, les enfants aussi : plaisir et douleur sont les mouvements naturels conducteurs de notre action. Dès lors, réglons-nous sur cette boussole et tâchons de vouloir ce qui nous veut : aimons le plaisir vers lequel on va, détestons la souffrance dont nous nous détournons naturellement.

L'idéal ascétique chrétien est une folie. Comment peut-on vouloir ce qui nous détruit et récuser ce qui nous réjouit ? Les ultras célèbrent le corps réel, un, charnel, contre le corps schizophrène de Platon. Ils réhabilitent les désirs, les passions, les plaisirs, les pulsions, la volupté, la joie, le bonheur. Le corps devenu machine – et non plus abyme – se nourrit de l'énergie jubilatoire : donnons-la-lui sans complexes. De la jouissance modérée d'un Meslier à la débauche généralisée d'un Sade en passant par un élégant usage de la volupté chez Helvétius, la gamme est large. Avènement d'une *morale du bonheur ici et maintenant*. D'où :

Quatre : la révolution. La révolution se trouve déjà contenue dans ce qui précède : la négation de Dieu et le *monde immanent* ; la négation des idées pures en faveur d'un *monde matériel* ; la négation de l'idéal ascétique au profit d'un *monde hédoniste*, voilà déjà matière à de véritables et conséquentes révolutions métaphysiques, ontologiques, intellectuelles, idéologiques, philosophiques. Mais il reste un autre monde à révolutionner : celui de la politique – pour un *monde juste*.

L'époque est féodale, monarchiste, catholique. Nombre de philosophes en appellent à la tolérance, au libéralisme, à la liberté, certes, mais combien se rangent sous la bannière des rois, des puissants, des aristocrates – leurs protecteurs bien souvent –, sinon de tel ou tel despote prétendument éclairé ? Ce petit monde en quête de prébendes et de pensions royales défend la propriété privée, la liberté du commerce, la puissance des gens de sang royal. Peu se soucient de la misère, généralisée à l'époque.

Sauf quelques-uns. Meslier, encore lui, invente la propriété collective des biens et des terres – il espère le communalisme et souhaite son internationalisation. D'autres proposent le communisme, une autre répartition des richesses. Morelly dans son *Code de la Nature* (1755) par exemple. De même, Sade, plus connu pour sa littérature foutrale que pour ses propositions politiques utopiques du Royaume de Butua et de l'Ile de Tamoé dans *Aline et Valcour*, fournit, lui aussi, une communauté alternative.

L'immanence, la terre, l'ici-bas – l'*athéisme* ; la matière, la science, le monde sensible, l'univers visible – le *matérialisme* ; le bonheur, la volupté, le plaisir, le corps, la chair – l'*hédonisme* ; le bien public, le communalisme, le communisme, le socialisme – la *révolution* ; voilà les matériaux avec lesquels les ultras des Lumières bâtissent leur édifice.

Les noms de ces protagonistes ? Jean Meslier, curé athée et anarchiste ; La Mettrie, médecin philosophe, partisan tragique de l'art de jouir ; Helvétius, fermier général épris de justice sociale ; d'Holbach, baron matérialiste défenseur d'une *éthocratie* ; Sade, marquis déchaîné. Un quintette d'enfer pour des idées qui sentent violemment le soufre...

PREMIER TEMPS

Les matérialistes radicaux

I

Jean Meslier
et « le doux penchant de la nature »

1

D'un certain Jean Meslier. Comment s'étonner que l'historiographie dominante ne donne aucune place à un curée athée sous Louis XIV, de surcroît révolutionnaire communiste et internationaliste, matérialiste intégral, hédoniste convaincu, coléreux patenté, vindicatif, imprécateur antichrétien, mais aussi, et surtout, philosophe au sens plein et noble du terme, à savoir proposant une vision du monde globale, cohérente, articulée, et défendue pied à pied devant le tribunal sans complaisance de la raison occidentale ?

Jean Meslier condense sous une soutane toute la dynamite qui mine le XVIIIe siècle. Ce prêtre sans visage et sans sépulture fournit l'arsenal conceptuel de la pensée des Lumières dans son versant radical, celui des ultras qui, tous, boivent à sa source et, innocemment, feignent d'ignorer jusqu'à son nom. Pourtant, nombre de ses thèses valent à leurs emprunteurs une réputation usurpée de novateurs. Les références tues empêchent des révérences dues.

Son œuvre ? Un seul livre, mais quel livre ! Un monstre de plus de mille pages manuscrites écrites à la plume d'oie à la lueur des feux de cheminée et des bougies d'un presbytère ardennais, entre le prétendu Grand Siècle et le suivant dit des Lumières dont il avalise, par l'usage fréquent du mot, le destin marqueur du XVIIIe siècle. Un livre autographe, jamais publié du vivant de son auteur, et que probablement personne d'autre que lui n'a lu. Un livre déformé, pillé, travesti, mutilé après sa mort. Livre maudit d'un auteur maudit ; livre génial d'un penseur génial...

Jean Meslier naît le 15 janvier 1664 à Mazerny, dans les Ardennes. Son père dispose d'une certaine aisance : élevage sur des terres et industrie textile à domicile. Cette même année, Louis XIV donne des fêtes à Versailles dans le château et les jardins. Fêtes mirifiques et grandioses, dépenses somptuaires, arrogance royale, démonstration européenne de puissance et de suffisance. Molière y donne les trois premiers actes de *Tartuffe*.

En 1678 un curé du voisinage lui enseigne le latin et, en accord avec ses parents, prévoit de conduire l'enfant jusqu'au séminaire pour qu'il prenne un jour l'habit. Il effectue les études adéquates, sans grande passion, sans se lier avec ses congénères, trouvant un réel cordial à la lecture de Descartes. Sans surprise, il gravit les échelons de la hiérarchie ecclésiastique : sous-diacre le 29 mars 1687, diacre le 10 avril 1688, vicaire à la campagne, puis curé le 7 janvier 1689 à Etrépigny dans les Ardennes : il passe les quarante ans de sa cure dans ce village de cent soixante-cinq habitants.

Ses supérieurs le notent bien. Sans trop de zèle, il s'acquitte des charges de son métier, mais non sans se distinguer par tel ou tel comportement inattendu : souvent il n'exige aucun émolument pour la célébration d'un mariage ou d'un enterrement ; en fin d'année, une fois ses comptes faits, il distribue le reliquat de ses bénéfices aux pauvres de la commune. Il vit semble-t-il correctement avec les revenus de deux paroisses et, peut-être, la location de quelque lopin de terre.

Immergé dans la vie locale, il ne donne pas dans l'effusion : il aime ses paroissiens, les gens du peuple, les paysans modestes, les travailleurs exténués au travail, mais sans démonstration excessive. En dehors des charges de la cure, il médite, pense, écrit, travaille à son grand œuvre et passe une grande partie de son temps à fréquenter les grands anciens de sa bibliothèque : Montaigne, qu'il cite souvent, longuement, Vanini, La Bruyère, La Boétie, autant d'influences majeures, mais aussi d'autres penseurs plus récents contre lesquels il ferraille en priorité : Fénelon, Pascal, Malebranche. Bien sûr, il dispose également du fonds ancien classique : Sénèque, Tacite, Tite-Live, Flavius Josèphe. Et puis la littérature propre à sa fonction : la Bible, la patrologie latine de Migne, des comptes rendus de conciles...

2

Un curé athée. Sa biographie n'étincelle pas dans la paillette : ni curé de cour, ni arriviste mondain, ni prélat salonnard, ni libertin à marquises, encore moins curé poudré dansant la gavotte avec les héritières à particule. Tout juste lui connaît-on un ou deux voyages à Paris, voyages pendant lesquels il aurait pu, bien sûr, rencontrer Voltaire ou quelque autre grand de son époque, mais qui donnerait de son temps à un curé crotté venu de sa campagne ardennaise sans désir de Rastignac ?

Sa vie discrète à l'extérieur contraste avec l'incandescence de son intériorité. Un volcan sous une épaisse couche de glace. Mais à deux ou trois reprises dans son existence on entrevoit la fournaise. L'anecdote conduit à l'essentiel. Dans une vie philosophique, tout fait sens. Telle chose paraît ici ou là inconséquente ? De fait, elle expose le plus intime à la lumière. Ainsi, cette générosité à l'endroit de ses paroissiens témoigne pour un homme dénué d'esprit de lucre, tout entier à sa mission spirituelle théoriquement tournée vers l'être et non l'avoir.

Mais également cette autre histoire : le curé Meslier vit avec une jeune servante. Il a trente-deux ans, elle en a vingt-trois. Les conciles interdisent l'emploi de bonne de curé aux femmes de moins de quarante ans, car les phéromones mènent le bal ! Sa hiérarchie lui intime l'ordre de s'en séparer. Il rétorque qu'elle est sa nièce... et refuse. On ignore la suite de cette affaire, mais il récidive, exactement sur le même schéma : cette fois-ci il a cinquante-cinq ans, elle, dix-huit. Même colère épiscopale, même refus d'obéir. La punition tombe : un mois de retraite dans un monastère de Reims. Discret, secret, le curé a dû pratiquer le bonheur de l'union libre contractuelle préconisée dans son œuvre.

Et puis cette autre aventure, signe que le curé désintéressé, proche du peuple et ne refusant pas le bonheur d'une jeunesse à disposition, sait aussi manifester son aversion pour les gens de noblesse. Certes, ses prêches évitent l'apologétique frénétique ou l'édification catholique en bonne et due forme... Ce prêtre en délicatesse avec Dieu présente les fables de sa corporation comme un ethnologue les mœurs d'une tribu à laquelle il n'appartient pas : « les chrétiens disent que », « les catholiques pensent que », « les disciples du Christ affirment que », jamais il ne mêle sa voix au concert des bigots.

Or un sermon fait du bruit – jusqu'à aujourd'hui... –, car Jean Meslier prend à partie le seigneur du village. Antoine de Toully – on ne connaît son nom que pour ce titre de gloire... – maltraite ses paysans. Le curé, devant les ouailles assemblées, refuse de recommander le seigneur aux intentions de prière. Il lui conteste également l'encens et l'eau bénite. Autant dire qu'il déclare la guerre au sieur du fief.

Evidemment le noble en réfère à l'évêché qui, on s'en doute, prend parti, comme d'habitude, pour le sang bleu. Meslier est tancé, rappelé à l'ordre. Qu'importe, le dimanche suivant, il s'exécute de manière singulière et demande aux paroissiens l'intention de prière exigée, certes, mais pour que Dieu convertisse l'Antoine et lui obtienne la grâce de ne pas maltraiter le pauvre ni dépouiller l'orphelin ! Pour le nobliau présent sur le banc de prière, ce nouvel affront ne passe pas. Retour de la particule dans le bureau de l'évêque. Meslier accumulera désormais les mauvaises notes...

Les relations ne s'arrangent pas du vivant de Toully et, à la mort de ce dernier, Meslier recommande bien le défunt aux prières des fidèles, mais ajoute, non sans malice, l'urgence de prier pour lui afin que Dieu lui pardonne et lui permette d'expier dans l'autre monde ses nombreuses exactions ici-bas avec les pauvres et les orphelins de la commune d'Etrépigny. Tenace, le curé...

L'intention paraît louable : en appeler au jugement de Dieu pourrait bien se justifier, surtout de la part d'un prêtre, mais celui-là ne croit pas en Dieu ni en Diable, il conchie la religion chrétienne, rit comme un forcené devant les fables des « christicoles » ou des « déicoles », comme il dit, de la vie après la mort, de l'enfer et du paradis, du jugement des fautes, de la pesée des âmes : car le curé Meslier est athée, le premier à affirmer aussi clairement, radicalement et nettement que Dieu n'existe pas, que la religion relève de l'imposture et qu'il faut une philosophie postchrétienne.

3

Une bombe philosophique. Quand l'infortuné Jean Meslier rejoint dans la mort le noble d'Etrépigny, il laisse derrière lui une œuvre philosophique qu'on peut, sans risquer l'emphase, comparer à une bombe. En fait, le *Testament* est une bombe à retardement. Son réglage précis vise à produire le maximum de dégâts auprès de cibles nettement définies : Dieu, la religion catholique, les prêtres, les moines, Jésus-Christ, les prophètes, l'Eglise, les gens de pouvoir, rois et princes, empereurs et papes, les tyrans, les nobles, les parasites divers, gens de justice et autres puissants de ce monde.

Que sauve-t-il, ce curé pas bien catholique ? Les pauvres, les miséreux, les sans-grades, les victimes, les paysans, les travailleurs, les exploités, les humiliés, les offensés, mais aussi les femmes, les enfants, sans oublier, ce qui fait sens, les animaux, qui subissent prioritairement la méchanceté des hommes. Son camp ? Aux côtés de toute créature vivante à qui l'on dénie le droit d'exister ou de vivre sereinement, tranquillement.

Cette bombe vise l'explosion et la table rase. Pour autant, le propos de Jean Meslier n'est pas nihiliste. Détruire, certes, mais pour construire ou reconstruire. Cette volonté d'en finir avec le vieux monde, à soixante ans de distance des premiers soubresauts de la Révolution française, agit en moment propédeutique à un nouveau monde. Sa pensée, dialectique – même si la dialectique se perd souvent dans les méandres d'une exposition rococo –, inaugure pour la première fois en Occident une aspiration postchrétienne. Penser *contre* le christianisme, certes, mais surtout *après* lui.

L'athéisme ne constitue pas une fin en soi mais un premier temps, un socle nécessaire, une éthique de fondation. Meslier part de la négation de Dieu pour parvenir à une morale soucieuse de corps joyeux, d'existences gaies, de relations pacifiées entre les êtres et entre les sexes. Son souci éthique se déplie, se déploie et se précise dans une politique communaliste, de sorte que ce curé atypique invente également le communisme, voire l'anarchisme.

Le curé Meslier reste l'homme d'un seul livre, ce fameux *Testament* – le nom sous lequel on le connaît : en fait, *Mémoire des pensées et sentiments de Jean Meslier*, ou, pour être plus précis : *Mémoire des pensées et des sentiments de J... M... Pre... cu... d'Estrep... et de Bal... Sur une partie des Erreurs et des Abus de la Conduite et du Gouvernement des Hommes où l'on voit des démonstrations claires et évidentes de la vanité et de la fausseté de toutes les Divinités et de toutes les Religions du Monde pour être adressé à ses Paroissiens après sa mort et pour leur servir de Témoignage de Vérité à eux, et à tous leurs semblables. In testimoniis illis, et gentibus.* Désormais abrégé en : *Testament*...

Il laisse également des annotations de sa main sur la *Démonstration de l'existence de Dieu* de Fénelon (que l'on connaît sous le titre d'*Anti-Fénelon*) et sur les *Réflexions sur l'athéisme* du jésuite Tournemire, mais rien de plus que ce que contient le brûlot. En revanche, il rédige, en accompagnement à son gros manuscrit, une lettre aux curés du voisinage. En une vingtaine de pages il en propose une excellente synthèse, d'autant plus agréable que les mille pages du *Testament* agissent parfois en véritable étouffe-chrétien.

4

***Les* Essais *d'un athée*.** Ce manuscrit, Meslier l'écrit à la main, avec une plume d'oie, à la faible clarté de la chandelle, le soir, après les obligations de la cure. Prévoyant, il effectue quatre copies pour éviter que le fruit d'une quarantaine d'années de lectures, de méditations, d'analyses, de réflexion, ne termine dans l'âtre où un paroissien malintentionné, voire un suppôt de la hiérarchie ecclésiastique, aurait pu le précipiter son cadavre à peine froid.

Ce livre a nécessité dix années de travail clandestin, entre 1719 et 1729. Meslier a entre cinquante-cinq et soixante-cinq ans, âge où la mort met un point final à son entreprise. Certes il a le temps de terminer, mais il signale dans le cours de son récit que le temps l'a pressé, il avoue l'avoir écrit dans la hâte et la précipitation. Probablement taraudé par l'envie violente de résoudre la contradiction qui l'habite depuis si longtemps : enseigner des fariboles auxquelles il ne croit pas, mentir et tromper les gens, vendre des arrières-mondes dont il sait pourtant l'inexistence... Le curé confie que ce rôle de composition lui répugne au plus haut point. La tension mortifère se résout dans l'œuvre qui la sublime.

Pour quelles raisons n'abjure-t-il pas de son vivant ? De manière incroyable, ce Prométhée qui, sur le papier, tue Dieu, ravage les religions, met le feu à toutes les plaines philosophiques, abat les forteresses politiques, n'épargne rien ni personne qui ressemble de près ou de loin à une figure d'autorité, confesse platement ses raisons : ne pas faire de peine à ses parents, aux siens, à ses proches, à sa famille...

Et puis, prudent, il ajoute : pour éviter aussi les désagréments associés à une rétractation publique. L'Eglise catholique a la persécution tenace, sinon le bûcher facile. Le curé voulait, écrit-il, « vivre tranquillement ». Fût-ce au prix de ce double jeu – double *je* – qui illustre superbement la logique libertine de l'extérieur soumis aux lois et coutumes de son pays, et du for intérieur absolument libre, radicalement libre, totalement libre.

Mais cette tension chez un solitaire perdu dans les Ardennes, sans le secours de la communauté philosophique pratiquée par les libertins baroques dans les salons parisiens, a probablement produit d'insoutenables problèmes de conscience, des douleurs psychiques sans nom et des souffrances mentales que seule l'écriture du *Testament*, comme un forcené criant la violence qui l'habite pour mieux la mettre à distance, a pu un peu atténuer.

Que le manuscrit procède d'un désir de dépasser des contradictions psychiques personnelles n'invalide en rien les thèses en jeu. En revanche, la forme de l'ouvrage témoigne des forces qui agitent aussi bien l'écrit que l'écrivain. A la manière de Montaigne – souvent cité et tant aimé –, Meslier se trouve tout entier dans son livre : il le fait, puis est fait par lui, il est la matière même de son ouvrage, il s'y confie, il le construit en le parlant silencieusement. Le *Testament* ? Les *Essais* d'un athée.

Le curé sans Dieu meurt le 28 ou le 29 juin 1729. Bien évidemment, le cadavre encombre la hiérarchie catholique depuis qu'elle a décacheté les lettres et pris connaissance du contenu de ces volumineux paquets de pages noircies. L'Eglise le fait disparaître, elle sait faire, et enterre le curé dans le jardin du presbytère. Pas de tombe, pas de plaque, pas de signe distinctif. Nul besoin que le nom de l'apostat figure sur un registre de catholicité – l'amour du prochain et le pardon des péchés connaissent des limites...

Dans son opus majeur, Meslier envisage son destin post mortem. Cohérent, il sait que dans cet état la conscience se trouve abolie avec la matière du cerveau. Dès lors, toute souffrance devient impossible. Rien n'attend le mort sinon la décomposition. A la manière de Diogène, il précise qu'on peut faire ce que l'on voudra de son cadavre : le manger, le cuire, le fricasser, le bouillir, le rôtir, peu importe. Certes, il ne peut imaginer que le jardin du presbytère sera un jour intégré dans la propriété du châtelain ! Meslier gît aujourd'hui, sans qu'on sache où, dans la terre des descendants de l'Antoine ! Mais ni ça, ni le reste, ne l'aurait vraiment fâché !

5

Une architecture rococo. Le *Testament* propose huit preuves développées en quatre-vingt-dix-sept chapitres de longueurs différentes et d'agencement aléatoire. La composition ne paraît pas bien visible ; la construction échappe ; l'architecture interne n'apparaît pas à première vue – à seconde non plus ; les parties se chevauchent, les sujets s'interpénètrent. Non que la clarté manque, le texte n'est jamais complexe même aux moments les plus ardus consacrés à l'ontologie matérialiste, mais l'essentiel disparaît sous l'accessoire. La pensée se cache dans son déploiement.

Le *Testament* relève de l'acoustique philosophique, à la manière des *Essais* de Montaigne : le livre aurait pu être écrit sous la dictée d'un scribe patient et complice. Lire Meslier, c'est *entendre* son imprécation descendre d'une chaire où il aurait convoqué post mortem tous ses paroissiens. Le débit ressemble à celui d'un prêche enflammé, à une philippique incandescente, un monologue sans fin, un discours fleuve que rien n'arrête tant la colère motive cette logique jaculatoire.

Et comme dans tout soliloque, la répétition règne, le style redonde. Meslier parle en écrivant et s'enivre, il réutilise des mots, certes, mais il duplique également des expressions entières. Il recopie certaines phrases, ou certaines démonstrations. La basse continue reste l'imprécation, et les variations se superposent parfois. L'ensemble triomphe en monument rococo où l'indispensable et l'inutile se mélangent en d'extravagantes imbrications.

Certes, la fonction cathartique de l'ouvrage explique sa nature fouillis. Le désordre concerne seulement l'exposition des idées, la construction, la structure – la forme. Jamais le fond. Nulle obscurité, nul néologisme, nul goût pour le fumeux si cher à la corporation philosophique. La plume va droit au but. Pas de reliquats de la scolastique, pas de vocabulaire de la caste philosophante ou de sa complice, la secte religieuse. Meslier se précipite, accourt, accélère, il agit en homme pressé, en philosophe sachant que la mort peut l'empêcher de mener à bien son grand œuvre.

Mais la logique purificatoire de l'écriture n'explique pas à elle seule l'allure de l'édifice. Comptons également avec l'esprit du temps. Le *Testament* relève du rococo, certes, mais dans les deux sens du terme : le sens commuchargé, encombré, touffu, profus – , mais aussi le sens esthétique relatif aux premières années du XVIIIe siècle français. La philosophie n'échappe pas à la couleur du temps, un livre, même didactique, obéit aux mêmes lois que toute autre œuvre d'art.

Que dit l'histoire de l'art ? Le rococo se caractérise par l'exubérance ornementale, les lignes brisées et ondulantes, le jeu dialectique des courbes et des contre-courbes, la profusion, l'asymétrie et la dissymétrie, la matière étirée, amollie, la présence des fameuses rocailles qui donnent leur nom à l'épithète, mais aussi la chicorée, les lianes et les guirlandes... Tout cela correspond à la forme de l'ouvrage. Comme les *Essais* (baroques) de Montaigne procédant de « sauts et de gambades », le *Testament* (rococo) de Meslier résulte d'une semblable danse dionysienne. Apollon n'y apparaît pas – du moins dans le style.

Allons plus en avant et tâchons de définir l'architectonique rococo au-delà du sobre inventaire. Dans l'architecture, les motifs de style rocaille se situent aux endroits de passage : ouvertures de fenêtres, raccordement des arcs, transitions entre murs et voûtes. Ainsi, les chantournements et les courbes qui se reprennent et s'entrelacent effacent les articulations du bâtiment. De même dans le gros livre du curé : les citations, les références, les répétitions, les motifs récurrents recouvrent les étapes de l'argumentation dans un bouillonnement qui entrave la progression de la pensée.

Certes, les huit preuves peuvent se résumer chacune en une phrase claire, mais souvent, le parti pris d'une seule ligne de synthèse laisse de côté les greffes sur la tige maîtresse. Essayons tout de même. Première « preuve de la vanité et de la fausseté des religions » : elles se contredisent ; deuxième : la foi – la « créance aveugle » – entre en contradiction avec les « lumières naturelles de la raison » ; troisième : les visions de prophètes sont affaire de fous ; quatrième : les prophéties ne se réalisent jamais ; cinquième : la morale chrétienne contredit tout ce qu'enseigne la nature ; sixième : la religion chrétienne agit en complice des tyrannies politiques ; septième : l'athéisme est une idée vieille comme le monde ; huitième : l'âme est mortelle, une idée aussi ancienne que la précédente.

Mais, bien sûr, chaque preuve contient parfois un résumé de telle ou telle autre, voire des morceaux repris in extenso d'une démonstration en amont. Au point qu'on relit parfois des pages entières. D'une manière presque fractale, tout contient tout et le développement d'un moment reprend celui de la totalité qui le contient. Le *Testament* est une œuvre close qui fonctionne sur elle-même, car elle thématise et théorise une vision du monde cohérente et systématique – malgré l'apparent chaos formel.

6

Tripes de curés, boyaux de nobles. Cette forme rococo contient des pépites. Le fond suppose ces diamants qu'il faut avoir la patience d'aller chercher au prix d'une lecture attentive, rigoureuse et déterminée. Dans ce château aux pièces multiples dans lesquelles on se perd souvent à première lecture, il existe un projet lisible : une éthique du bonheur et de ses moyens : une politique de la communauté. Meslier invente et propose un hédonisme social, il donne au projet de jubilation longtemps individuel – songeons à Epicure ou Montaigne – une dimension collective. Et ce pour la première fois dans l'histoire.

On ignore souvent qu'une phrase ayant eu son heure de gloire sur les murs du Quartier latin en Mai 68 provient, malgré son détournement dans l'esprit du temps, du fameux *Testament*. Sur un mur de la Sorbonne, un bombage annonçait : *Quand le dernier sociologue aura été étranglé avec les tripes du dernier bureaucrate, aurons-nous encore des problèmes ?* Ce jeune homme pariétal connaissait Meslier, rapportant le propos d'un homme du peuple qui souhaitait que « tous les grands de la terre et tous les nobles fussent pendus et étranglés avec des boyaux de prêtres »... L'imprécateur cite, certes, mais donne aussi son assentiment.

Le curé rouge reste dans ce registre de la sainte colère et de l'indignation permanente. Il regrette par exemple de ne pas disposer des bras musclés d'Hercule – modèle des cyniques grecs... –, de sa massue, de sa force et de son courage, pour assommer les rois, les tyrans, les curés – les « ministres d'erreur et d'iniquité » – et tous les exploiteurs des peuples de la terre qui produisent l'injustice sociale. « Purger les vices » du monde, voilà son projet. 1789 donnera corps à son dessein, avec la fortune que l'on sait...

L'éthique du bonheur suppose un travail préalable de destruction du christianisme. Bien avant la révolution culturelle de l'An II et la saine furie des hébertistes, Meslier entreprend la déchristianisation sur le terrain des idées. D'où une guerre totale contre la théologie chrétienne, la morale catholique, mais aussi la philosophie cartésienne dont il voit bien, lui, le compagnonnage avec les christicoles...

Après avoir brûlé les vaisseaux chrétiens, il reconstruit une flotte nouvelle : d'où une ontologie matérialiste, une morale eudémoniste et une philosophie postchrétienne. A quoi il donne une dimension pragmatique en élaborant une politique elle aussi inaugurale : après l'athéisme, le curé Meslier invente, parmi mille choses, la lutte des classes, le communisme, l'anarchisme, la révolution internationale, la désobéissance collective, le bien public. Les doctrinaires de la Révolution française n'auront qu'à se baisser pour ramasser les fleurs rouges et noires du *Testament*.

7

Feu contre christicoles et déicoles ! Le curé Meslier propose la première pensée athée de l'histoire occidentale. Trop souvent on prend pour de l'athéisme ce qui n'en est pas. Protagoras conclut des dieux qu'on ne peut rien en dire, ni s'ils existent, ni s'ils n'existent pas ? Voilà un agnostique, pas un athée. Epicure, Lucrèce et les épicuriens affirment les dieux multiples, constitués d'une manière subtile, situés dans les intermondes ? Voilà un polythéisme, pas un athéisme ; Spinoza assure la coïncidence de Dieu avec la Nature, Vanini et Bruno pensent de même ? Voilà un panthéisme, pas un athéisme ; Charron, La Mothe Le Vayer, Saint-Evremond et autres libertins baroques croient nécessaire de sacrifier à la religion catholique parce que c'est celle de leur pays, ils évitent de s'appesantir sur la nature de Dieu, mais ils y croient ? Voilà un christianisme bien souvent épicurien, hétérodoxe au regard du Vatican, certes, mais pas un athéisme ; Voltaire clame le caractère utile et indispensable d'un Grand Horloger au vu du superbe mécanisme de la nature, Rousseau y consent ? Voilà du déisme, pas de l'athéisme. Un athée nie clairement l'existence de Dieu, il n'en raffine pas les définitions.

L'athéisme existe probablement en amont chez des personnages du commun incapables de théoriser leur vision du monde. Mais, sauf erreur de ma part, le *Testament* manifeste pour la première fois dans l'histoire cette idée d'un univers débarrassé de Dieu qui induit une vision cohérente du monde – immanente et matérialiste. La date exacte est inconnue, mais elle se situe entre 1719 et 1729 ; Jean Meslier écrit : « Il n'y a point de Dieu » (II,150). *Ite, missa est.*

Du moins, non. La messe n'est pas dite, car elle reste à dire. Le livre agit à la manière d'un grand sermon athée, d'une adresse à ses paroissiens abusés par sa faute. Dans l'urgence de parvenir à ses fins et de se débarrasser d'une culpabilité accumulée depuis tant d'années, Meslier accumule les démonstrations, ajoute preuve sur preuve, au risque de dire une fois, deux fois, dix fois la même chose. Le livre improvise comme à l'oral ; le texte discourt ; Meslier ne s'exprime pas comme dans un livre, mais le livre parle tel le curé Meslier.

A tout seigneur tout honneur. Feu sur Dieu. Meslier part de ce qu'on en dit habituellement et démontre que ces définitions multiples constituent un tissu de contradictions. Tous les chrétiens l'affirment : Dieu est omniprésent, omnipotent, omniscient, il crée le monde, les hommes, il est la Providence. Or la mise en perspective de ces qualités avec le réel prouve qu'il n'en est rien. Le monde comme il va prouve bien plutôt l'inexistence de Dieu. Exemples :

Sa bonté ? Que faire dès lors de tous les endroits de l'Ecriture sainte qui le montrent jaloux, coléreux, vindicatif, agressif, méchant, pointilleux, injuste, capricieux et autres qualités humaines, trop humaines. Bon, ce Dieu qui juge les hommes puis en destine certains à la damnation éternelle, au feu de l'enfer pour toujours et ce pour quelque péché sans importance ? Bon, ce Dieu qui laisse faire le mal quand il pourrait l'empêcher et ne produire que le bien ? Allons...

Omnipotent ? Mais alors d'où viennent sur cette planète la misère des miséreux, la pauvreté des pauvres ? Pourquoi existe-t-il autant d'hommes méchants ? Comment expliquer l'invention du mal alors qu'il lui suffisait de ne pas le vouloir pour que la terre soit un paradis ? Et l'exploitation des hommes, les injustices sociales, le tout avec la complicité des puissants de l'Eglise, quelle justification ?

Miséricordieux ? Mêmes remarques qu'avec la bonté : ce Dieu crée un enfer, envoie les enfants morts non baptisés dans les limbes et les prive de paradis, inflige le purgatoire dans les cas d'incertitude, il exprime tellement sa colère en punissant aveuglément, en récompensant si souvent le vice et en punissant la vertu, ce Dieu-là paraît bien aux antipodes de la miséricorde...

Invulnérable, inaccessible ? Alors pourquoi se vexe-t-il si l'on commet un mensonge, désire la femme de son voisin, si l'on n'honore pas son père ou sa mère, autant de vétilles pourtant prises en considération pour justifier sa colère. A quoi bon, dès lors, l'invoquer, le prier, lui demander des faveurs, désirer son intercession pour soi, sa petite personne et ses petites affaires, si aucune communication n'est possible avec lui ?

Ce Dieu existe, veut qu'on l'aime, mais ne se manifeste jamais. Pourtant une apparition franche, nette et sans conteste serait en son pouvoir. Comment aimer une puissance qu'on craint, qui se fait redouter et qu'on a finalement plutôt envie de détester tant sa cruauté se manifeste auprès des hommes les plus innocents qu'affectent les coups du sort. Il veut de l'obéissance mais ne donne jamais à connaître clairement ses volontés.

Meslier ne produit pas une analyse de la fabrication de Dieu. Il ne montre pas – comme Feuerbach – que cette fiction est fabriquée par les hommes qui craignent la mort, redoutent le néant et inventent n'importe quoi pour vivre malgré leur existence bornée, limitée et, finalement, brévissime. Il n'explique pas pourquoi Dieu est la fiction hypostasiée des impuissances humaines retournées comme les doigts d'un gant et vénérées sous une seule puissance comme autant de forces désirables : les hommes ne peuvent pas tout, ne savent pas tout, ignorent l'ubiquité physique, ils naissent, vivent, vieillissent, meurent et disparaissent dans le néant, soit. Pour vivre avec cette somme d'impuissances, les mêmes hommes vénèrent l'omnipotence, l'omniscience, l'omniprésence, l'éternel, l'incréé, l'incorruptible, l'immortel comme autant de qualités de leur divinité une comme l'homme est un.

Mais Meslier défriche un continent jamais abordé, inexploré, on ne peut lui demander d'achever de toutes pièces et dans l'instant le monument athée... Sa négation, son démontage, sa proposition de lire Dieu comme une fiction, voilà l'essentiel. Des dizaines de philosophes tournaient autour de cette idée, ils évitaient de la proposer ouvertement, ils s'arrangeaient avec le ciel et la raison, l'intelligence et le bon sens pour composer encore et malgré tout avec cette invention. Il revient à Meslier d'annoncer pour la première fois philosophiquement la mort de Dieu.

8

La première déconstruction du christianisme. Si Meslier est le premier (philosophe) athée, il dispose d'un autre titre de gloire : il brille également dans le ciel des idées pour sa réalisation de la première déconstruction du christianisme. Car Dieu est une chose, la religion une autre, sa formule chrétienne, une troisième. Athée, il excelle aussi comme athéologue, à savoir : démonteur des rouages de la machine chrétienne afin d'en montrer le caractère fictif.

Certes, il existe un précédent avec Richard Simon (1638-1712) – inexistant dans sa bibliothèque –, curé normand qui invente l'exégèse biblique et rédige un grand nombre d'ouvrages, certains en plusieurs volumes, dont trois livres majeurs d'histoire critique du Nouveau *Testament*, de ses versions et de ses principaux commentateurs. Bossuet et les jésuites mettent tout en œuvre pour rendre la vie impossible à ce prêtre intègre qui croit pouvoir marier la raison et les textes chrétiens. Mal lui en avait pris... Richard Simon mourut de chagrin dit-on, ses manuscrits furent brûlés... A cette époque, Meslier travaille à son *opus magnum*.

Comme Richard Simon, Jean Meslier lit scrupuleusement les textes dits sacrés mais avec un soin identique à celui qu'il met en présence des textes païens. Lire les Evangiles comme les *Annales* de Tacite ? Péché mortel à cette époque. Le curé ardennais dispose de la patrologie latine et de la Bible dans sa bibliothèque, il effectue donc des lectures minutieuses et constate que, pour des textes inspirés, dictés par Dieu, la contradiction règne, les contresens abondent, les inepties regorgent et les affabulations pullulent !

Pour commencer, Meslier affirme une chose rarissime à l'époque : la pollution de la source de toute la fable chrétienne. Les Ecritures ne sont pas fiables. Falsifiées, bricolées en fonction d'intérêts politiques, établies en un corpus prétendument cohérent afin de donner des armes idéologiques au pouvoir temporel appuyé par le pouvoir spirituel, on ne peut accorder aucun crédit à cette mythologie.

Saint Jérôme le dit lui-même... Pourquoi ici des apocryphes, là des synoptiques ? Qui décide ? Selon quels critères ? Pour quelles raisons ? Quels intérêts ? Meslier répond et signale le rôle déterminant des conciles – ceux de Carthage et de Trente, dont il dispose des actes sur ses rayonnages – : ce sont les princes acoquinés aux évêques, les empereurs soutenus par le clergé, qui prennent arbitrairement ces décisions qui font la loi.

Ces livres ne contiennent rien de sacré. Au contraire, le nombre impressionnant d'approximations, de contradictions, d'imperfections, de défauts, d'erreurs, témoigne pour une facture humaine, très humaine ! Meslier voit agir dans ces créations littéraires le même principe qui anime le folklore et la fiction : « les histoires de fées et nos vieux romans », écrit-il, procèdent du même monde... Il conseille bien plutôt Esope que Luc, Marc ou Matthieu !

A ceux qui arguent de la puissance de l'allégorie et récusent la critique exégétique athée au nom de son prétendu simplisme, le curé répond qu'en appeler au sens caché, second, extralittéral, aux théologiens fumeux qui revendiquent le troisième, quatrième ou ixième degré, relève du gros subterfuge : cette mauvaise foi appelle celle du lecteur en sollicitant sa fantaisie interprétative intéressée. Cette supercherie « anagogique et tropologique » est à mettre sur le compte de saint Paul, ce « grand mirmodolin », soucieux de couvrir par cette malice intellectuelle ses erreurs et ses approximations.

9

Les prunes du Paradis. L'Ecriture prétendue sainte collectionne les inepties. Ainsi les miracles et les prophéties. Meslier consacre un long temps à tailler en pièces ces délires en contradiction avec les lois de la nature, seules règles reconnues par un sain entendement conduit par les lumières de la raison. Ce qui a lieu se manifeste inéluctablement selon l'ordre naturel. On ne peut croire à la possibilité de marcher sur l'eau, fendre la mer en deux, ressusciter les morts, guérir des incurables, multiplier les poissons, changer l'eau en vin, etc., sans donner dans le ridicule.

Si quelqu'un, aujourd'hui, prétendait accomplir ce genre de miracles ou seulement assister à l'un d'entre eux, nul doute qu'on le conduirait chez les fous, car il en serait un. Ces extravagances n'ont pas à être lues sur le mode allégorique car elles se présentent comme preuve des pouvoirs surnaturels de la divinité.

Meslier met en perspective les textes païens et les textes sacrés, puis montre que les miracles abondent dans un cas comme dans l'autre. La *Vie d'Apollonios de Tyane* de Philostrate vaut bien les récits évangéliques ou les livres apologétiques racontant les vies de saints qui, décapités, poursuivent leur route, immergés dans un chaudron d'huile bouillante, continuent de prier et de prêcher sereinement, démembrés ou cuits sur le gril, éviscérés jusqu'au dernier boyau, ne cessent pour autant d'arborer le sourire béat des allumés sûrs de leur fait.

A quoi il ajoute des considérations théologiques : admettons même l'existence des miracles, que faudrait-il en conclure ? Qu'un Dieu qui accorderait de manière aléatoire ses faveurs, sauvant l'un mais les refusant à l'autre, accordant sa bienveillance au premier mais pas au second, ce Dieu serait d'une cruauté à toute épreuve ! Ce qui, voir plus haut, contredit la définition même de Dieu dont on souligne toujours la Justice. Pour devenir crédible, le miracle devrait fonctionner pour tous, toujours, tout le temps, ce qui définirait le paradis sur terre. Or nous en sommes loin. CQFD, écrirait Spinoza.

Pas plus que les miracles les extravagances consignées dans la Bible ne sont dignes de crédit. Ainsi, pour s'en tenir à la seule Genèse, le paradis des origines, le serpent qui parle, l'histoire de la pomme – ou de la prune, écrit Meslier –, l'arbre de vie, celui de la connaissance, un premier homme et une première femme, un péché originel, sa transmission à la totalité des descendants d'Adam et Eve. Fable, fable, fable...

10

Un malade nommé Jésus. Jean Meslier ne met pas en doute l'existence historique de Jésus. Pour ce faire, il faut attendre Bruno Bauer (1809-1882), un hégélien de gauche, et sa *Critique des Evangiles synoptiques* (1841). Mais Jésus se trouve réduit à une condition humaine, et des plus minables : cet « archifanatique », écrit-il, est également « fou, insensé, misérable fanatique, malheureux pendart, homme de néant, vil et méprisable », un personnage aux aventures plus extravagantes encore que celles de Don Quichotte !

Ses pensées sont déréglées. Cet homme prétend être venu sur terre pour racheter par sa mort les péchés du monde mais, d'une part, il se montre incapable de se sauver lui-même du supplice de la croix, d'autre part, depuis sa mort on n'a pas vu sur la planète diminuer le mal ni la négativité comme annoncé ! D'ailleurs, toutes ses prophéties sont vaines et n'ont jamais été honorées : elles prouvent plutôt le dérèglement mental que le fils de Dieu !

Ces annonces rangent Jésus du côté des malicieux et des méchants. Car tromper les hommes de la sorte, les induire en erreur pour des choses aussi essentielles que la conduite de leur existence et leur destin après la mort, voilà des mensonges coupables et pendables. La méthode relève de l'escroquerie métaphysique.

Son mode de vie témoigne également contre lui : qu'avait-il, ce furieux personnage, à courir partout, aller et venir dans tous les endroits de Judée pour évangéliser et vouloir convertir à ses fables le maximum de personnes ? Et puis dire que le Diable l'a conduit sur le sommet d'une montagne afin de le tenter ? Est-ce bien sérieux ? Serait-ce le propos d'un homme jouissant de toutes ses facultés mentales ?

Même remarque avec les miracles. Quand il accomplit prétendument ces fariboles il faut voir, écrit Meslier, quelle allure de gourou il prend ! Le psychisme fragile de cet homme rencontre évidemment celui de ses disciples, eux aussi de constitution mentale débile. Sa geste rassemble un tissu incroyable de mensonges.

Ce personnage n'a pas de consistance réelle. Sa texture est celle d'un songe. Il suffit pour s'en rendre compte de lire les Evangiles avec soin. Les contradictions abondent. La vérité historique n'existe pas. Les témoignages partent dans tous les sens. Exemples : la généalogie de Jésus diffère d'un évangéliste à l'autre ; les faits et gestes, les anecdotes de l'enfant Jésus ne coïncident pas ; le chiffre de la durée de sa vie publique varie ; même différences avec ses actes après le baptême ; ou sur le détail de sa première retraite ; incohérences également sur le temps et la manière dont les apôtres le suivent ; sur ce qui advient réellement pendant la Cène ; sur les femmes l'ayant suivi depuis la Galilée ; sur le nombre, le lieu, les circonstances de ses apparitions après sa mort ; idem sur l'ascension au ciel ; et ce parmi beaucoup d'autres exemples...

11

Des idoles de pâte et de farine. Au départ, l'Eglise est une secte vile et pernicieuse. Les historiens de l'époque le confirment. Ses dogmes atteignent des records d'extravagance : la sainte Trinité par exemple. Comment trois personnes peuvent-elles en faire une alors que le Père engendre le Fils, donc doit lui être antérieur, sans parler du Saint-Esprit... Cette croyance, écrit Meslier, dénote un réel paganisme !

Même remarque avec le prétendu mystère de l'Eucharistie. Le Moyen Age regorge de textes de philosophes et de théologiens dissertant longuement et laborieusement sur le statut de l'hostie. La casuistique aidant, on se demande ce qu'il advient d'elle si, par exemple, un rat vient à l'ingurgiter malencontreusement ou si, une fois consacrée et perdue dans un fossé – par un prêtre titubant parti donner une extrême-onction... –, elle reste le corps du Christ.

La théologie a disserté sans rire sur ce sujet, résolu d'une phrase par le curé qui définit l'hostie comme « une idole de pâte et de farine » au même titre que les idoles païennes de fer, de bois, de pierre, d'or ou d'argent adorées par les peuples les plus reculés des temps anciens. Folie ! Jésus n'a jamais demandé à être adoré sous forme boulangère. Nulle part dans les Evangiles on ne peut déduire ou conclure à cette stupide superstition.

L'Eucharistie, mystère chrétien, a besoin de la pensée d'Aristote pour asseoir sa légitimité philosophique. La scolastique avec ses catégories de substance, d'accidents, d'espèces, de forme substantielle, autorise ce coup de bonneteau ontologique qui permet d'affirmer que le pain est réellement et non symboliquement – « en vérité » et non « en figure » pour le dire comme Thomas d'Aquin – le corps d'un homme mort il y a deux mille ans ; idem avec le vin en provenance des vignobles français, sang réel du même homme.

On comprend pourquoi l'Eglise condamne aussi fermement depuis toujours la pensée matérialiste, pour laquelle l'histoire de la substance et de ses accidents compte pour zéro puisque à ses yeux tout dans le monde, y compris les hosties ou le vin du calice, se réduit à un pur et simple agencement atomique. Un disciple d'Epicure ne peut décemment pas croire aux balivernes de la transsubstantiation.

On ne s'étonnera pas que Meslier défende par ailleurs, et en toute bonne logique, une théorie extrêmement cohérente du matérialisme qui, soit dit en passant, formule indépendamment d'Epicure, et sans le recours aux atomes, aux particules, au vide, au clinamen, et à tout l'arsenal épicurien, une inaugurale théorie matérialiste moderne dans laquelle puisent sans vergogne La Mettrie, Helvétius, d'Holbach, Sade, pour en rester au seul XVIIIe siècle.

12

Pour une morale postchrétienne. Meslier sape donc le christianisme dans ses fondements, ses raisons, ses arguments, sa logique, sa rhétorique, ses croyances, ses mythes, ses fables : Dieu n'existe pas ; les textes sacrés, produits de faussaires, véhiculent des fables ; le christianisme est une usine à fictions sottes, dont le paradis, l'enfer, le péché originel, etc. ; Jésus n'est pas le Fils de Dieu, mais un fou misérable, humain, très humain ; les dogmes et mystères du genre sainte Trinité ou le sacrement comme l'Eucharistie procèdent de la croyance idolâtrique des païens ; mais Meslier s'attaque également, au-delà de la théorie, à la morale chrétienne qu'il trouve perfide, mauvaise, contre nature et infondée.

Après la destruction des logiques fantasques du Ciel, il s'attaque aux pratiques néfastes de la Terre catholique. La déconstruction de la théologie se double d'une déconstruction de l'éthique. Celle des chrétiens est mortifère car elle s'indexe sur la pulsion de mort, elle aime et chérit la douleur, elle voue un culte à la souffrance dans la logique revendiquée de l'imitation de la Passion du Christ. Comment défendre une pareille position ?

Au nom de quoi condamner les désirs ? Ce sont des affections naturelles de la chair – « le doux penchant de la nature ». Restons dans la logique chrétienne : s'ils existent, c'est bien parce que Dieu les a mis dans le corps des hommes. Comment pourrait-il doter les humains du désir et leur demander de le détester ? Sortons de cette logique : Dieu n'existe pas, seule la nature a mis ces affections de la chair en l'homme. Elle a ses bonnes raisons : la reproduction de l'espèce, la continuation de l'humanité.

La morale sexuelle défendue par l'Eglise empêche la sexualité hors mariage, elle la codifie très sévèrement dans le couple marié. Meslier ne trouve rien à redire à un usage libre de son corps, y compris avec des partenaires non liés par le sacrement. Le contrat hédoniste suffit à légitimer l'acte sexuel : un désir partagé pour un temps convenu de part et d'autre. Trop de femmes mal mariées souffrent, trop d'enfants subissent la dure loi de parents mariés qui se détestent mais restent ensemble car l'Eglise les y contraint en les menaçant de l'Enfer s'ils divorcent. Meslier défend l'union libre – y compris pour les prêtres, moines et moniales – et le divorce, et ce pour des raisons d'épanouissement sensuel et sexuel.

Pas question pour autant d'une licence des corps ni de célébrer la débauche. Meslier entend le plaisir comme une chose simple, naturelle, pas compliquée. L'excès ne lui convient pas. Pas prude mais sans se faire le défenseur du libertinage féodal des grands du moment, le curé propose une chair déculpabilisée, jouissant naturellement des potentialités de joie permises ici et maintenant.

La nature commande : on ne peut vouloir ce qui la contrarie ou la contredit. Le dolorisme la met en péril. Si d'aventure on pratiquait continence et chasteté, si l'on s'interdisait toute sexualité, alors le monde irait vers sa perte et sa fin. Les commandements chrétiens sont infondés et ridicules. Le modèle de la sexualité n'est pas pour autant l'animal, comme chez les cyniques. Pour Meslier, il faut, réminiscence des libertins baroques, se soumettre en matière de sexualité aux lois et coutumes de son pays : ainsi on ne consentira pas à l'inceste et autres sexualités endogamiques. Sur l'homosexualité, Meslier garde le silence.

Le curé athée poursuit sa critique de la morale chrétienne : elle a tort sur le terrain du dolorisme, elle se trompe en matière de morale sexuelle, elle est également indéfendable dans son éloge de l'amour du prochain. Cette invite dangereuse suppose que les hommes et les femmes doivent supporter sans broncher la méchanceté du plus grand nombre. Ne pas répondre aux coups, tendre l'autre joue, aimer ses ennemis, voilà de quoi justifier l'ordre pervers du monde. Avec une pareille logique, on laisse libre cours à la brutalité féodale, à l'exploitation des faibles, et on assure l'impunité des bêtes de proie que sont rustres et seigneurs, parasites du système et autres tyrans de la monarchie.

Bénir ceux qui nous maudissent, pardonner à ceux qui nous offensent quotidiennement, sous prétexte qu'au-delà de la mort, justice sera rendue un très hypothétique jour de Jugement dernier, voilà qui, ici et maintenant, légitime la loi de la jungle. Le livre des Béatitudes joue un rôle conservateur, contre-révolutionnaire, il avalise l'état de fait, et donne sa bénédiction à l'injustice généralisée.

13

Une éthique de la pitié. Meslier défend les humbles, les humiliés, les sans-grades, les gens modestes, les victimes. Pas étonnant qu'on trouve sous sa plume une défense, inédite dans l'histoire des idées jusqu'à lui, des femmes, des enfants et des animaux, ces trois modulations de l'humanité exploitée qui concentrent prioritairement la violence, la méchanceté et la brutalité du mari pour l'épouse, des parents pour l'enfant, du maître pour l'animal.

On pourrait sursauter à la mise en perspective de ces trois victimes de la servitude. N'oublions pas, d'abord, que ces pages datent des premières années du XVIIIe siècle, un temps où l'humanité triomphe sous sa seule formule blanche, européenne, mâle, chrétienne, adulte. Si Meslier n'écrit rien sur les peuples de couleur – quelques lignes en passant dans l'esprit relativiste et perspectiviste d'un La Mothe Le Vayer – ou les populations extra-européennes, il consacre des phrases significatives aux enfants battus, abandonnés et aux femmes mal mariées, négligées et malheureuses, puis de longues pages convaincantes à ferrailler contre la thèse cartésienne des animaux-machines et pour l'humanité des animaux. A l'époque, le combat est inexistant.

En vertu de l'indissolubilité chrétienne, le mariage cause des ravages dans les familles : l'impossibilité de quitter le conjoint agressif, violent, méchant, transforme la vie en cauchemar. Quand les parents se séparent, les enfants récupérés par les beaux-parents, grands-pères et grands-mères, curateurs ou tuteurs, ne disposent pas d'une meilleure éducation. Leur expérience et les mauvais exemples transforment ces individus en adultes asociaux. Meslier aspire à des éducations communautaires payées avec les deniers collectifs afin de contribuer à l'éducation d'enfants soucieux du bien public.

Le curé combat la servitude sous toutes ses formes. Matérialiste conséquent, il pose le problème des animaux en philosophe pour qui il n'existe qu'un seul monde avec des variations multiples. L'unité matérielle de l'être empêche de penser en termes de hiérarchie, donc de soumission et de servitude. Cette lecture immanente n'oppose pas, comme la pensée chrétienne, dualiste et transcendante, deux univers termes à termes – hommes et femmes, humains et animaux, adultes et enfants, mâles et femelles –, connotant l'un positivement et l'autre non.

Meslier ne supporte pas les figures du mal. Cette position métaphysique semble moins procéder d'une démonstration rationnelle et raisonnable que d'une viscéralité radicale, d'une réponse instinctive au spectacle de l'injustice et de l'iniquité. A la manière d'un Montaigne qui parle à la première personne et pense l'universel à partir d'anecdotes autobiographiques, Meslier confie ne pas supporter bouchers et boucheries. La vue du sang l'incommode. Et, quand il faut tuer ou faire tuer poulets, pigeonneaux ou cochon pour manger, il en ressent une véritable aversion, une réelle répugnance.

S'il devait consentir au végétarisme, ce ne serait pas à partir de déductions intellectuelles mais au regard de cette incapacité à soutenir le spectacle de la douleur et de la souffrance des animaux – et, partant, de tout autre être vivant. Le refus systématique de consommer de la viande lui semble une option superstitieuse relevant de la bigoterie religieuse. L'avers d'une médaille où l'on trouve en revers le goût des religions pour les holocaustes d'animaux afin d'obtenir la faveur des dieux.

Meslier guerroie également contre cette coutume barbare de l'immolation de victimes innocentes. Comment Dieu, s'il existait, pourrait-il consentir à tant de destructions gratuites de ces spécimens de la perfection de sa création ? Quelle idée saugrenue de croire que Dieu aimerait pareils gestes de folie ? Qu'il y serait sensible ? Et que tant de sang versé le déciderait à satisfaire la prière des hommes ?

Cet homme qui se réjouit en rapportant le propos d'un paysan désireux d'étrangler le bourgeois avec les boyaux des prêtres, ce révolutionnaire communiste qui consacre de très belles lignes à justifier le tyrannicide sous la forme du pur et simple abattage du roi pour peu qu'il tienne ses sujets en esclavage, ce curé athée qui peste contre les flots de sang versés au cours des trop nombreuses cérémonies religieuses d'immolation de bêtes, cet athéologue radical qui déplore également le sang éclaboussant la croix du Golgotha, ce philosophe volcanique ne supporte pas la vue d'un poulet qu'on égorge ! Sa morale de la pitié génère une éthique impitoyable : pas de pitié pour les gens sans pitié. Comment lui donner tort ?

14

Botter les fesses de Malebranche. Meslier défend la Nature, toute la Nature. Il récuse la pensée hiérarchique et serait aujourd'hui sensible aux arguments des antispécistes, qui combattent l'organisation pyramidale de la nature avec l'homme au sommet et les animaux à la base, le premier s'autorisant sur les seconds toutes sortes d'actes inhumains : exploiter, torturer, martyriser, tuer, asservir, enchaîner, frapper, manger.

Cette position, dominante dans notre société depuis deux mille ans, procède de l'invite judéo-chrétienne contenue dans la Genèse : dépourvus d'âme, indemnes du péché originel, sans possibilité de se survivre, les animaux, ces créatures situées au-dessous du règne humain, après lui, avant le végétal, puis le minéral, existent pour le bien des hommes. Ces derniers peuvent les utiliser comme bon leur semble pour obtenir force de travail, douceur de compagnie, chair à consommer, peaux pour le vêtement, monnaie de sacrifice pour les holocaustes. Meslier, là encore, vitupère contre le christianisme.

Parmi ses ennemis, les philosophes cartésiens – dont il voit bien la nature « déicole ». Cible préférée, Malebranche, qui consacre de longues pages dans *De la recherche de la vérité* à reprendre, poursuivre et développer les thèses émises par le Descartes du *Traité de l'homme*. Les animaux se réduisent à un assemblage de rouages, poulies et ressorts. Ces choses-là ne pensent pas, n'éprouvent aucun sentiment, ne communiquent pas, ne ressentent rien, ignorent le langage. D'où une différence de nature radicale entre les hommes et les bêtes.

L'anecdote est peut-être fausse, du moins elle fait sens : on prétend que le fameux Père Malebranche, oratorien, auteur, donc, de ces célèbres thèses sur les animaux-machines, aurait botté l'arrière-train d'un chien qui trépignait en présence de son visiteur. Même apocryphe, l'histoire signifie : elle dit que pareille thèse philosophique justifie les mauvais traitements infligés aux animaux. Elle légitime surtout l'absence de remords en cas de tortures ou de mise à mort.

Pour sa part, Meslier entreprend de botter les fesses philosophiques de Malebranche. Parce que les cartésiens imaginent que penser c'est avant tout et surtout penser qu'on pense, savoir qu'on pense, ces zoophobes concluent que les animaux ne pensent pas. Mais penser se définit autrement, précise Meslier : penser c'est connaître dans l'agencement de sa chair des modifications de la matière. Hommes et bêtes, sur ce sujet, logent à la même enseigne.

Les ennemis du matérialisme que sont les disciples de Descartes ne peuvent résoudre le problème sans le subterfuge des sophismes dualistes de la substance pensante distincte de la substance étendue. Voilà pourquoi les cartésiens sont déicoles et christicoles : leurs deux modes antinomiques – dont l'un est une fiction... –, en font encore des tenants de la religion catholique.

Pour Meslier, les animaux sont des machines, bien sûr, mais comme les hommes ! Rien ne les distingue, sinon les modalités d'agencement de leur matière. Pas de substance pensante chez l'homme, mais un cerveau ; idem chez le rossignol ou le cochon. Même si les matières grises diffèrent, l'essentiel demeure : un être se réduit à la matérialité de sa physiologie, truie et oratorien confondus. La leçon ? Entre les hommes et les bêtes il n'existe aucune différence de nature, seulement une différence de degré. Cette conclusion définit une ontologie matérialiste inaugurale dans la philosophie française.

15

Le massacre des chats. Jean Meslier déplore que la métaphysique chrétienne et la philosophie cartésienne – si semblables au demeurant... – offrent un boulevard à la méchanceté des hommes. Le curé affirme que les animaux pensent, non pas comme les hommes, certes, mais qu'ils pensent bel et bien ; qu'ils jouissent, souffrent, ressentent de l'émotion, communiquent, échangent, disposent d'un langage. Bien sûr ce dernier n'est pas construit comme le nôtre, mais, du moins, chez les bêtes, on ne trouve pas toutes les faussetés, les mensonges, les perfidies et les tours de passe-passe permis par le langage des hommes.

Pas besoin de longues dissertations, l'œil exercé du paysan suffit. Le philosophe oppose en souriant les savantes démonstrations au service de l'idée fausse de Malebranche et le bon sens rural. Que diraient l'homme des champs, celui des basses-cours, le travailleur de la terre avec ses chevaux ou ses bœufs, l'agriculteur avec ses vaches et ses moutons, le bouvier, le porcher, le berger, si le philosophe leur tenait le discours cartésien sur les bêtes ? Ils riraient d'un grand, gros et beau rire philosophique !

Le *Testament* poursuit : parce qu'il existe des idées fautives sur ce sujet, les hommes laissent libre cours à leurs passions mauvaises. Ainsi les massacres de chats, qui transforment le vice, la méchanceté, la perversion, en spectacle populaire très prisé à l'époque. Ces fêtes villageoises hystériques dans lesquelles on précipite dans des brasiers les chats capturés à cet effet, déshonorent les humains qui s'y prêtent. « Détestables plaisirs », « folle et détestable joie », écrit-il. S'il avait connu Spinoza en première main, Meslier aurait pu diagnostiquer un effet des « passions tristes ».

16

Meslier, philosophe à part entière. La corporation philosophante délivre les brevets et certificats de conformité ; elle honore prioritairement les idéalistes, les chrétiens, les conservateurs, les auteurs au style fumeux, amateurs de vocabulaire abscons et de néologismes enfilés comme des perles. Meslier est mal parti, lui qui affiche clairement son athéisme, son matérialisme, son communisme, le tout dans une langue plutôt orale dans laquelle on chercherait en vain trace du vocabulaire de la tribu. Et tant mieux...

L'athéisme, nous l'avons vu. Le matérialisme maintenant. De même qu'il innove en affirmant l'inexistence de Dieu, Meslier invente tout autant en créant le matérialisme français presque de toutes pièces. Certes, Gassendi existe avant lui. On connaît les limites chrétiennes de l'atomisme du chanoine de Digne : tout est matière, absolument tout, sauf l'âme... Epicure a entièrement raison, sauf quand le christianisme lui donne tort... Ce qui, convenons-en, entame tout de même le crédit du matérialiste en question !

Rappelons-nous que le curé Meslier vit quarante années dans le presbytère d'un petit village des Ardennes jamais quitté ; précisons qu'il travaille avec la poignée de livres – moins d'une cinquantaine... – de sa bibliothèque personnelle ; ajoutons qu'il s'acquitte consciencieusement, du moins en sauvant les apparences, des tâches absorbantes de sa cure au quotidien.

Disons-le autrement : Meslier ne fréquente aucun salon mondain parisien comme celui, quelques années plus tard, d'un D'Holbach qui réunit parfois autour d'une même table d'aussi beaux esprits que Hume, Rousseau, Condorcet, Helvétius, Voltaire, d'Alembert, Diderot... Meslier n'a pas la rue à traverser pour quitter un hôtel particulier et se retrouver dans une magnifique bibliothèque publique ou privée... Meslier ne vit pas avec l'équivalent des revenus d'un fermier général ou d'une rente de noblesse... Seul, sans documentation et sans loisirs, l'étendue de son travail de découvreur constitue déjà en soi un exploit. Imaginons les productions de cet esprit avec des conditions plus favorables...

C'est donc avec sa seule intelligence, sa plume et ses bougies de suif que Meslier, sans textes à commenter, sans le support de la pensée d'autrui, pose les bases d'un matérialisme précisé et détaillé en combattant la métaphysique de Descartes. En héraut esseulé, le curé athée pousse les feux de sa colère philosophique et tire la conséquence ontologique de sa position métaphysique immanente : Dieu n'existe pas, il n'y a que de la matière. Il n'existe qu'une seule substance, elle coïncide très exactement avec la matière. Sans l'avoir lu, Meslier opère le basculement de Spinoza du côté subversif où il va produire des effets considérables : la généalogie matérialiste française du XVIIIe siècle. Une seule substance, la matière.

L'athéisme contraint intellectuellement à cette position. Seule option possible pour tout philosophe qui nie transcendance, dualisme, spiritualisme, idéalisme, et tout le bric-à-brac des arrières-mondes définissant toute religion quelle qu'elle soit, le matérialisme ouvre un boulevard inédit à la philosophie : le monde ici et maintenant, l'ici-bas, le réel, le concret, la vie quotidienne. D'abord pour le comprendre, ensuite pour le transformer.

17

Une ontologie matérialiste. L'ontologie matérialiste de Meslier constitue le pendant de la théologie spiritualiste chrétienne. Dieu n'est pas car seul l'Etre est, et l'Etre, c'est la Nature. Cette certitude de l'être, nous en disposons du simple fait d'être. Meslier propose un genre de cogito tautologique : si je suis, je ne peux pas douter d'être – à moins d'un pur jeu de l'esprit par pyrrhonisme ludique. La seule pensée de l'être prouve l'être. Pas besoin de métaphysique, le bon sens suffit.

Le curé n'entre pas dans le détail constitutif de la matière définissant l'être. On ne trouve point chez lui une physique des atomes, une description des particules, une mécanique des agencements moléculaires, une théologie du clinamen ; le nom d'Epicure n'apparaît pas dans le *Testament* ; *De la nature des choses* ne se trouve pas dans sa bibliothèque, les *Lettres* d'Epicure non plus, pas plus Diogène Laërce dont le Livre X de la *Vie des philosophes* pallierait ces manques : Meslier pense le monde seul, et son matérialisme doit à cette situation ses forces et ses faiblesses – à savoir son originalité et ses limites théoriques.

Cette matière se définit négativement : elle n'est pas la substance étendue de Descartes. Dans les *Principes de la philosophie*, le Poitevin précise qu'elle suppose la longueur, la largeur, la profondeur ; elle est divisible à l'infini en parties, mais pas sur le principe atomiste ;

les parties diffèrent par les grandeurs, les figures, les lieux et les mouvements. Meslier refuse cette définition. La matière fournit d'abord le principe explicatif de la totalité de la nature.

Certes on pourrait demander à Meslier de préciser. Il affirme le principe clair, mais indéfinissable, car pas plus que l'œil ne se voit, la matière qui pense ne peut saisir donc définir ce qu'elle pense. De la même manière qu'il existe une relation de causalité entre l'œil et la vision, les membres et le mouvement, le cerveau et la pensée, il existe une relation entre la matière et la nature, mais, dans l'état actuel de nos connaissances précise-t-il, on ne peut dire quoi, ni comment.

Nous en sommes encore là et mieux vaut l'honnête aveu des limites de la raison qu'un franc délire irrationnel. Plutôt un constat d'impuissance, tout à l'honneur de la raison et du philosophe qui en reconnaît les bornes, qu'une fausse raison qui recourt aux sophismes, à une rhétorique spécieuse, ainsi le cogito de Descartes. Avant Meslier, déjà Gassendi opposait le bon sens au cogito, ce gros animal de la littérature philosophique mondiale.

Le réel, la nature, l'être, la matière, voilà l'équation du monde. Son détail suppose ensuite combinaisons, mouvements, configurations, modifications, arrangements, agencements des parties de la matière. Dès lors, il paraît légitime d'affirmer : la matière sent, pense, réfléchit, désire, aime. Cessons de dire : « je pense donc je suis », rectifions plutôt : « la matière pense, donc la matière est ».

Tout ce qui existe se réduit à une configuration particulière de la matière : vie et mort, vertu et vice, beauté et laideur, santé et maladie, plaisir et douleur, joie et tristesse, force et faiblesse, tout cela constitue autant de variations sur le thème matérialiste. On ignore les raisons de ceci plutôt que de cela, mais ceci et cela proviennent d'un travail dans la matière. Meslier parle de « fermentation continuelle de l'être » (III, 89) sans plus détailler.

Sans connaissance scientifique – comme tout curé formé au séminaire –, sans documentation biologique ou physique sous la main, sans matériel d'observation de l'infiniment petit, sans conversation avec des amis scientifiques complices, Meslier ne peut guère aller plus loin en supposant la dynamique de la matière qui, de toute façon, même encore aujourd'hui, est loin d'avoir livré la totalité de ses secrets. Retenons de cette métaphore de la fermentation une approximation (fautive) contenant tout de même la vérité d'un matérialisme vitaliste, dynamique, dialectique – au sens non politique du terme.

Pour ordonner un peu cette matière, Meslier précise que dans la nature il n'existe que temps, lieu, espace et étendue. Le temps n'a pas été créé – ni par Dieu, qui n'existe pas, ni par quoi que ce soit d'autre : car l'acte même de créer suppose un temps pour se déplier et advenir. Un avant le temps rend impossible le temps que rien ne peut précéder – sinon déjà dans le temps... Le temps est là depuis toujours, « comme un point indivisible qui est sans aucune étendue » (II, 215).

Le lieu, l'espace et l'étendue, Meslier confie leur relative identité. Le lieu ? « Un espace ou une étendue limitée qui contient un corps ». L'espace ? « Une étendue plus spacieuse qui contient ou qui peut contenir plusieurs corps ». L'étendue ? « Un espace sans bornes et sans fin qui contient tous les êtres, tous les lieux et tous les espaces imaginables ». En dehors de ces modalités de l'espace, également modalités du temps, donc de la matière, il n'y a rien.

Dès lors, concluons comme les épicuriens : si tout est matière, l'âme aussi. L'âme meurt donc en même temps que le corps. Le cerveau, qui constitue le monde et rend possible la conscience, se décompose. Et le monde et la conscience avec lui. Rien à craindre, donc, de la mort et de ce qui advient après. Après ? Rien. La matière se métamorphose. La mort n'est pas à craindre, seul importe ce qui a lieu avant elle, pendant la vie. L'ontologie (matérialiste) légitime une éthique (eudémoniste) qui se déplie et se déploie en une politique (communiste).

18

Une histoire naturelle du mal. Meslier ne croit évidemment pas au péché originel comme explication du mal sur la planète. La négativité ne descend pas du ciel, elle monte de la terre. En termes contemporains, on pourrait dire qu'il fournit une généalogie éthologique au mal. Cette version évite la métaphysique, ignore la théologie, contourne l'ontologie traditionnelle, elle offre une théorie cohérente à l'option matérialiste et athée du curé.

D'où vient le mal ? Du fait que trop d'hommes occupent en même temps un terrain trop petit. La rareté consubstantielle à l'étroitesse du territoire contraint les habitants à se battre pour obtenir de quoi vivre et survivre. Tous les moyens sont bons qui permettent d'assurer son existence : ruse, perfidie, méchanceté, violence et autres stratégies de la débrouille.

Meslier n'emprunte pas, on s'en doute, les chemins de la théodicée pour justifier le mal. Là encore il file sa métaphore : le mal est nécessaire car il permet un genre d'homéostasie sociale. S'il n'y avait l'assassinat, le meurtre entre les espèces, une prolifération dangereuse d'humains ou d'autres animaux engorgerait l'espace. Dans cet équilibre, rien ne domine, personne n'a le monopole de la prédation, tout finit par coexister dans une harmonie permettant à ce qui est d'être et de durer.

Cette conception naturelle du mal – ou cette conception du mal naturel... – ne présente pas le caractère fatal d'un péché originel. Il n'est pas trace indélébile. Le mécanisme qui le produit se réduit à du repérable sur lequel on peut agir. Ainsi, la pénurie naturellement générée par l'étroitesse d'un espace peut disparaître si l'on organise autrement la répartition des richesses et des biens. S'il existe un état de nature dans lequel règne la violence a priori, pour des raisons mécaniques, un état de culture peut y remédier en proposant de nouveaux schémas d'organisation éthologique, donc sociale, communautaire. D'où un chantier politique...

19

Philosophie des Etats généraux. Meslier invente aussi sur le terrain politique, car il formule pour la première fois un hédonisme social et politique. Avant lui, l'eudémonisme existe, certes, l'hédonisme également, mais ils demeurent surtout affaire d'individu. A chacun revient la charge de créer son bonheur et de produire sa jubilation pour son propre compte. S'il existe des politiques épicuriennes, cyniques, cyrénaïques, c'est plutôt en marge, par la bande ou l'extrapolation, et non de manière centrale. Montaigne n'attend pas de la politique la réalisation de son bonheur propre, ni même qu'elle y contribue. Gassendi non plus. Meslier, si.

Athée, matérialiste, hédoniste, Meslier boucle son système avec la promotion d'un « communalisme international » très oxymorique car il s'appuie sur la cellule villageoise tout en visant la révolution planétaire. On a parlé de « communisme », ça n'est pas faux, d'un « présocialisme », juste également, ou d'un « communisme libertaire », ce qui me semble plus exact. Mais chacune de ces épithètes s'utilise aujourd'hui avec le prisme déformant de ce que sont devenues ces idées dans l'histoire depuis deux siècles : ni Marx ni Bakounine, ni Engels ni Proudhon, ni Lénine ni Staline ne permettent de bien ou mieux comprendre Meslier, qu'il faut lire pour lui-même et dans le contexte de l'époque. Sans jamais oublier que soixante-dix années séparent les premières pages du *Testament* et le premier geste de la Révolution française... Si l'on en juge moins par la trace écrite que par la pensée du personnage, en amont du texte, Meslier dispose d'un siècle d'avance ! Pas moins...

Dans le fouillis de l'œuvre, si l'on cherche les pépites politiques afin d'organiser l'ensemble en bijou révolutionnaire, on commencera par ce qui ressemble à une philosophie des Etats généraux. A savoir ? Le curé peint dans le détail le tableau des mœurs et souffrances paysannes sous le régime féodal d'un Louis XIV qu'il n'a pas de mots assez durs pour flétrir : grand voleur, grand criminel, grand tueur, grand exploiteur, coupable de ravages, de carnages, de guerres, d'usurpations, de « voleries », de désolations, d'injustices sans nom, de famines. Sous les soixante-douze ans de son long règne (1643-1715), les provinces exsangues ne connaissent que misère et pauvreté. Même Fénelon le pense et l'écrit dans une lettre sublime...

Jean Meslier invente la visibilité de la lutte des classes. D'un côté les paysans, les travailleurs, les pauvres, les miséreux, le peuple souffrant au travail, étranglé par de multiples taxes et impôts, asservi mentalement, spirituellement, physiquement et quotidiennement ; de l'autre, les prêtres et les rois, les évêques et les princes, les gendarmes et les gens de justice – il écrit « gens d'injustice » et les nomme : notaires, procureurs, avocats, greffiers, contrôleurs, intendants de police, sergents, juges, complices des délinquants, pourvu qu'ils soient puissants –, les percepteurs, les fermiers généraux et autres « maltôtiers rats de cave », les nobles, « les riches fainéants » qui jouissent des biens de ce monde, mangent, boivent, dansent, plaisantent, se divertissent et rient dans les salons. Ces puissants disposent des plus belles terres, des plus belles maisons, des plus beaux héritages, ils vivent de leurs rentes et des taxes violemment prélevées sur les travailleurs, ce qui ne les empêche pas d'en vouloir encore et toujours plus.

Les premiers n'ont rien, les seconds tout. Les uns, démunis de tout, n'ont rien et mériteraient tout ; les autres disposent de tout et mériteraient de ne rien avoir, dès lors, ils mériteraient aussi d'être dépossédés de leurs biens. Bien que repus et satisfaits, nobles, riches et possédants voudraient également voir les pauvres ramper. Cette situation crée la haine entre les gens. La lutte des classes produit la haine des classes. Quel philosophe pense ainsi, juste après 1700 ? Quel révolutionnaire potentiel, avocat ici, fermier général là, grand propriétaire ailleurs, acquiesce en ces heures-ci à ces idées-là ? Meslier est visionnaire...

20

Une république eudémoniste. Cette inégalité d'institution contredit et contrarie l'égalité naturelle. Meslier croit au droit naturel. Non pas celui des chrétiens (le droit culturel de leur religion transformé en lois de la nature), mais celui des jusnaturalistes – qu'il n'a probablement pas lus : Grotius, Pufendorf... –, pour lesquels les hommes disposent naturellement du droit de vivre pour avoir chaque jour de quoi se nourrir, se vêtir, se loger, assurer dignement l'éducation de leurs enfants, mais aussi pour jouir de leur liberté naturelle, puis travailler en vue de l'utilité publique et du bien commun.

Afin d'en finir avec cet état des lieux déplorable produit par la monarchie française aidée du clergé catholique, le curé gauchiste en appelle au droit et à la loi : de bonnes lois peuvent rendre les hommes bons. Si dans l'état de nature – il n'utilise pas l'expression – les hommes subissent la loi violente de la lutte pour l'existence, l'état de civilisation doit permettre par la loi de réaliser la justice. Meslier fixe deux objectifs : le « bien public » et un projet pour « vivre heureux » (II, 75). Autant dire une république eudémoniste.

21

L'Eglise soutient les tyrans. Dans la logique du constat mesliériste, l'Eglise catholique rend possible la tyrannie des rois et princes du moment. Paul de Tarse l'a dit et répété : tout pouvoir vient de Dieu, y résister ou se rebeller, c'est résister et se rebeller contre Dieu. Le pouvoir spirituel des prêtres appuie le pouvoir temporel des rois pour asservir les peuples. Les têtes tonsurées et couronnées recourent à la menace d'une damnation éternelle post mortem et jouent sur les craintes existentielles pour nourrir la servitude.

D'abord les rois se disent les envoyés de Dieu ; ensuite ils effectuent un glissement considérable et affirment qu'ils sont désormais les dieux. Comme les clergés ne démentent pas, pire, qu'ils confirment, le petit peuple, terrorisé par le jugement de Dieu, sa colère et son talent habituel pour la punition, accepte de s'agenouiller devant les gens de Dieu tout autant que les gens de cour, qui constituent une seule et même famille.

Les curés, prêtres, abbés, évêques, le pape, mais aussi le roi et toute sa cour, puis ses auxiliaires dans les coins les plus reculés de la province, agissent de conserve pour créer et fortifier les mystifications religieuses. La religion ne vit que d'impostures, elle génère à son tour des impostures politiques. Le sabre et le goupillon font bon ménage. Le catholicisme et la monarchie « s'entendent comme deux coupeurs de bourse »...

Meslier attaque les moines et « moinesses », ridiculement vêtus et vivants dans des abbayes où l'argent, la nourriture, la boisson ne manquent pas. On y a chaud, on mange bien, on est bien soigné, on ne manque de rien. Les jardins potagers et d'agrément sont magnifiques. Leurs fermes génèrent de gros bénéfices. Or c'est injustice caractérisée de voir combien ces parasites jouissent de tous ces biens, car ils spolient ce que « les bons ouvriers devraient avoir ».

Mais, singulièrement (!), Jean Meslier charge autant les renonçants de la vie monastique et les prêtres réguliers et séculiers – abbés, prieurs, chanoines – qu'il excuse évêques et curés de campagne... Certes, les gens de sa corporation enseignent des fables néfastes, ils colportent des idées saugrenues, mais on leur doit une chose importante : ils transmettent valeurs et vertus.

Les collègues de Meslier enseignent la morale, et c'est chose nécessaire, capitale même, dans « toute république bien réglée » (II, 32). En invitant au bien, les prêtres travaillent « pour le bien public » (idem), dès lors ils peuvent être entretenus sur les deniers publics, car ils méritent un salaire et ne sont pas des parasites comme d'autres... La Révolution française, en invitant les gens d'Eglise à prêter le serment constitutionnel en 1790, s'inscrit dans cet esprit !

22

Un gramscien sous Louis XIV. Le curé gauchiste poursuit dans cette logique d'une république vertueuse et de la nécessité, pour elle, d'agir en relation avec ce que, faute de mot, il n'est pas encore convenu d'appeler les *intellectuels* – un néologisme créé par Clemenceau au moment de l'affaire Dreyfus... Meslier parle de gens d'esprit, d'orateurs, des plus sages et des plus éclairés – métaphore régulière sous sa plume.

Que peut-on, que doit-on attendre d'eux ? Sur le mode gramscien, il s'agit de commencer la révolution par un militantisme des idées au quotidien : écrire, parler, dire, raconter, diffuser les idées nécessaires : établir un état des lieux, isoler les causes de la misère et de l'exploitation, éclairer le peuple sur le fonctionnement de la machine féodale, lui dire qu'on peut changer les choses et l'ordre du monde par une révolution.

Les compagnons de route de la révolution doivent « exciter partout les peuples à secouer le joug insupportable des tyrans ». Meslier croit aux « seules lumières de la raison humaine » et aux effets dynamiques de la « raison naturelle ». Peut-on mieux formuler, seul, sans amis, sans relais, au cœur même des Ardennes profondes, dans le presbytère d'un curé de campagne, au sortir du XVIIe siècle, l'idéal des Lumières tel qu'il apparaît un demi-siècle plus tard ?

Malgré son isolement, le curé de gauche constate et déplore – déjà... – l'absence d'intellectuels sur le terrain de la colère révolutionnaire et du compagnonnage avec les damnés de la terre. Quelques décennies plus tard, les ultras des Lumières réaliseront son rêve théorique avant que les Enragés, les Sans-culottes, les hébertistes ou son confrère le curé Jacques Roux, l'un des fameux gauchistes de 1789, lui donnent raison, cette fois-ci sur le terrain, dans les rues des villes, à Paris comme en province.

23

Comment la révolution ? Le *Testament* propose donc la révolution : laquelle ? Comment ? Pour faire advenir quel nouvel ordre ? D'abord, la méthode : l'insurrection, la rébellion, l'insoumission. Le curé Meslier a dans sa bibliothèque l'excellent *Discours de la servitude volontaire*, de La Boétie, dont il démarque les thèses et les idées. A savoir ? Un constat : le pouvoir n'existe qu'avec le consentement de ceux sur lesquels il s'exerce ; une solution : cessez de lui donner votre onction, il tombe aussitôt.

L'impératif catégorique politique de l'ami de Montaigne est clair, et son efficacité redoutable : « soyez résolus à ne plus servir et vous voilà libres ». Meslier reprend l'idée : ne donnez plus rien au riche, excluez-le de votre société, sortez-le de votre monde en lui refusant ce qu'il prétend que vous lui devez. Concrètement, le curé ne précise pas, mais il invente la désobéissance civile chère au cœur de Henry David Thoreau : ne plus payer d'impôts, refuser la taille, dire non à la gabelle, regimber aux corvées.

Le projet révolutionnaire ne s'arrête pas à cette dynamique de résistance laboétienne. Meslier ajoute à ce premier temps la force active et dynamique, le vouloir délibéré de s'unir pour renverser et briser les trônes. Dans cet ordre d'idées, il fait clairement l'éloge du tyrannicide. « Assommer ou poignarder tous ces détestables monstres et ennemis du genre humain » (III, 133), écrit-il... Vengeance ? Point du tout : instauration du règne de la justice et de la vérité.

A quoi il associe également l'abolition de la propriété privée. Cinquante ans avant la critique rousseauiste du *Discours sur l'origine de l'inégalité parmi les hommes*, Meslier rend la possession et la jouissance séparée des biens responsables de tous les maux. Car, avec elle, les plus rusés, les plus matois, les méchants et les forts coalisés triomphent des pauvres et disposent du moyen de les exploiter.

Une fois abolie la propriété privée, réaliser la possession commune – « jouir en commun ». Tout ce qui s'obtient par le travail, les fruits de la prospérité et du talent, se trouve mis en commun dans la commune. La cellule de base ? La famille. Mais c'est une cellule, un maillon dans la chaîne. Elle ne constitue pas la fin de ce communisme rural mais son noyau organisateur. Le village doit s'inspirer de l'organisation familiale. Et les villages, en passant des contrats pour réaliser la paix, construisent les occasions de la prospérité sociale et du bonheur de la vie en commun. Préfiguration de la paix perpétuelle visée par l'abbé de Saint-Pierre – elle-même modèle de Kant...

L'hédonisme social se propose le bonheur de tous et de chacun. Un bonheur non pas idéal, mais très réel, concret, pragmatique : un travail, de quoi manger sainement et suffisamment tous les jours, vivre et dormir dans une maison propre et chauffée, de la nourriture, des vêtements, les moyens d'une éducation pour ses enfants, la possibilité d'être soigné en cas de maladie.

Dans un siècle où le peuple survit misérablement au quotidien, enveloppé dans des guenilles, dormant dans les étables ou sur le fumier de paillasses rongées par la vermine, subissant les pénuries ou les famines, victime désignée des épidémies, de pandémies, le bonheur se doit d'être concret, susceptible d'une réalisation ici et maintenant. Saint-Just dira un peu plus tard que « le bonheur est une idée neuve en Europe » : Meslier signe l'acte de naissance de cette pensée forte.

Le communalisme local étendu à l'universel suppose l'internationalisation. Meslier pense pour le village, certes, mais il ne conçoit pas la résolution des problèmes sur le seul terrain limité de l'association villageoise. « Je parlerai volontiers à tous les peuples de la terre » (III, 154), écrit-il en inventant aussi le principe de l'exportation des valeurs révolutionnaires à la totalité de la planète. Léon Trotski n'aura qu'à relire...

Athée, déchristianisateur, anarchiste, communiste, communaliste, matérialiste, internationaliste, révolutionnaire, gauchiste, et néanmoins (!) philosophe, Jean Meslier incarne à lui seul le génie de la Révolution française. Ce curé sublime ramasse et concentre dans sa seule personne le franc athéisme d'Anacharsis Cloots, la passion déchristianisatrice de Pierre Dolivier, la colère homérique d'Hébert, la vertu républicaine de Saint-Just, le communisme des Egaux de Babeuf, l'incorruptibilité révolutionnaire de Robespierre, la passion pour la justice de l'abbé Grégoire, la rage ultra de Varlet, Momoro ou Jacques Roux, la « religion du poignard » (Michelet) de Charlotte Corday, la passion pour le peuple de Marat et le désir d'« égalité des jouissances » des sans-culottes... Qu'un pareil homme ait existé, voilà l'humanité soudainement justifiée !

24

Voltaire détrousse les cadavres. Jean Meslier meurt fin juin 1729. On découvre à son domicile la lettre laissée aux prêtres et le *Testament* manuscrit. Jusqu'à cette date, personne ne l'a lu. Cette bombe à retardement existe en quatre exemplaires. A la manière des apôtres, avec le temps, ils croissent et multiplient... Bientôt, l'épais manuscrit se vend cher, très cher, sous le manteau : plus de cent cinquante copies circulent à Paris, moins de cinq ans après la mort du philosophe.

Entre marquises, banquiers et poudrés au sang bleu, Voltaire entend parler de ce trésor par Nicolas Claude Thiriot, un ami d'enfance. Il lui signale l'existence de cet objet philosophique dangereux dans une lettre datée de l'hiver 1735. Arouet charge son correspondant de lui en procurer un exemplaire. Qu'il lit intégralement. Avec enthousiasme, certes, mais avec des réserves aussi.

Car Voltaire n'est ni le philosophe que l'on dit ni l'homme que l'on croit, il répugne à l'athéisme de Meslier et encore plus à son projet politique émancipateur. Ce roué opportuniste, ami des puissants, flatteur, intéressé, souvent en délicatesse avec la morale, égotiste, est un déiste entretenant avec la religion catholique, en privé, une relation bien plus intime que ne le laisse croire l'habituelle biographie de l'homme public devenu monument national. Il n'aime évidemment pas le curé, qui nie l'existence de Dieu et de toute divinité ; il peste encore plus contre la condamnation radicale, intégrale et systématique de toute religion répétée à longueur de pages dans le *Testament* ;

évidemment, il déteste le projet révolutionnaire et communiste.

L'auteur des *Lettres philosophiques* croit en Dieu, cohabite avec les catholiques – même et surtout quand il signe ses lettres « Ecrasez l'infâme »... –, écrit des pages d'une rare violence contre les athées, tient à obtenir des reliques pour l'église qu'il fait construire dans sa propriété de Ferney et, pour ce faire, envoie une supplique au pape en personne, entretient sur ses deniers un aumônier pour sa chapelle de Cirey et envisage un temps son inhumation dans le bâtiment catholique construit à cet effet... Ce bigot caché n'aime pas tout Meslier, on s'en doute.

De même, le défenseur de Calas, Sirven et autres causes médiatiques utiles à la sculpture de sa statue, aime la liberté, certes, mais comme une occasion d'exercice de style mondain. Car quand il s'agit de la liberté du peuple, des petits, des sans-grades, des paysans, des ruraux, des provinciaux saignés par ses amis les puissants, il prend nettement le parti des rois et des princes, des nobles et des évêques.

Ce philosophe aux indignations sélectives n'a pas de mots assez durs pour les « gueux ignorants », la « canaille », la « populace », autant de « bœufs auxquels il faut un joug, un aiguillon et du foin »... La religion est nécessaire pour les esclaves, pas pour les penseurs. Comment l'œuvre intégrale du curé pourrait-elle trouver grâce à ses yeux ?

Sans vergogne, Voltaire fabrique un faux, taille, coupe, oublie, néglige et ajoute des passages de sa plume pour laisser croire que le curé Meslier était... disons voltairien ! Courageux mais pas téméraire, il prête au grand mort les mots qui, dans la bouche d'un autre, lui permettent d'échapper à la vindicte catholique et monarchiste. Sous le titre *Extrait des sentiments de Jean Meslier*, Voltaire fait paraître en 1761 un faux défigurant le travail de Meslier. Certes, il passe sous silence l'athéisme, le matérialisme, le communisme, la révolution, ce qui fait déjà beaucoup ; il garde la critique de la religion, des miracles, des prophéties, de quelques dogmes chrétiens ; mais, surtout, il falsifie le propos du curé pour le transformer en déiste adepte, comme lui, de la religion naturelle... *In cauda venenum*, Voltaire conclut ce texte en précisant que l'ouvrage est... « le témoignage d'un prêtre mourant qui demande pardon à Dieu ». Meslier demandant pardon à Dieu ! On croit rêver... Plus répugnant, on ne fait pas...

25

Pillages et destins posthumes. Pendant bien longtemps on ne connaît donc de Meslier que ce seul torchon voltairien. Voltaire ayant fait envoyer trois cents exemplaires de ce texte à ses amis, puis payé de sa poche une deuxième puis une troisième édition, le mal fut considérable – tout le bénéfice intellectuel allant au bigot anticlérical.

En attendant, les copies du manuscrit original existent encore. La Mettrie prend connaissance de l'une d'entre elles à la cour de Frédéric II de Prusse. Helvétius et d'Holbach connaissent le *Testament*, l'utilisent, mais ne le citent jamais. Le baron auteur du *Système de la nature* publie une version abrégée de son ouvrage en 1772. Il titre : *Le Bon Sens du curé Meslier*, pas un mot dudit curé... Même chose avec

Sylvain Maréchal, qui tâche de faire connaître l'œuvre fameuse dans *Le Tonneau de Diogène*, puis publie un *Catéchisme du curé Meslier* dans lequel rien n'est dit du curé... Sade pille d'Holbach, qui emprunte tant à Meslier : des pages de son premier livre – *Dialogue entre un prêtre et un moribond* (1782) – mais aussi de *La Philosophie dans le boudoir* doivent tout au solitaire des Ardennes.

Les ultras du siècle des Lumières boivent à cette source mais taisent leur dette. Certains révolutionnaires, moins chiches, citent le grand homme : Linguet, Desmoulins par exemple. Le 17 novembre 1793, Anacharsis Cloots demande à la Convention nationale l'érection d'une statue dans le Temple de la Raison (un hommage déiste grotesque que notre curé n'aurait probablement pas goûté...).

Après la Révolution française, on en finit avec les malentendus. Meslier peut enfin devenir ce qu'il est : curé athée, prêtre révolutionnaire, philosophe matérialiste. Le texte intégral, sans retouches ni falsifications, paraît enfin en 1864 grâce à Rudolf Charles d'Ablaing van Giessenburg sous le nom de Rudolf Charles dans une édition en trois volumes à Amsterdam. Le titre ? *Testament de Jean Meslier*.

En 1919, les bolcheviks gravent son nom sur un obélisque à Moscou. Meslier devient précurseur du socialisme scientifique, enrôlé dans l'aventure soviétique ! L'empire léniniste le tient pour un immense philosophe et il occupe dans son historiographie la place de Descartes dans la nôtre. Voilà un nouvel hommage tout aussi inconvenant qu'une statue dans un Temple de la Raison ! Après l'écrasement des marins libertaires de Cronstadt par le pouvoir bolchevique,

Meslier devient un modèle pour l'insurrection et l'insoumission plutôt que pour le compagnonnage avec le pouvoir. Car il est et demeure une référence pour toute pensée insurrectionnelle. Donc pour toute action politique digne de ce nom. Le seul hommage auquel il aurait probablement consenti ? Qu'on le lise et le pratique...

II

La Mettrie
et « la félicité temporelle »

1

Un faux nouveau Jésus. Philosophe insaisissable, protéiforme, farceur, bouffon, drolatique, marrant, espiègle, Julien Offray – Offroy, Onfray, Onfroy, l'orthographe de l'époque erre encore... – de La Mettrie brouille les pistes, complique les choses, mélange les fils de sa vie, de son œuvre, de sa pensée. Il laisse derrière lui un inextricable chantier d'informations contradictoires, un fouillis de données antithétiques avec lesquelles il paraît impossible de dresser un portrait intellectuel sans flous, sans bougés, sans approximations.

Ainsi sa date de naissance : 25 décembre 1709, affirment presque toutes les publications qui consacrent une notice étique à notre auteur – moi le premier en d'autres lieux... Frédéric II donne cette date dans son bref *Eloge de La Mettrie*. Le prince hébergea longtemps le philosophe à sa cour de Potsdam, il paraît digne de crédit ; l'immense Friedrich Albert Lange lui emboîte le pas dans le chapitre de sa monumentale *Histoire du matérialisme* (1866) consacré à l'auteur de *L'Homme-Machine*. L'*Histoire de la philosophie* en Pléiade ne commet pas l'erreur – et pour cause : aucun chapitre ne lui est attribué...

D'autres reconduisent l'information fautive dans des monographies : ainsi la première étude exhaustive, celle de Nérée Quépat (pseudonyme de René Paquet) dans son *Essai sur La Mettrie, sa vie et ses œuvres* (1873), ou la plus récente, *La Mettrie. Un matérialisme radical* (1997), de Claude Morilhat.

Or, l'acte de naissance dans la cité malouine témoigne, La Mettrie est né à Saint-Malo le 19 décembre 1709, d'un père négociant en tissus ou armateur, voire les deux, et d'une mère herboriste. Outre que cette anecdote témoigne qu'en philosophie l'historiographie travaille de seconde main et va rarement aux sources, elle montre aussi une facette probable du personnage : à l'évidence, La Mettrie connaît sa véritable date de naissance, mais il la falsifie. Pour quelle raison ?

Emettons une hypothèse : être né le même jour que le Christ, sauveur de l'humanité, jour à partir duquel on compte l'histoire des hommes en terre chrétienne, voilà un clin d'œil philosophique facétieux bien dans le genre du personnage ! Gageons que cette plaisanterie faite à des tiers – à la cour de Frédéric II un soir de Noël ? – et à lui-même, devient ainsi joyeusement parole d'évangile matérialiste. La logique incestueuse de l'historiographie fait le reste...

Laissons-lui le crédit de compter dans l'histoire de la philosophie moderne comme un messie à sa manière. En effet, il théorise le matérialisme juste après Meslier dans un ouvrage spécifiquement consacré à cette tâche.

Il adoube la matière en sujet de son roman philosophique qui déploie les conséquences de sa doctrine sur le terrain éthique, politique, ontologique, métaphysique. Malgré les brinquebalements théoriques, l'œuvre lamettrienne propose une alternative lisible au spiritualisme qui règne dans la philosophie dominante en Occident, chrétienne jusqu'à la moelle. Tout le matérialisme français du XVIIIe siècle s'abreuve à pleine bouche à cette source de jouvence intellectuelle – et ce avec beaucoup d'ingratitude...

2

Socrate chez Hippocrate. La Mettrie effectue ses études à Coutances dans la Manche, puis à Caen chez les jésuites, enfin à Paris au collège du Plessis. Il obtient son bonnet de médecin à Reims, et non pas à Paris où il suit ses études, car l'entretien d'une escouade d'étudiants, les gâteries dues aux membres du jury, la longueur des agapes nécessaires à l'obtention du grade de médecin, coûtent moins cher en province que dans la capitale où la semaine de ripailles passe pour la mesure normale de l'initiation.

En août 1734, La Mettrie s'inscrit sur le registre des médecins de Saint-Malo mais n'ouvre pas pour autant un cabinet de clientèle privée. Il souhaite se perfectionner et prend la route de Leyde où il passe deux années à traduire du latin des ouvrages de Herman Boerhaave (1668-1738) – surnommé « l'Hippocrate de la Hollande » – et à écrire sur ce singulier personnage, à l'époque une célébrité en Europe.

A sa mort, Boerhaave laisse un ouvrage censé ramasser tous les secrets de la médecine : le volume somptueusement relié ne contenait en fait que des pages blanches... Sur le frontispice on lisait : « Tenez-vous la tête fraîche, les pieds chauds, le ventre libre, et moquez-vous des médecins ». En digne émule, La Mettrie excella surtout dans la troisième proposition ! Ce qui ne l'empêcha pas de publier cinq ouvrages scientifiques entre 1739 et 1741, afin de populariser la médecine de ce personnage qui ne fut pas que fantasque.

De retour dans la cité malouine, La Mettrie y exerce huit ans la médecine. En 1739, il épouse la veuve d'un avocat au parlement, elle lui donne deux enfants. Quand le médecin quitte la France pour la Prusse, la dame refuse de le suivre. A Potsdam, il lutine probablement beaucoup, couche autant, excelle en libertin sans complexes, vit avec une prétendue nièce. Frédéric II la pensionnera après la mort du « tonton »...

La carrière du médecin philosophe – il n'est pas encore le philosophe médecin qu'on connaît – s'effectue d'abord auprès du duc de Gramont en tant que médecin particulier. Médecin chirurgien des gardes françaises, il connaît l'odeur de la poudre des champs de bataille à Dettingen, la fièvre des combats à Fontenoy et la patience des sièges à Fribourg.

L'année 1742 transforme Hippocrate en Socrate. Sur le théâtre d'opérations militaires, La Mettrie subit une syncope. Ce trauma psychico-physique lui ouvre l'esprit. Autrement dit : il expérimente corporellement l'union de l'âme et du corps. Illumination philosophique : le matérialisme, voilà la vérité philosophique ! Cette certitude ne se trouve pas dans les pages d'un livre, mais dans la chair d'un corps qui expérimente l'évanouissement comme on subit le sommeil, la catalepsie, l'apoplexie, la léthargie et autres états de conscience modifiés : âme et corps, ces deux modalités d'un même être matériel, vacillent et basculent simultanément. Hapax existentiel... Pas de corps et d'âme séparés, pas de substance immatérielle dans une chair peccamineuse, pas de substance étendue distincte de la substance pensante. Platon, les chrétiens et Descartes se trompent. La leçon fonctionne en leitmotiv de l'œuvre complète : « Il n'existe qu'une seule substance diversement modifiée » – à savoir la matière. Impératif catégorique radical de toute pensée matérialiste.

3

Eloge du philosophe médecin. Tirant la leçon de sa syncope – il écrira un *Traité du vertige* un peu plus tard –, La Mettrie définit le philosophe. Riant de la définition classique, il moque le penseur compagnon de route des « immatérialistes », autrement dit les chrétiens et autres disciples de Descartes. Le métaphysicien, le moraliste, le théologien valent le prêtre. Leurs discours ? Bien souvent des extrapolations livresques, des conclusions remplies de galimatias, des histoires tenues par le plus grand nombre à égalité avec les propos d'un fou.

La Mettrie l'affirme tout de go dans le *Discours préliminaire* (1751) de ses œuvres philosophiques : « Ecrire en philosophe c'est enseigner le matérialisme ». Dès lors, il oscille entre critique de la philosophie (ancienne) et éloge de la philosophie (nouvelle) : les moqueries à l'endroit des vieux sages spiritualistes alternent avec des considérations positives envers le philosophe matérialiste. Le philosophe à la mode ancienne ne sert à rien. D'abord, il parle à des gens qui, soit ne le lisent pas – le peuple – soit peuvent le lire, mais savent déjà ce qui se trouve dans ses livres. La multiplicité contradictoire des discours philosophiques depuis que le monde est monde ne l'a pas empêché d'être comme il devait être. Le philosophe ne présente aucun danger pour la société. Dans un monde où le déterminisme règne, à quoi bon un philosophe prescripteur ?

Dans une logique spinoziste fameuse – ni rire, ni pleurer, mais comprendre –, La Mettrie écrit dans *L'Anti-Sénèque ou Discours sur le bonheur* : « Je ne moralise, ni ne prêche, ni ne déclame, j'explique ». *Quiconque oublie cette profession de foi passe à côté de l'œuvre*. Le médecin qui philosophe exerce en comparatiste, en anatomiste, en physicien, en adepte d'une méthode expérimentale. Il l'écrit régulièrement : le meilleur philosophe ? Le médecin. Plaidoyer pro domo, certes, mais au-delà de l'ironie se trouve une véritable option de fond : philosopher n'est pas affaire d'idées, de concepts, mais de réalités concrètes.

Cette position philosophique écarte toute possibilité métaphysique. Le positivisme exprimera la même chose au siècle suivant. L'objet de la philosophie ? Le monde et rien d'autre. Les séries causales, les mécaniques du réel, l'agencement des causes et des effets, le tout sur un pur plan d'immanence, voilà le projet. La modernité de cet ancrage de la philosophie dans la matière du monde, dans la chair des choses, voilà une ère nouvelle pour la discipline. Dès lors, La Mettrie peut bien s'inventer une naissance miraculeuse à la hauteur du Crucifié...

4

Se faire sonner les cloches. La Mettrie publie son premier livre philosophique en 1745, *Histoire naturelle de l'âme*. Remanié en 1750, il devient *Traité de l'âme*. Amputé de l'appareil critique, les notes publiées à part forment un *Abrégé des systèmes*. La Mettrie charcute beaucoup son travail... Notre homme a trente-six ans, il a déjà publié seize ouvrages, traductions et volumes scientifiques divers, mais rien de philosophique. Et il lui reste six années à vivre...

Sur la tablette des livres publiés, La Mettrie a signé sous pseudonyme *Politique du médecin de Machiavel*, où il ridiculise, à l'aide de sobriquets assez clairs pour le public de l'époque, la crème de la médecine d'alors : Bacouille, Jonquille, La Rose, Anodin, le Singe de la Forêt. Les épinglés se reconnaissent sans difficulté. Mais l'auteur craint que non. Dans une réédition, il dresse en annexe la liste des noms propres et leurs équivalents. Vindicte assurée !

A son tableau de chasse, le Premier médecin du roi, six médecins ordinaires ou consultants du roi, le médecin des Enfants de France, trois professeurs au Collège de France, deux doyens de faculté... Il a publié également *La Faculté vengée*, pour amener à lui les ennemis qui manquaient encore. A son actif, d'autres traités sérieux sur la dysenterie, les maladies vénériennes, l'asthme, les vertiges, nous l'avons vu, puis des *Lettres sur l'art de conserver la santé et de prolonger la vie*. Cette somme satirique totalise mille six cents pages publiées...

Son *Histoire naturelle de l'âme* constitue donc son premier livre de philosophie. Effet garanti : il génère une apoplexie chez l'aumônier des gardes françaises qui, ayant pris connaissance des thèses de l'ouvrage, fait sonner le tocsin ! Préfiguration de ce qui l'attendra à chacune de ses publications : le tocsin ; les prêtres, les puissants, mais aussi les philosophes le sonneront comme un seul homme, choqués par la radicalité de ses positions philosophiques. Le Parlement, requis par le clergé, obtient pour cette entrée dans le monde de l'édition philosophique, la consécration suprême : lacération et destruction de l'ouvrage sur le bûcher par la main du bourreau...

Commence alors une errance de l'auteur pour éviter la mise à mort. La Hollande d'abord, mais – nouvelle facétie – on le prend pour un espion ; il quitte prestement Gand pour Middelburg, puis Leyde. Dans cette ville il compose *L'Homme-Machine*, une nouvelle occasion d'exciter les foudres. L'ouvrage circule sous le manteau, ou en copies manuscrites, coûteuses. Succès considérable ! En Europe, Julien Offray de La Mettrie devient « Monsieur Machine ». Nouvelles imprudences, il doit à nouveau quitter son domicile.

5

La perruque, le jabot et le pâté de faisan. Maupertuis, son ami malouin, lui obtient la cour du roi de Prusse Frédéric II à Potsdam. Nous sommes le 7 février 1748, il passera là-bas les six dernières années de sa très courte vie. Très vite on le nomme membre de l'Académie des sciences. Ces années lui permettent de travailler à l'élaboration de sa philosophie : des livres, des polémiques, du travail. Mais en relatif dilettante...

La petite histoire retient la grande familiarité du philosophe avec le roi : il entre dans son cabinet sans prévenir, s'affranchit de sa perruque et la jette à terre quand la chaleur l'accable, ou, pour des raisons de pure convenance personnelle, il déboutonne sa veste, laissant apparaître un jabot défraîchi auquel manque de la dentelle, s'allonge volontiers de tout son long dans le canapé royal... La quarantaine à peine sonnée, il accuse un petit ventre, un double menton, un début de calvitie parfois recouverte par un large béret. La gravure de l'habituel frontispice de ses œuvres le montre riant, joyeux, jovial, bien vivant, très vivant. Son Altesse s'amuse, dit-on, de ce joyeux luron, philosophe de choc.

Lors d'un dîner chez Milord Tyrconnel, La Mettrie s'adonne à l'une de ses passions favorites : la table. Sur celle-ci trône un pâté de faisan dont le philosophe use et abuse. Voltaire, qui n'était pas là, transforme la viande du pâté qui devient de l'aigle bardé de mauvais lard. Chateaubriand qui lui aussi, et pour cause, n'assiste pas au banquet, transforme la terrine en pâté d'anguilles. Quoi qu'il en soit gastronomiquement, la machine de Monsieur Machine s'enraye. Mauvaise digestion... Pendant la partie de billard qui suit, le philosophe se sent mal. Il se fait saigner huit fois, prend des bains. Sans succès. Après vingt jours de maladie, La Mettrie meurt le 11 novembre 1751, à trois heures du matin. Il a quarante-deux ans.

Plusieurs fois La Mettrie avait manifesté son désir de revenir en France. Probablement a-t-il envisagé sa mort pendant cette longue agonie, car il a exprimé le souhait d'être inhumé en terre française, dans le jardin de l'ambassade. Il ne fut pas exaucé et, un comble pour ce philosophe matérialiste sans aucun souci de transcendance, le philosophe fut enseveli dans l'église catholique française. Les bombardements de la Seconde Guerre mondiale pulvérisèrent l'endroit. Il ne reste aucune trace de cette machine jadis emballée. Sinon ses livres...

6

Autoportrait en opiomane. La Mettrie parle volontiers à la première personne, fidèle en cela à Montaigne – « mon philosophe », comme il l'écrit – qui est, confie-t-il dans *L'Anti-Sénèque*, « le premier Français qui ait osé penser ». Certes, les œuvres ne se comparent pas, le Malouin semble un disciple radical – un « Montaigne devenu fou », pour parodier le mot sur Diogène présenté en « Socrate devenu fou »... Son travail ne se ramasse pas dans un seul livre, son introspection va moins loin, la surface philosophique parcourue est moins grande, mais il conserve cette idée géniale de l'auteur des *Essais* qu'une pensée s'enracine dans une subjectivité définie par son corps et que le moi n'est pas haïssable, mais précieux et, étymologiquement, aimable.

Partant de lui-même, son récit philosophique propose un universel. De la même manière que Montaigne infère de son accident de cheval une leçon de vie philosophique et des considérations utiles à la totalité des hommes, La Mettrie enracine sa pensée dans une expérience existentielle : sa syncope sur un champ de bataille, on l'a vu. Les conclusions du *Traité du vertige* procèdent de l'observation de son cas. Suit une description extrêmement minutieuse des symptômes corporels de cette expérience. L'œuvre complète fournit une variation sur ce thème donné par cet hapax existentiel.

Ailleurs, il se raconte, propose un autoportrait non pas physique, mais moral, mental : doux, gai, patient, tranquille, humain, stoïcien avec la maladie, la douleur et les calomnies, épicurien en matière de plaisirs et de santé. Il avoue être un « heureux tempérament », ce qui, dans le contexte déterministe de sa philosophie matérialiste, vaut aveu et preuve de sagesse absolue. Dès lors, devant l'adversité, les méchancetés, les attaques, les diffamations, et il eut à en subir plus qu'à son tour, il rit bien plutôt qu'il ne pleure ou peste contre les coups du sort.

Dans le *Système d'Epicure* – où il occupe bien souvent le devant de la scène en lieu et place du philosophe au Jardin... –, il confesse que s'il devait revivre, ce serait très exactement comme il a vécu : dans la bonne chère, la compagnie joyeuse, le cabinet et la galanterie, partageant son temps entre la médecine, l'art et les femmes – une confidence sur le nombre de ses assauts sexuels (cinq ou six) semble en faire un heureux compagnon du beau sexe.

Certes, pas très scrupuleux en matière de définition, ne s'attardant guère sur le détail et le contenu des concepts, il fustige les débauchés, tout en célébrant Pétrone qui, pourtant, ne brille pas en parangon de l'idéal ascétique... Son idéal ? Une volupté construite, mesurée, qui laisse à la raison le pouvoir de conduire le jeu. Quand on met en perspective cette théorie d'un art de jouir obéissant au vouloir et les pages consacrées à démontrer le caractère impitoyable du déterminisme dans la Nature, on saisit mal qu'on puisse aussi simplement qu'il l'affirme distinguer le débauché du voluptueux puisque l'un et l'autre subissent la loi de la nature par-delà bien et mal...

Dans le *Traité du vertige*, dans le *Traité de l'âme*, dans l'*Epître à Mlle A.C.P. ou la Machine terrassée*, dans *L'Anti-Sénèque ou Discours sur le bonheur*, dans *L'Homme-Machine*, ce qui, convenons-en, fait beaucoup, notre voluptueux confesse une pratique de l'opium. Certes, le médecin y accède pour ses patients, mais le philosophe a testé la substance pour son propre usage, et pas seulement sur prescription de la faculté de médecine...

A l'évidence, ce paradis artificiel convient au matérialiste car il expérimente l'unité du sujet, l'union de l'âme et du corps dans la matière. Mais, raison moins expérimentale, l'opium fabrique la volupté sur demande. La Mettrie décrit cet état avec enthousiasme, bonheur, joie, plaisir : l'opium procure une douce léthargie, proche du sommeil, il donne une félicité immédiate et ravit la mécanique, il définit réellement le paradis de la machine, le ravissement de l'âme. Ce divin remède, précise La Mettrie, est bien plus efficace que tous les traités de philosophie !

7

Autofiction à la poudre à rats. Amateur de paradis artificiel, La Mettrie connaît les risques de l'overdose. Dans une mise en scène de sa personne sur le mode ironique, humoristique et parodique, le philosophe se présente en amateur d'opium, certes, mais aussi en consommateur de poudre à rats... Cette *Epître à*

Mlle A.C.P. ou la Machine terrassée – parfois tenue pour apocryphe – montre notre philosophe succombant à la fameuse dose. L'opium met dans un état qu'on voudrait voir durer toujours, le toxique produira le même effet. La Mettrie se retrouve chez Pluton où des charlatans réussissent ce tour de force : tuer un mort, par étouffement. Dans cette odyssée, La Mettrie achève sa carrière de machine en cornemuse...

Dans un texte de la même facture – *Epître à mon esprit ou l'anonyme persiflé*, lui aussi d'attribution controversée –, La Mettrie poursuit son autoportrait et confesse quelques fautes : écrire trop vite et sans plan, sans idée suivie et sans vue profonde. Pour la forme, donnons-lui raison : ses textes ne procèdent pas du jardin à la française, mais des taillis touffus et sauvages, des efflorescences, de la vitalité végétale, des profusions rococo, des coq-à-l'âne. Pas de ligne de force visible, mais des greffons, des surgeons sur un rameau tordu.

En revanche, ses idées ne sont pas approfondies, certes, mais elles demeurent profondes. La Mettrie ne prend pas le temps de s'arrêter, il écrit au fil de la plume, pense comme il rédige, à l'humeur, en homme pressé. Il n'a pas la patience du concept que la clique philosophique d'en face n'a que trop, au risque bien souvent du surplace. Les concepts majeurs de sa pensée – corps, âme, matière, machine, plaisir, volupté, bonheur, nécessité, remords – ne font pas l'objet d'une définition précise, ni d'une analyse poussée. La vitesse de sa pensée génère parfois la précipitation du propos. Mais au moins la voix du philosophe s'entend à la lecture de ses livres. Pensée vivante...

8

Prolifération lyrique de l'œuvre. En 2007 il n'existe toujours pas de liste fiable des œuvres de La Mettrie. Comment dès lors travailler sur un corpus cohérent ? D'autant que le Malouin a multiplié les occasions de confusion, volontairement – par prudence, pour se cacher – ou involontairement – à cause de son tempérament volcanique et brouillon.

Comptons aussi avec une série d'imbrications et d'intrications de registres dans l'œuvre complète. L'historiographie sépare et rentre dans des cases des livres à lire dans la perspective d'une œuvre complète. Ainsi l'œuvre scientifique et l'œuvre philosophique se trouvent artificiellement séparées : or *L'Homme-Machine* relève du registre médical et philosophique, *L'Ouvrage de Pénélope* fonctionne aussi très bien sur les deux terrains ; même remarque avec la séparation entre le registre sérieux et programmatique du *Discours préliminaire*, et celui, plus drolatique, du *Petit Homme à longue queue* ; ou encore l'opposition entre la part volontairement polémique présente dans le *Médecin de Machiavel* et celle qui l'est sans vouloir l'être dans *L'Anti-Sénèque ou Discours sur le bonheur* ; en d'autres lieux on oppose la plume philosophique de l'*Abrégé des systèmes* et celle, badine et mondaine, légère et salonnarde, de *La Volupté* ou de *L'Art de jouir*. Or aucun ouvrage ne relève clairement d'un genre précis. Les styles, les tons différents, voire contradictoires, travaillent l'œuvre en de multiples endroits. La lecture doit en être faite avec un même œil : La Mettrie c'est un ton philosophique, un style de pensée, un tempérament.

Dans cette jungle d'écrits, les contradictions ne manquent pas. Son travail se développe sur seulement six petites années. La brièveté de cette période devrait induire une relative cohérence car on change plus volontiers d'idées et d'avis avec le temps. Mais même sur cette courte durée La Mettrie se contredit ! Je tiens là encore pour la précipitation d'un philosophe sauvage qui, sans chercher à approfondir, comme d'une conversation de salon l'autre, formule une idée, légèrement, puis affirme le contraire au tête-à-tête suivant. L'inconstance du cabri qui saute de roc en roc...

Les sujets sur lesquels ses avis diffèrent sont importants : dans *L'Homme-Machine*, il affirme l'existence des lois de nature. Preuves : les hommes connaissent le remords certes, mais les sauvages l'expérimentent aussi, les animaux également, attestation qu'avant toute éducation il existe un genre d'a priori éthique, un genre de vertu naturelle. Bien. Mais une autre fois, notamment dans le *Système d'Epicure* et dans *L'Anti-Sénèque*, le remords devient un pur fruit de l'éducation... Donc normalement absent chez les animaux, les sauvages et les enfants !

Une autre fois, les animaux disposent d'une âme immatérielle, voir *Les Animaux plus que machines*, alors que le restant de l'œuvre témoigne pour la matérialité de tout, donc de l'âme, ce que montre explicitement la totalité du *Traité de l'âme*. Dans ce dernier livre La Mettrie distingue trois âmes, pendant que dans son ouvrage le plus célèbre, *L'Homme-Machine*, il récuse cette tripartition, récusation reprise également dans *L'Homme-Plante*. Une fois, les plaisirs du corps sont supérieurs à ceux de l'âme, une autre, c'est l'inverse, mais souvenons-nous que le corps et l'âme constituent une seule et même substance.

La Mettrie ne se relisait probablement pas, ne travaillait pas à établir ses textes scrupuleusement pour des éditions définitives, ajoutait des fascicules aux libelles, des livres aux satires, des épîtres aux comédies. Et puis n'oublions pas qu'autour de la quarantaine, un philosophe, même averti de l'inéluctabilité théorique de la chose, ne pense pas toujours sa mort comme un événement proche. La Mettrie travaillait à une œuvre complète estampillée par ses soins quand ce fameux pâté de faisan mit fin à l'aventure.

9

Stratégies de la dissimulation. Et puis n'oublions pas qu'à la charnière de la première et de la seconde moitié de ce XVIIIe siècle, l'Eglise entretient toujours avec ardeur les bûchers, pas seulement pour les livres, mais aussi pour leurs auteurs, ou quiconque ne manifeste point un zèle christicole assez appuyé. Qu'on se souvienne que le chevalier de La Barre, pour n'avoir pas ôté son chapeau lors d'une procession le 13 août 1765, fut faussement accusé d'avoir endommagé un crucifix à un carrefour, puis d'avoir tenu des propos orduriers et antichrétiens. En conséquence, il fut torturé et exécuté à Abbeville le 1er juillet 1766, soit quinze ans *après* la mort de La Mettrie.

On comprend dès lors qu'à deux ou trois reprises La Mettrie aborde Descartes avec circonspection : il apprécie chez lui le militant de la philosophie, l'inventeur de la raison, le promoteur de la méthode, le défenseur de la clarté, le fossoyeur de la scolastique, le penseur doublé du scientifique expérimentateur, certes, mais il déplore qu'un certain nombre de ses idées soient des concessions faites à son temps par crainte des ennuis et peur des représailles. La vérité de Descartes n'est pas à rechercher dans ses démonstrations de l'immortalité de l'âme ou dans sa théorie des deux substances – « une ruse » –, mais dans sa correspondance où la prudence règne. L'exemple de Galilée prouve qu'il faut savoir se ménager une vie tranquille.

Certes, dans l'absolu La Mettrie invite le philosophe à parler librement et clairement, à s'engager, à penser sans entraves, à assumer son travail qui, écrit-il, s'il est véritable et sincère, s'oppose à la morale dominante et à la religion chrétienne. Mais, en même temps, il lui demande de faire attention : « Pensez tout haut mais cachez-vous », écrit-il dans son *Discours préliminaire*. En France, il craignait les autorités, aux Pays-Bas aussi. A la cour de Frédéric II, roi philosophe revendiquant son athéisme, la pensée libre n'est pas un vain mot.

Mais il faut de la prudence. Surtout si l'on envisage un jour le retour en France. D'où une exposition de ses thèses avec toute la rouerie nécessaire : on fait parler un prétendu adversaire, on donne la parole à un athée, on examine ses arguments, donc, en passant, on en prend connaissance, on fait parler un adversaire de l'immortalité de l'âme, on le critique mollement, mais l'idée passe, elle circule. Cette stratégie *volontaire* de l'exposé dans l'exposé, de l'ironie philosophique – on tient un discours en sachant que l'intelligence, la finesse et la sagacité du lecteur restaureront la perspective véritable et l'amèneront à voir la dépravation volontaire des axes et des angles d'attaque –, s'ajoute au tropisme *involontaire* de La Mettrie pour le fouillis, l'approximation conceptuelle et la contradiction. D'où l'augmentation des probabilités d'erreurs et de lectures fautives.

Dans l'arsenal des logiques de prudence et de dissimulation, La Mettrie joue, bien sûr, comme beaucoup à cette époque, de pseudonymes, de faux noms d'éditeurs et de faux lieux de publication. A quoi il ajoute des changements de titres lors de rééditions, des compléments, des suppressions, des parutions séparées de parties précédemment intégrées dans un ouvrage dont l'ancien titre disparaît...

Et puis, pour corser le tout, La Mettrie active une étrange façon de procéder : il écrit sous de faux noms des textes qui attaquent ses propres livres. Puis il réfute les attaques, se donnant le beau rôle du bretteur qui triomphe d'autant plus facilement que l'ennemi est fabriqué à sa main ! D'où l'abondance de clins d'œil – « comme le dit », « comme l'écrit », « comme le pense », « comme l'affirme l'auteur de *L'Homme-Machine* »... –, dans nombre de pages où il cite des idées, mais aussi des passages entiers d'un autre livre de lui. Qu'on mesure dès lors la difficulté à progresser dans cette jungle philosophique où l'auteur rit de brouiller les pistes puis de refermer derrière lui les passages taillés par sa propre machette...

10

Trois brins du fil d'Ariane. Pour ne pas se perdre dans ce labyrinthe, je propose un fil d'Ariane. Afin d'éviter les querelles d'attributions, je réduis l'œuvre à trois ouvrages sûrs : le *Discours préliminaire* (1751), *L'Homme-Machine* (1747 daté 1748) et *L'Anti-Sénèque ou Discours sur le bonheur* (1750). Soit : une épistémologie de la discipline philosophique, un manifeste matérialiste radical, et une théorie de l'amoralité néanmoins vertueuse et voluptueuse... Le tout formule une réelle pensée postchrétienne.

Avant toute chose, examinons la question de l'athéisme de La Mettrie. Où peut-on lire précisément dans son œuvre une profession de foi qui nie l'existence de Dieu ? Nulle part. Quand écrit-il : « Dieu n'existe pas », « c'est une fiction », ou « il n'y a pas de Dieu » ? Jamais. A quel endroit La Mettrie défend-il l'athéisme ? Aucun. Et pourtant, partout l'historiographie, y compris son aile gauche, parle de l'athéisme du philosophe – sauf l'excellent Pierre Lemée.

C'est ne pas prendre en compte des passages où il affirme que Dieu existe... Prudence ? Tromperie ? Savant art de brouiller les cartes philosophiques chez notre auteur ? Les tenants de l'option d'un athéisme de La Mettrie l'affirment... Mais, quand il parle dans *L'Anti-Sénèque* des « créatures animées », il entretient immédiatement après de « l'adorable auteur qui les a faites ». Dans *L'Homme-Machine*, il conclut au « plus grand degré de probabilité » d'existence pour un « Etre suprême » et non à son improbabilité... Voilà donc un déiste.

Dans les lignes qui suivent, il désamorce sa bombe et critique le déiste qu'on aurait pu le croire être avec pareille audace ! Un entrechat encore, nouvelle position : il précise que sur l'(in)existence de Dieu, peu importe la réponse. D'ailleurs, on ne peut rien connaître sur ce sujet. Le déiste devient agnostique. Puis, nouveaux remugles déistes, suivis, comme de bien entendu, d'un pas en arrière et d'une conclusion prudentissime : finalement il ne prend pas parti et s'avoue « franc pyrrhonien »... Que le Saint-Office s'arrange avec tout ça, Dieu reconnaîtra les siens. Voilà un sceptique.

Mais on doit aussi, pour conclure ce dossier, lire une lettre que La Mettrie écrit à sa femme restée en Bretagne et dans laquelle il réagit à la mort de Jean Julien Marie, son fils âgé de deux ans. Ravagé de douleur, le père effondré avoue la nullité de sa philosophie en pareille circonstance. Dans ce papier privé destiné à le rester, il n'écrit pas pour la postérité, il n'amuse pas la galerie, il ne prend pas la pose philosophante, il souffre. Pas de faux-semblant, la vérité y règne. Et qu'écrit-il ? A *deux* reprises il parle de Dieu et affirme que cette mort funeste procède de Sa volonté : Il punit sa femme d'avoir refusé de le suivre en exil et Il le punit, lui, pour avoir tout sacrifié à une gloire chimérique d'auteur. Paroles d'athée ?

11

La négation de Dieu en creux. L'*Homme-Machine* affirme clairement sa thèse : « Il n'y a dans tout l'univers qu'une seule substance diversement modifiée ». Ce qui oblige en toute logique à conclure que, si Dieu existe dans la conception du monde de La Mettrie, il se confond avec la matière. Si l'on doit chercher une cohérence à la pensée du philosophe sur ce sujet, penchons plutôt pour un panthéisme matérialiste, un genre de spinozisme de la substance identifiée à la matière. Le Grand Horloger n'est pas loin, même s'il occupe une place sur un strapontin dans un dangereux équilibre. Voilà un panthéiste...

Flou sur Dieu, La Mettrie est en revanche franchement net sur le christianisme – même s'il a l'habileté de ne jamais le combattre de face ou de s'en déclarer clairement l'ennemi. Sur ce terrain le fil d'Ariane est plus visible car toute sa philosophie s'oppose point par point à la doctrine chrétienne. Son matérialisme hédoniste ne laisse aucune place au Dieu chrétien. L'œuvre complète effectue une série de variations – j'en propose sept – sur le thème antichrétien. Précisions.

Première variation : *Dieu*, réductible à la seule matière, ne constitue pas un Dieu très catholique : celui des adeptes du Christ passe pour être distinct du monde, créateur de celui-ci, donc antérieur à sa créature ; on lui prête également des caractères anthropomorphes : jaloux, vengeur, bienveillant, doux, magnanime, miséricordieux ; on lui accorde des qualités inversement proportionnelles à l'impuissance des hommes : omnipotent, omniprésent, omniscient, éternel, immortel, incréé. Aucune de ces qualités métaphysiques ne permet de qualifier l'éventuel Dieu lamettrien...

Deuxième variation : le catholicisme enseigne la haine de soi ; pour lui, le moi est haïssable et le péché d'orgueil pointe souvent le bout de son nez dès qu'apparaît un peu d'*amour de soi*... La Mettrie prend nettement parti pour cette bonne passion : comment aimer les autres si l'on ne s'aime pas soi-même ? La haine comme produit de l'incapacité à s'estimer à sa juste valeur, voilà l'une des explications de la misère relationnelle.

12

Un matérialisme radical. La troisième variation concerne le *matérialisme*. Le monde selon l'Eglise suppose deux instances aux relations complexes : le corps et l'âme. Le dualisme chrétien affirme la mortalité du premier et l'immortalité de la seconde, il enseigne le caractère peccamineux de l'un et la potentialité de salut par l'autre. *L'Homme-Machine* met à mal cette schizophrénie dommageable. La nature, les hommes, les animaux, tout se réduit à des différences dans l'organisation de la matière une. Rien d'immortel n'existe dans cette vision du monde – sinon la matière, unique réalité... La Mettrie réduit toutes les visions du monde à deux systèmes, pas plus : le spiritualisme et le matérialisme. Son choix est clair.

L'âme existe, certes, mais elle nomme la partie qui pense en nous. Descartes se trompe d'ailleurs sur ce sujet et passe à côté d'une contradiction flagrante : comment une substance pensante, immatérielle, peut-elle habiter dans la partie matérielle d'une substance étendue ? Dans un lieu, l'âme qui devrait être sans lieu devient ce qu'elle est véritablement : une modalité de la matière ! La Mettrie prend Descartes en flagrant délit de paralogisme... L'âme existe, elle se compose de matière et elle se trouve dans le cerveau. En tant que telle, et selon les critères matérialistes, elle meurt en même temps que l'organisation qui définit son être. Rien à craindre, dès lors, de ce qui advient après la mort, car il n'y a que néant éternel.

En matière d'économie du système humain, La Mettrie donne au cerveau une place importante, ainsi qu'à la matière nerveuse. La matière en jeu ne livre pas ses mystères, on ignore selon quels principes elle s'organise. On constate des changements, des altérations, des modifications dans l'organisation ; on peut en suivre les effets dans le comportement, mais on ne peut aller au-delà du pur et simple constat de causalité, et on doit avouer son ignorance, en toute modestie.

Le philosophe médecin décrit un genre de vitalisme dynamique qui ne contredit pas son matérialisme, mieux, il le qualifie, le précise : il connaît bien les mécanismes réflexes, et l'anatomie lui permet de constater qu'existe un « principe excitant et impétueux » actif au cœur même de la matière, indépendamment de son organisation. Même si cette fameuse « forme innée » (située dans le parenchyme) semble héritée tout droit du vocabulaire scolastique, La Mettrie suppose une complexité à l'œuvre dans la matière.

Enfin, et voilà la thèse la plus célèbre du philosophe : l'homme est une machine. Les images et métaphores abondent sur ce sujet : des horloges, des pendules, des ressorts plus ou moins vifs, un mouvement perpétuel, des cordes différemment tendues, sans parler des références aux automates de Vaucanson. Cependant, il ne saurait être question d'un pur et simple mécanicisme. Car il faut également compter avec les humeurs, les fluides, les tuyaux, les mouvements, les flux, les vaisseaux, les nerfs, les viscères – le cerveau... –, et autres considérations sur la « toile médullaire », le « nouveau chyle », le « ver de l'homme » (le spermatozoïde).

13

Une machine perpendiculairement rampante. Quatrième variation : l'homme de La Mettrie ne culmine pas au sommet de la création. Dans la logique du monisme matérialiste vitaliste et dynamique, on pulvérise la hiérarchisation chrétienne de la nature qui part du minéral, passe au végétal, parvient à l'animal et conclut avec l'humain, sommet de la création, chef-d'œuvre de Dieu, perfection de son art. Cette logique transcendante et théologique disparaît sous le coup de boutoir de la proposition immanente de La Mettrie. Dans la nature, rien n'est supérieur ou inférieur, tout est égal. Seul existe un jeu dans les organisations, qui produisent ici un singe, là un homme, mais la différence n'y est pas bien grande... *L'Homme-Machine* l'affirme sans ambages : l'homme ? « Une machine perpendiculairement rampante »...

Dans un vocabulaire contemporain, on pourrait écrire que La Mettrie emboîte le pas aux philosophes *antispécistes* pour qui rien ne permet de justifier l'exploitation des animaux ou leur souffrance. L'homme ne couronne pas la création divine pendant que les bêtes croupissent un ou plusieurs degrés en dessous à cause d'un principe de moindre achèvement ou d'une organisation défaillante. Humains et animaux obéissent chacun à la loi d'une organisation différente dans un même monde et leur matière est identique. D'où des textes – sans présumer de leur authenticité – comme *L'Homme-Plante* ou *Les Animaux plus que machines* qui détaillent les dissemblances, certes, mais aussi les ressemblances entre le végétal, l'animal et l'humain.

Pour preuve de la validité de sa thèse selon laquelle très peu de choses séparent le singe du prêtre, La Mettrie affirme qu'il pourrait apprendre à parler au premier, notamment en mettant en œuvre la méthode de Johann Conrad Amman qui se proposait, avant l'abbé de l'Epée, d'apprendre à parler aux sourds-muets avec une méthode appropriée – l'élève touche le gosier de son maître lors de la phonation, mémorise les vibrations, puis tâche de les reproduire.

Cette proposition faussement farcesque de La Mettrie ne va pas sans conséquences, car selon lui le cerveau emmagasine des informations, s'organise de manière performante, associe sons, signes, figures, mots, sens. Ensuite, à partir de cette complexion de base, on peut envisager tout le travail de sensation, de mémoire et d'intelligence. Ce qui permettrait de combler ce minuscule écart qui sépare l'homme de l'animal. Peu manque à la bête pour devenir humaine ; et parfois très peu transforme un humain en animal. Cette sémiotique matérialiste ravage l'anthropocentrisme chrétien...

14

L'innocence du devenir. Quelles sont les conclusions déjà obtenues ? La matière est tout ; Dieu est donc peu, voire presque rien, sinon rien ; il n'existe que modifications multiples d'une substance une et unique ; l'homme ne trône pas au sommet de la création, car il évolue dans la nature à hauteur des bêtes et des plantes. Voilà pour l'anthropologie. Quelle éthique construire sur un pareil socle ?

Cette cinquième variation entame une révolution dans l'éthique – une révolution éthique. Reprenons : la matière est tout. La morale a-t-elle sa place dans la mécanique d'un monde organisé par-delà le bien et le mal ? La Mettrie conclut, cohérent, que dans cette fameuse nature règne une *nécessité* absolue, une totale fatalité : le déterminisme est la loi. Pareille philosophie enterre définitivement les fables chrétiennes du libre arbitre, de la possibilité de choisir entre bien et mal, du péché originel, de la faute et de la responsabilité collective de l'humanité. L'homme ne choisit pas, il est requis par l'organisation et la configuration de la matière. Dans une belle formule de l'*Epître à Mlle A.C.P. ou la Machine terrassée*, La Mettrie écrit : « Une machine n'agit pas à ce qu'elle veut, mais plutôt à ce qu'elle doit ». Définitif...

Ce qui est ne peut pas ne pas être ; ce qui a lieu ne peut pas ne pas avoir lieu dans les conditions même de l'épiphanie ; ce qui advient advient dans des formes nécessaires. Les hommes sont ce que l'organisation de la matière les fait être et l'organisation obéit à des principes dont on ignore tout, car l'hérédité, le climat, la nourriture, la diététique, l'éducation, bien sûr, jouent un rôle important dans la construction d'une subjectivité. Le matérialisme des causes inductives détruit la mythologie chrétienne des origines, par conséquent il ruine aussi toute eschatologie de la rédemption. Il entraîne également une conséquence d'importance qui constitue la sixième variation : le règne de la nécessité ouvre une réelle perspective *amorale*.

Amorale, mais pas immorale. Encore que : pour un chrétien jugeant à partir de ses propres valeurs, les thèses matérialistes relèvent d'un total immoralisme.

Mais La Mettrie, on s'en doute, tient pour des valeurs relatives. Rien ne peut être absolu sur le terrain de l'éthique, tout dépend du critère arbitraire posé par les hommes, en l'occurrence le bien de la société. Ce qui défend la société, voilà le bien ; ce qui attaque la société, voilà le mal. Dans un ciel des Idées éternelles et immortelles, les vertus n'existent pas dans l'absolu.

Contre la morale moralisatrice (chrétienne), La Mettrie propose une éthique de l'innocence (matérialiste). Nul ne choisit d'être imbécile s'il a la possibilité de l'intelligence ; nul n'opte pour le malheur quand il peut obtenir le bonheur ; personne ne veut délibérément jouir dans le crime dès lors qu'il est en son pouvoir de trouver son compte dans la douceur avec autrui. Notre condition résulte d'un faisceau de circonstances dans lesquelles le libre arbitre, la volonté, la décision, la liberté constituent des forces nulles. A quoi bon, dès lors, punir ou récompenser ? Ni le méchant ni le bon ne choisissent leur vice ou leur vertu...

15

Abolir le remords. Dans cet ordre d'idées, La Mettrie examine la question du remords et produit des analyses essentielles dans la constitution de sa (mauvaise) réputation philosophique. Précisons que le terme « culpabilité » n'existe pas à l'heure où le philosophe livre ses réflexions sur le sujet, c'est-à-dire en 1750, avec *L'Anti-Sénèque ou Discours sur le bonheur*. Car ce mot voit le jour en 1791. Mais, à l'évidence, ce qu'il nomme le remords dans l'œuvre entretient une parenté avec ce qu'on appelle depuis la culpabilité.

Puisque les hommes ne choisissent rien, comment peut-on les tourmenter en exigeant d'eux le regret d'un acte qu'ils ne pouvaient pas ne pas commettre ? Autant vouloir d'une tuile tombée d'un toit qu'elle présente des excuses à l'individu sur lequel elle se brise ! Un même déterminisme conduit la tuile à se détacher de la charpente et le violeur à violer, le tueur à tuer ou l'orage à se déclarer. Pareil pour la tuile qui ne tombe pas, l'homme respectueux des femmes, la personne qui s'abstient d'un homicide ou le beau temps. Dans tout cela, il n'existe que fatalité, nécessité, et ce au-delà de toute morale.

Revenons au remords. Comment le définir ? Il est le bourreau de la conscience, la voix intérieure qui reproche au sujet d'avoir commis un acte répréhensible. Redisons-le : La Mettrie en fait une loi de la nature dans *L'Homme-Machine*, arguant qu'il est commun aux hommes, aux sauvages et aux animaux ; mais dans *L'Anti-Sénèque* il prétend le contraire et le déduit de l'éducation. Dans ce second cas il devient une « vieille habitude », une « fâcheuse réminiscence », un « vieux préjugé » découlant du dressage social.

A quoi sert-il ? A rien. Jamais il ne prévient la récidive ; pendant le forfait, il ne l'empêche pas ; après, il ne produit aucun effet sur ce qui a eu lieu. Pire : il ajoute de la négativité à la négativité, car le criminel se tourmente d'une cruauté inutile parce que sans effet. Se reprocher d'avoir commis ce que notre organisation nous contraignait à commettre, voilà un étrange effet de la haine de soi, du moins de la méconnaissance du mécanisme qui conduit le monde hors conscience et libre arbitre.

Le remords produit des effets partout. Pas seulement en cas de forfait grave – crime, meurtre, torture, etc. –, mais aussi pour de plus banales histoires comme l'adultère, la gourmandise et autres occasions de se croire en tort. La société condamne nombre de plaisirs naturels associés à la faute, au péché, à l'interdit. La Mettrie ne voit aucune raison de s'embarrasser de remords et invite à jouir simplement de la vie, sans se reprocher ce qui nous détermine.

16

« *Métaphysique de la tendresse* ». Sixième variation : si le déterminisme régit ce qui advient, si personne n'est responsable ni du bien ni du mal qu'il fait, quel comportement adopter ? Résignation ? Soumission ? Non. Tendresse. La Mettrie développe ce qu'il nomme une « métaphysique de la tendresse ». Par-delà bien et mal, en connaissance de cause matérialiste, informé par la causalité des organisations de la matière, le philosophe ne se rebelle pas au nom de la morale moralisatrice, car il récuse le jugement de valeur, le bâton ou la médaille, au profit d'un genre de pitié postchrétienne.

Un délinquant n'est pas un bourreau, mais une victime. Pas plus qu'un être victime de l'homicide, le tueur n'est responsable ou coupable : ce ne sont que mouvements de la nature, déterminations de la matière. Quel sens cela aurait de haïr, torturer, brutaliser, maltraiter le malheureux auteur d'un crime ? Les vicieux ne choisissent pas leur vice, au lieu de le leur reprocher, plaignons-les bien plutôt d'avoir été mal servis par la nature. Compatissons à ces machines mal réglées.

Dans ce cas de figure, faut-il punir ? A quoi peut bien ressembler une punition ? La Mettrie invite à des allégements de punition, à une justice qui distribue les supplices modérément et à regret. Punir le méchant tout autant que récompenser le vertueux confine au ridicule. En revanche, si l'on peut prévenir, alors la peine est légitime, et seulement dans ce cas. Afin d'éviter la récidive, probable, la société peut, doit même, se protéger et se défendre. Car La Mettrie l'affirme clairement : « Je déteste tout ce qui nuit à la société » – (ce qui, soit dit en passant, rend ridicule la thèse de tel universitaire qui fait de La Mettrie un « philosophe anarchiste » ou, tel autre, un « anarcho-syndicaliste » !).

On chercherait en vain chez le penseur du déterminisme intégral une phrase précise condamnant la peine de mort. On ne la trouve pas. Bien au contraire. La Mettrie laisse gibets et bourreaux assurer leur office et recourt à des images qui parlent clairement : pour sauvegarder l'intérêt public on doit parfois « tuer les chiens enragés et écraser les serpents ». Plus loin, il légitime le principe de la légitime défense pour la société et justifie « la nécessité d'étrangler une partie des citoyens pour conserver le reste ». Le même homme écrit aussi, en 1751, que la Bastille est une « affreuse inquisition ». Voilà donc un matérialisme répressif aux antipodes d'une version préventive !

La tendresse a donc des limites, notamment sociales et politiques. A cet endroit de l'analyse, on découvre la superposition du révolutionnaire philosophique et du conservateur politique. La Mettrie pense la délinquance en métaphysicien et non en matérialiste. En s'installant du côté de la société, il ignore que celle-ci inflige souvent une violence au délinquant tout en évitant de penser que le déterminisme social pourrait bien être remis en cause, et notamment sous sa forme brutale monarchique, catholique et féodale. Ce philosophe novateur qui affirme un tel cynisme politique ne tire pas toutes les conséquences de sa théorie des causalités matérielles, notamment sur le terrain de la société. Dès lors, il déplaira à ceux des philosophes – Helvétius, d'Holbach par exemple – qui défendent eux aussi une doctrine matérialiste, mais concluent conséquemment à la nécessité d'un changement de société. Si vraiment la Bastille est une « affreuse inquisition », pourquoi ne pas inviter à la détruire ?

17

Le repos dans le crime. A la décharge de La Mettrie, il précise plusieurs fois qu'il n'est pas un philosophe du « devoir être » mais de l'« être » ; qu'il ne dit pas ce qu'il faudrait faire, changer, modifier pour que les choses aillent mieux puisqu'elles ne peuvent pas ne pas avoir lieu ainsi ; qu'il ne lance pas dans le débat d'idées des propositions pour changer ou modifier la société ; qu'il ne prend pas la pose du prescripteur. Souvenons-nous qu'en matérialiste se réclamant de la physique et de la science, il pratique en médecin et diagnostique ; il se fait anatomiste et démonte les fables, les machineries ; il pratique une méthode expérimentale comparatiste à mille lieues de la posture du maître à penser.

Dans ses analyses, il pousse très loin le constat de ce qu'est la nature humaine. On comprend qu'il réjouisse le marquis de Sade en mettant sur sa table de dissection philosophique le cas de ce qu'on n'appelle pas encore le sadique, et pour cause. Mais comment nommer le personnage qui expérimente « la satisfaction à faire le mal » ? Celui qui « raffine dans l'invention des tourments » ? Ou qui jouit avec ce genre de « malheureux bonheur » ? Que dire du pervers qui connaît le « bonheur dans le crime », et pour qui le seul bien consiste à faire le mal ? Ou du méchant pas même malheureux ? Des victimes, rien d'autre...

N'attendons pas de lui qu'il se fasse théologien, prêtre, moraliste, philosophe donneur de leçons, toutes figures qu'il exècre : il est médecin et son magistère relève de l'anatomie philosophique. Ajoutons qu'il existe tout de même une dimension de salut dans le matérialisme qu'il enseigne, car cette vision du monde totalement déterministe agit en remède contre la misanthropie. Son œuvre ne vise pas à légitimer le crime mais à rendre possible le « repos dans le crime »...

18

Une clarté neuronale. La Mettrie déroge pourtant un peu à cette règle du philosophe médecin confiné au diagnostic en proposant parfois un remède qui montre que, s'il avait consenti à la politique en philosophe matérialiste, il se serait probablement retrouvé moins féodal et plus révolutionnaire – donc moins récupérable par Sade, le féodal emblématique. Car la pensée de ce vibrionnant homme campe délibérément dans le tragique : l'optimiste voit le meilleur partout, il en exploite les possibilités ; le pessimiste voit le pire partout, et ne voit rien d'autre ; le tragique tâche de voir le réel comme il est.

L'auteur de *L'Homme-Machine* émet des hypothèses qui auraient mérité de longs et précieux développements. Mais, à défaut, le germe révolutionnaire et la potentialité républicaine (il écrit dans son *Discours préliminaire*, en 1751 donc, « soyons donc libres dans nos écrits comme dans nos actions ; montrons-y la fière indépendance d'un républicain » !) se trouvent bel et bien dans les écrits de ce féodal par inadvertance ou plutôt par négligence.

Où est la perle ? Dans sa prescience de l'homme neuronal. La Mettrie a disséqué des cerveaux, il entretient de leur matière : le nombre des circonvolutions, les variations de volume, la consistance, la nature des fibres, la couleur des corps cannelés, la formation des stries, les « nates et têtes » – les tubercules quadrijumeaux d'aujourd'hui. Il en parle comme d'un viscère à construire grâce aux habitudes d'une éducation nouvelle.

L'éclaircie dans le tragique lamettrien se trouve ici : tout dépend du cerveau, des pliages, des informations données par l'éducation et les informations acquises. Nous sommes ce que nous sommes parce que nous sommes notre cerveau – qui est la matière de l'esprit. Pessimisme pour l'individu ici et maintenant : on ne peut rien changer à notre organisation une fois celle-ci cristallisée dans cette matière neuronale ; optimisme pour l'humanité dans le futur : si l'on formate autrement cette matière, si l'on influence son organisation, alors on peut envisager une modification des choses.

Là encore, la politique du philosophe est celle du médecin : fabriquons d'heureuses natures en agissant sur la formation neuronale, le dressage nerveux de la « toile médullaire ».

Ainsi le remords : l'éducation, le milieu, l'époque nous dressent à le ressentir. Une autre imprégnation détermine autrement. Certes la nécessité existe, mais il n'y a nulle nécessité à y consentir quand on peut s'en affranchir. Ainsi, délivré de cette habitude moralisatrice contractée dans la petite enfance, imaginons des hommes moins malheureux de leur malheur, car, ils sont déjà bien assez punis d'avoir à le connaître. Le remords suppose une double souffrance – idée de Spinoza ; son abolition ampute la moitié de la douleur. La culture et l'éducation permettent d'humaniser ces animaux que sont les humains. Le déterminisme se heurte à un autre déterminisme. A la force de l'habitude opposons l'habitude d'une autre force, une contre-force. D'autres lectures, d'autres idées, d'autres relations, des nouvelles rencontres, des pliages nouveaux pour un homme nouveau.

Disons-le en termes contemporains : si La Mettrie plaide pour la répression, les gibets et potences ici et maintenant, il n'exclut pas pour autant la prévention en amont par l'éducation et la pédagogie. Dans la machine matérialiste puissamment déterminée, le philosophe tragique laisse un rôle infime à une légère impulsion de côté. Ce léger jeu mécanico-physiologique peut à terme produire un grand écart comportemental. Un genre de clinamen neuronal.

Cette logique neuronale permet une septième variation antichrétienne : contre le fatalisme théologique qui condamne l'homme à sa condition de mortel malheureux, La Mettrie laisse poindre la petite chance d'un salut ici et maintenant. Un salut matérialiste et non religieux, un salut pour l'ici-bas et non l'au-delà. Quand le chrétien invite l'homme à prendre son mal en patience, à souffrir pour expier une faute, à mériter son bonheur dans un autre monde, le matérialiste propose une solution immanente : dans l'immédiat, consentir à ce à quoi la nature nous invite, sans remords ; et pour plus tard, viser un autre modèle, non plus celui de l'idéal ascétique chrétien, mais celui du matérialisme hédoniste.

19

Renouer avec la volupté naturelle. Septième variation antichrétienne, donc : l'hédonisme. D'abord, remarque du philosophe : chacun court après son plaisir, y compris le méchant qui jouit dans la négativité. On n'échappe donc pas au plaisir, chacun est condamné à l'hédonisme. La nature a créé l'homme pour qu'il soit heureux ; mais la culture (chrétienne) fait tout pour qu'il n'en soit pas ainsi. La morale, la religion, la philosophie spiritualiste constituent trois variations sur le thème chrétien.

La Mettrie critique le stoïcisme. *L'Anti-Sénèque*, par exemple, originellement titré *Traité de la vie heureuse par Sénèque avec un Discours du traducteur sur le même sujet* (1748), puis, dans une deuxième édition tirée à douze exemplaires (1750), *L'Anti-Sénèque* sous-titré cette fois-ci : *Le souverain bien*, et enfin une troisième version (1751), avec un sous-titre, *Discours sur le bonheur*, qui n'est pas de lui. L'ouvrage se propose d'accompagner la traduction du *De la vie heureuse* du philosophe ancien, mais jamais personne n'a vu ce travail...

Que reproche-t-il aux stoïciens ? De préférer la mort à la vie ; d'inciter au suicide – qu'il réprouve – plutôt qu'au courage de vivre ; d'aimer la sévérité, la tristesse, la dureté, au lieu de la douceur, de la gaieté et du bonheur ; de se vouloir héroïques avec leurs sensations plutôt que simplement humains ; de préférer la gloire à la tranquille sérénité du sage ; de se prétendre insensibles au plaisir et à la douleur, et non de se faire gloire de sentir l'un et l'autre ; de se vouloir tout âme et jamais corps, au contraire du voluptueux épicurien qui, lui, préfère exactement l'inverse.

Dans son dégoût de la vie, le stoïcisme ressemble à s'y méprendre au christianisme. L'éloge de l'idéal ascétique commun aux deux visions du monde montre que la culture, dans l'idéologie dominante, agit en opposition à la nature, alors que La Mettrie demande à la culture de nous y reconduire. Vieille leçon cynique, leçon moderne pour qui mesure le dérisoire écart entre l'homme et la bête.

Dans *L'Art de jouir*, *La Volupté* ou la *Vénus métaphysique*, des livres lyriques et mondains écrits dans un esprit léger, La Mettrie se contente d'un catalogue des plaisirs convenus et reconnus par le bon sens populaire : le vin et les femmes, la table et l'opéra, la peinture et le théâtre, la conversation et la galanterie, les livres et la peinture – ce que peignent Lancret, Watteau, Fragonard, Boucher et autres artistes d'avant la Révolution française.

Parfois notre auteur s'essaie un peu à l'analyse philosophique, il détaille, définit, pinaille et distingue. Le plaisir est affaire de sens seulement ; la volupté affaire de cœur ; la débauche, excès de plaisirs sans les goûter. Certes, certes. Un certain art de jouir permettrait de construire ses jubilations, de les raffiner, de les organiser et de les agencer pour que l'homme ne jouisse pas comme une bête. Tout cela sent l'effet de plume, mais on ne croit guère à ces exercices de sophisterie.

Pas plus on ne peut suivre La Mettrie sur le terrain didactique quand il accumule les contradictions qui lui font une fois placer au sommet les plaisirs de l'esprit, une autre ceux du corps, avant de conclure un peu plus loin que la distinction tombe pour un matérialiste digne de ce nom. Difficile de croire à la validité théorique de son discours théorique sur la volupté ! Effet de rhétorique d'un rieur qui vante les mérites de la chasteté en se servant des fesses d'une gaillarde comme d'une écritoire pour sa philippique...

A ces considérations d'ordre général, il ajoute quelques conseils pratiques moins artificiels, mais très attendus : ne jamais remettre au lendemain un plaisir possible dans l'instant ; jouir pleinement du moment présent sans s'encombrer du passé ou de l'avenir ; ne pas craindre la mort et réactiver la vieille recette épicurienne : je suis là, elle n'y est pas, elle est là, je n'y suis plus, elle ne me concerne donc pas ; ne rien redouter après la mort, car après cette simple désorganisation de la matière, le destin du cadavre se résume au seul néant ; aimer la vie sous toutes ses formes. Rien de bien neuf sous le soleil hédoniste, mais ces recettes disent la vérité simple et nue de l'hédonisme.

Ultime conseil... philosophique : ne pas trop s'embarrasser de raison, de réflexion, d'analyse. Le fonctionnement de l'esprit entrave toujours le bonheur. Déjà au siècle précédent, le sage Saint-Evremond préférait un jour de vie supplémentaire à une bonne réputation philosophique post mortem – parole de nonagénaire... Mais La Mettrie ne vécut pas bien vieux. Le Malouin eut une vie courte et une mauvaise réputation philosophique. Pour le premier des maux, on ne peut plus rien, pour le second, il ne tient qu'à nous d'infléchir le sort...

DEUXIÈME TEMPS

Les utilitaristes français

I

Maupertuis
et « le désir d'être heureux »

1

Les matériaux de l'utilitarisme français. A la cour de Frédéric II de Prusse, roi mélomane et poète, philosophe et guerrier, homosexuel et détestant la chasse, franc-maçon et amateur des Lumières, se trouvent les représentants de l'élite intellectuelle française du XVIIIe siècle. Parmi cet aréopage, La Mettrie, bien sûr, mais aussi Voltaire ou Helvétius. Chez Frédéric le Grand les idées circulent, les conversations agissent en laboratoire de pensées nouvelles, les thèses de l'un, discutées par l'autre, influencent la vision du monde d'un troisième.

La philosophie se constitue en réseaux, elle connaît ses moments de gésine et plus d'un tête-à-tête à Potsdam, d'un entretien à Sans-Souci, la résidence d'été, voire plus d'un repas en compagnie du roi, ont probablement permis à quelques penseurs de se constituer des munitions intellectuelles, de faire provision d'idées nouvelles ou de bénéficier des lectures et comptes rendus d'un hôte de passage. Le climat est rude, les occupations rares, les échanges intellectuels réduits en dehors du château. La cour agit en creuset dont l'histoire intellectuelle reste à écrire.

Parmi les hôtes de Berlin, Pierre Louis Moreau de Maupertuis. L'historiographie dominante conserve de lui quelques souvenirs, mais la plupart du temps sur le terrain scientifique : l'organisateur d'une expédition au cercle polaire, l'inventeur du principe de moindre action, dit aussi loi du minimum, l'académicien français, pour le pittoresque, peut-être l'auteur de la *Dissertation physique à l'occasion du nègre blanc*, mais qui, parmi les philosophes, parle encore de l'*Essai de philosophie morale* ? Personne...

Je tiens pourtant ce petit livre pour un texte majeur, car fondateur de l'*utilitarisme français*. L'utilitarisme, cette école philosophique devenue synonyme de pensée officielle anglo-saxonne, dispose donc d'une généalogie française. Bentham, son acteur le plus connu, mais Godwin avant lui qui l'inspira, n'ont jamais caché leur dette envers Helvétius et d'Holbach. Or Maupertuis précède ces quatre philosophes et son livre existe neuf ans avant *De l'esprit* (1758) d'Helvétius, vingt et un ans avant le *Système de la nature* de D'Holbach (1770). Ne parlons pas de Bentham, plus tardif encore...

Certes, Maupertuis ne fait pas sortir l'utilitarisme tout armé de la cuisse de Jupiter, fin prêt pour ses plus grands combats. La cavalerie lourde de cette école philosophique extrêmement intéressante nécessite le passage par Godwin, Bentham, Mill et d'autres. Mais les *matériaux de l'utilitarisme* se trouvent dans cette sensibilité française : « l'utilité », bien sûr, mais également le principe hédoniste du « plus grand bonheur possible du plus grand nombre » ou encore « l'arithmétique des plaisirs ». Le philosophe français qui quintessencie les mécanismes de ce calcul des jouissances a pour nom Maupertuis.

2

Fils de corsaire. Pierre Louis Moreau de Maupertuis naît à Saint-Malo le 7 juillet 1698 d'un père corsaire, devenu propriétaire de pêcheries, anobli par Louis XIV, puis député au Conseil du commerce à Paris. Le père et le fils entretiennent leur vie durant une relation extrêmement complice. La table de l'ancien sert aux amis du jeune. La mort du vieux corsaire laissera le philosophe dans un état de grande douleur – et pour longtemps.

A vingt ans, le père achète à son fils une compagnie de cavalerie dans le régiment de La Roche-Guyon. Maupertuis, bien qu'entré chez les mousquetaires gris, laisse tomber l'armée, part pour Paris et se consacre aux sciences – mathématiques, physique et sciences naturelles. Tout le monde s'accorde à le trouver génial : vif, intelligent, comprenant très vite, se hissant dans les plus brefs délais à la hauteur du maître bien souvent dépassé, même avec un personnage aussi haut de gamme que Jean Bernoulli.

A vingt-cinq ans, en 1723, Maupertuis devient membre de l'Académie des sciences. A part quelques remarques sur les scorpions et les salamandres, aucune de ses publications ne mérite l'attention, mais déjà il évolue dans le monde institutionnel où il joue sans cesse un rôle de trublion. Car il manifeste un véritable tempérament, ce qui, dans ces atmosphères feutrées où se reproduit le système avec des pairs plus doués en combines que dans leur discipline affichée, passe pour un évident signe de mauvais goût...

Conscient qu'il lui faut travailler, il part se perfectionner quelques mois à Londres en 1728. On lui ouvre toutes les portes, il fréquente les sommités scientifiques de son temps, sympathise avec le vice-président de l'Académie royale des sciences, Martin Folkes, qui deviendra un ami précieux, car il lui enverra nombre de colis de livres dans lesquels il dissimule des préservatifs pour lui et son ami Montesquieu. Les fameuses capotes anglaises, en vente libre à Londres, sont formellement interdites en France où l'Eglise veille. Et Maupertuis en consomme beaucoup – du moins plus, semble-t-il, que l'auteur des *Lettres persanes*...

3

L'attraction contre les tourbillons. Londres lui offre l'occasion de découvrir le travail d'Isaac Newton (1642-1727), qui publie ses découvertes sur l'attraction universelle en 1687. A l'époque, nationalisme oblige, la France défend les thèses de Descartes. Dans le premier chapitre des *Météores*, le philosophe poitevin affirme l'existence de tourbillons de matière subtile dans les espaces intersidéraux. Ces maelströms hypothétiques entraînent les planètes dans leurs mouvements. De l'autre côté de la Manche, les scientifiques souscrivent aux thèses de leur compatriote.

Maupertuis le Français revient sur le continent et vante les mérites du scientifique anglais. Susceptibilités nationales, l'Hexagone n'aime pas la perfide

Albion... Maupertuis passe, sinon pour un traître, du moins pour un provocateur. Sauf pour Voltaire qui voit d'un bon œil la possibilité de choquer l'institution française tout en effectuant une croisade pour la vérité philosophique. Coup double. A la demande d'Arouet, Maupertuis l'initie au newtonianisme. Emballement de l'élève qui se répand en félicitations et éloges de son maître, de quatre ans plus jeune que lui.

Quand Voltaire travaille à ses *Lettres philosophiques*, il lui soumet son texte pour avis. Les trois lettres consacrées à Descartes, Newton et à l'attraction universelle illustrent le talent de leur auteur pour rendre simples les choses compliquées. Voltaire assassine en deux mots les essais de Descartes mis en perspective avec le chef-d'œuvre de Newton... L'auteur de *Zadig* ouvre la société aristocratique à Maupertuis qui en profite pour faire des dégâts auprès de dames – dont quelques-unes passent pour des chasses réservées de l'hôte. Les fâcheries, ce sera pour plus tard, et pas à cause du beau sexe.

La jeune génération s'enthousiasme pour les thèses de Newton. Pour mieux comprendre, précisons que la vieille génération soutient Descartes... Tourbillons et attraction constituent donc des enjeux scientifiques et philosophiques considérables, certes, mais également des occasions de polémiques œdipiennes générationnelles !

Un autre point d'achoppement oppose les deux camps : la question des pôles. Avec Descartes et la famille Cassini au grand complet, on affirme la terre renflée aux pôles et aplatie à l'équateur ; avec Newton et Maupertuis on pense à l'inverse : sommets plats, flancs renflés... La polémique oppose donc partisans du citron et défenseurs de la mandarine ! L'ensemble produit joutes, textes, empoignades, libelles. Maupertuis propose d'aller voir sur place, d'effectuer les mesures nécessaires, puis de trancher définitivement.

4

Philosopher au pôle Nord. Newton défendait sa thèse à partir de ses seuls calculs. Maupertuis part vérifier en Laponie. Le scientifique-philosophe met au point l'expédition. Il obtient les autorisations, cherche et trouve les financements, arrête le plan de route, constitue son équipe. Fin 1736, tout le monde part ; retour mi-1737. L'équipée connaît de multiples rebondissements : dévorés par d'incessants nuages de mouches, échappant à un incendie, collectionnant les maladies, risquant le chavirage dans de petits bateaux à proximité de cataractes, affrontant des températures de − 37°, elle parvient toutefois à mesurer l'axe du méridien terrestre et à confirmer les hypothèses de Newton. Malgré un naufrage au retour, Maupertuis et les siens retrouvent Paris un peu plus de six mois après.

Simultanément, une équipe se proposait de vérifier à Quito, au Pérou, le léger renflement des flancs de la planète. Mais Godin, parti avec quelques complices, dont La Condamine, reste en rade à la Martinique : il stoppe l'expédition, amoureux d'une belle négresse que le dessinateur de l'équipe immortalise pendant que Godin dilapide les finances en vêtements, parfums et tabatières. La Laponie et l'équateur fonctionnant de conserve dans ce projet scientifique, la moquerie du

Tout-Paris rejaillit sur l'ensemble des scientifiques, Maupertuis compris. Les Cassini exploitent la situation.

Maupertuis, libertin en diable, ne voit pas ses ardeurs libidinales rafraîchies par le climat. Lui qui joue le galant homme avec sa guitare dans les salons en France a emporté son instrument et charme tout autant dans la neige. Notamment deux sœurs lapones. Il raconte son voyage dans des lettres dont il sait qu'on les lira dans les cénacles et ne se prive donc pas de raconter l'épisode des jeunes filles polaires. S'il ne donne pas les détails, on connaît Maupertuis, chacun les imagine. Y compris quelques maîtresses restées au chaud qui, c'est de bonne guerre, battent froid l'amant volage – chez lui, un pléonasme.

Tout ce qui met les newtoniens en difficulté paraît bon aux cartésiens. Le manque de sérieux moral de ces deux équipées va servir à discréditer Maupertuis et ses hommes soupçonnés dès lors de légèreté scientifique. Partis au pôle pour compter fleurette, comment pourrait-on effectuer correctement un travail scientifique qui suppose raison claire et compétence ?

Une fois les explorateurs rentrés, les deux Lapones arrivent à Paris, probablement pour demander des comptes aux faiseurs de promesses de mariage, de fortune et de délices de Capoue. Les partisans de l'attraction reculent, pendant que les tenants du tourbillon marquent des points... On rit chez les marquises, on se pousse du coude, les Cassini fomentent leurs coups bas, pendant que les deux jeunes filles venues du froid se retrouvent cloîtrées dans un monastère.

5

Hamster blanc, serviteur noir. Les Cassini attendent la lecture du rapport à l'Académie des sciences, puis contestent les résultats. Les cartésiens et les jésuites mettent en doute la capacité scientifique de Maupertuis, le sérieux des mesures, l'absence d'étalonnage du matériel, etc. Tous les moyens sont bons pour éviter de reconnaître leur erreur. Maupertuis prend très mal l'affaire. Joyeux compagnon, aimable, ayant le sens de l'amitié et de la parole donnée, il se montre redoutable dans la hargne et la vengeance si l'on utilise contre lui des armes inélégantes, quand on le blesse ou le trahit.

Dès lors, il poursuit de sa vindicte le clan Cassini. L'Académie des sciences qui les soutient y passe également. Echange de lettres, de textes, parution de libelles, de pamphlets, de textes anonymes et fielleux, de mises au point perfides. Quand Maupertuis pourrait cesser le combat parce que le cartésien reconnaît son erreur du bout des lèvres, le newtonien mène une guerre d'extermination qui laisse des traces, on s'en doute... La première ? Sa mise à l'écart de l'académie. La seconde ? Son discrédit en France...

Frédéric II, très au courant de la vie intellectuelle européenne, profite de la situation : il invite Maupertuis à Berlin et lui propose de transformer l'Académie de Berlin en rivale de son homologue parisienne. En 1740, Maupertuis part. Il a quarante-deux ans. Il quitte le quatrième étage de son appartement parisien et emporte avec lui sa ménagerie : chats angoras, poules extravagantes, chiens islandais, une douzaine de perruches et perroquets en liberté, des mésanges, deux singes et un hamster blanc... Et puis Orion, son fidèle serviteur noir. Et sa guitare.

À la cour de Berlin, on apprécie son charme, son élégance. Certes, les perruches fientent parfois sur les perruques des marquises, mais rien de grave. Sa conversation fait des merveilles. Le roi échange souvent avec lui. La société tourne autour de ce qui donne du piquant à l'existence. Il travaille, écrit des livres et des lettres à ses amis français, il constitue cette académie, sollicite tel ou tel. D'Alembert refuse, Montesquieu aussi, mais il accepte tout de même d'y figurer en tant que membre. Le climat rude, le provincialisme de Potsdam, la clôture de la cour, la main de fer de Frédéric à qui il faut demander l'autorisation de quitter le royaume, la maladie pulmonaire rapportée de Laponie qui le contraint souvent, après crachements de sang, à des convalescences fatigantes, tout cela lui pèse.

6

Avoir « le vit sec ». C'est dans ce contexte de prison dorée d'une vie de château que Maupertuis tombe amoureux. L'ancien collectionneur de femmes, l'habitué des chaudes-pisses (des soins pour l'une d'entre elles le tinrent longtemps à Montpellier : à ses relations, il disait soigner sa goutte, à son médecin lui annonçant sa guérison, il confiait n'y croire que quand il aurait « le vit sec »), le consommateur forcené de capotes anglaises (mais probablement pas assez : il confie avoir un fils naturel qui, selon ses dires, aurait mérité un meilleur père !), le coureur de jupons qui couche avec la servante et sa patronne, le libidinal polaire et charmeur de salon, cet homme tombe amoureux à quarante-sept ans !

Elle s'appelle Eléonore Katharina von Borck. Issue de la plus haute noblesse poméranienne, fille d'honneur de la princesse, elle est de confession luthérienne. Comme simple gentilhomme, il obtient de Frédéric, via la reine sa mère, son intercession auprès de la famille. Dans une lettre où pointe l'ironie de l'homosexuel, le roi souhaite que la relation avec sa future femme ne le prive pas de la douceur, du charme et de la conversation de son ami. Maupertuis cesse tout libertinage, se range des carrosses. A partir de ce moment, on ne lui connaît aucune frasque extraconjugale.

Dans une lettre, il déplore de n'avoir pas d'enfants avec sa femme et, à mots couverts, affirmant avoir déjà été père malencontreusement, il prend sur lui la stérilité du couple. Doit-on conclure que les maladies vénériennes à répétition l'ont rendu stérile ? Sinon impuissant ? Ce qui expliquerait un certain nombre de choses, dont quelques hypothèses « philosophiques » de l'*Essai de philosophie morale* rédigé dans la foulée.

A la lumière de ce fait biographique, on comprend pourquoi le libertin de jadis tourne casaque, s'affiche ostensiblement avec des amis pour dire son chapelet, va à la messe, observe le carême, toutes choses qui ne le tourmentaient guère du temps où son « vit sec » fonctionnait à merveille. Certes, en pays protestant, montrer ouvertement son attachement à la religion de son pays natal, voilà une assurance habile pour un hypothétique avenir français. Mais tablons bien plutôt sur le devenir dévot de qui se fait vertueux faute de ne plus pouvoir s'adonner au vice. Maupertuis ferait alors de nécessité vertu.

7

Nouvelles colères. Si la libido fuit, la passion le tient toujours quand son honneur est attaqué, sa compétence engagée, son honnêteté mise en doute. Comme avec Cassini, les ennuis reprennent : le mathématicien Koenig met en cause l'originalité de la découverte effectuée par Maupertuis du principe de moindre action en vertu duquel la nature va au plus simple et au plus rapide, au plus économique, pour obtenir la forme la plus adaptée et la plus performante à son être et à sa durée.

Cette thèse se trouve dès 1746 dans *Les Lois du mouvement et du repos déduites d'un principe métaphysique* ; elle est développée à nouveau dans l'*Essai de cosmologie* en 1751. Koenig attaque précisément ce livre et plus particulièrement sa thèse : il prétend qu'on trouve déjà cette idée dans une lettre de Leibniz. Le coup part des wolffiens qui cherchent à discréditer Maupertuis. Ce dernier exige de voir la lettre en question – or elle n'existe pas. D'où la colère du philosophe.

Les mêmes causes produisant les mêmes effets, la mauvaise foi des Cassini après son retour du pôle avait déclenché chez Maupertuis une colère irréfragable que même les concessions, les regrets ou les amendes honorables des adversaires ne suffisent pas à stopper. La suspicion posée sur son travail, notamment sur ce qui lui vaut une partie de sa réputation de scientifique, tout cela le met hors de lui. Comme dans le cas des méridiens, Maupertuis mobilise toutes ses forces : personnelles – il écrit un pamphlet anonyme ; collectives – il met l'Académie de Berlin en première ligne ; mondaines – il compte ses amis. Les coups bas pleuvent, les attaques ad hominem aussi.

Voltaire – l'ami de vingt ans ! – n'est pas en reste. Lui qui se convertit au newtonianisme grâce à Maupertuis, fut longtemps son compagnon de route intellectuel, l'introduisit dans les salons mondains et aristocratiques où il avait son rond de serviette de courtisan, lui qui vit le mathématicien faire sa cour, sous son nez, à Emilie du Châtelet, lui qui assista au succès européen de l'expéditionnaire scientifique, le voilà vomissant son fiel dans un texte anonyme. Réponse, sans nom d'auteur également, de Frédéric II qui défend son protégé. Réitération de Voltaire avec sa *Diatribe du docteur Akakia*. Quelques pages violentes qui n'épargnent rien et ne reculent devant aucune vilenie – y compris une allusion aux chaudes-pisses de l'auteur.

Perfide, Voltaire a lu sa diatribe à Frédéric, qui a bien ri, mais interdit sa publication ; l'auteur acquiesce et les deux larrons brûlent dans le feu de cheminée royal les exemplaires du libelle ; affaire classée donc ; pendant ce temps, Voltaire sait que d'autres copies existent, circulent et provoquent un grand bruit dans toute l'Europe : on se gausse de Maupertuis ; Frédéric se fâche, fait brûler publiquement l'ouvrage ; courageux, mais pas téméraire, le père de *Candide* craint pour sa peau, il souhaite quitter Potsdam ; le roi ne donne pas son autorisation ; Voltaire finit intercepté par sa police et passe quelque temps en prison avec sa « nièce », Mme Denis. Trois mois plus tard, il a retrouvé la France...

Maupertuis, malade, crache le sang, se dit près de la mort. Il continue toutefois à produire son effet et apparaît en perruque rousse, portée à l'envers et poudrée de jaune. Parfois, il s'habille en Lapon... Souvent, il boit. De l'eau-de-vie. Pour soigner son mal... Des lettres de l'époque témoignent de son extravagance : il veut faire sauter les pyramides à coups de mines pour explorer leurs entrailles ; créer une cité dont la langue serait le latin et les habitants des jeunes de la planète ; pratiquer la vivisection sur les condamnés à mort pour disséquer le cerveau et y trouver le secret des passions humaines. L'extravagance, le fantasque, l'originalité du personnage rendent la charge facile à Voltaire qui ne s'en prive pas.

8

Colères, suite et encore... Certains parlent du « bon Maupertuis », d'autres de son immense vanité, de son grand orgueil, de son arrivisme. Certes, l'excentricité du personnage, son fort tempérament, son caractère enflammé, entier, ses talents spirituels, son goût des bons mots, réparties et autres saillies bien vues en cour et dans les salons, le transforment en un personnage imbuvable. Imbuvable parce que doué, sûr de lui, ne se laissant pas marcher sur les pieds et partant au quart de tour quand on émet une réserve sur ce qu'il est, fait, dit, pense ou écrit. Alors quand il s'agit de franches attaques !

Les enjeux philosophiques – pour Descartes ou Newton, en faveur des tourbillons ou de la gravitation, défenseurs de la mandarine newtonienne contre le citron cartésien, principe de Maupertuis ou principe de Leibniz – servent souvent, alors, à masquer de mesquines affaires personnelles où l'envie, la jalousie, le ressentiment, la haine de la réussite de l'autre, jouent un rôle de premier plan. Certes, les débats d'idées existent, mais les polémiques se constituent aussi en regard d'une soirée de courtisan ratée pour l'un, donc réussie pour l'autre, des faveurs d'une dame accordées ou pas, d'une pension versée, de son montant, de bonnes grâces royales, de bons mots permettant le succès d'un talentueux, donc l'échec d'une victime. La cour joue un rôle majeur dans le débat, mais pas forcément dans les hauteurs intellectuelles...

Moins nombreux, on pointe plus facilement les auteurs à l'écart de ce jeu de médiocres que les familiers de cours européennes. La liste est longue de ceux qui, de Christine de Suède à Louis XVI en passant par Louis XV, le Régent, Frédéric II, Catherine de Russie – n'est-ce pas Descartes, Voltaire, Diderot, La Mettrie ? –, ont vécu grâce à l'obligeance des puissants. L'un d'entre eux a vécu sans le secours des rois, refusant les prébendes et écrivant un texte à ce sujet dans lequel il célèbre la liberté de Diogène devant Alexandre ou fustige la domesticité de Platon avec le tyran Denys de Syracuse. Il s'agit de D'Alembert, un ami de Maupertuis.

Ce texte s'intitule : *Essai sur la société des gens de lettres et des grands, sur la réputation, sur les mécènes, et sur les récompenses littéraires*. Que peut-on y lire ? Une condamnation des auteurs, penseurs, philosophes de cour ; une mise en garde contre la préférence snob pour le penseur étranger, doublée de la critique de son semblable français ; une saillie contre le goût du néologisme cher à la caste philosophique ; une attaque contre le départ dans une cour étrangère pour régler des problèmes dans le pays ; une dénonciation des journalistes, mercenaires jaloux et médiocres qui vantent le nul et passent la qualité sous silence ; un refus de faire de la volonté d'être connu et reconnu la fin de l'écriture ; et tant d'autres remarques visant la société des gens de lettres d'hier – d'aujourd'hui et de demain. Un grand texte donc, un très grand texte daté de janvier 1753.

Mais c'est avec un autre ouvrage, scientifique cette fois-ci, que d'Alembert, jadis jeune protégé d'un Maupertuis qui ne ménagea pas son énergie pour l'introduire dans les sociétés utiles à l'existence sociale, encourt les foudres de son ancien protecteur. D'Alembert ne critique pas le principe de moindre action, il évite de lui contester la paternité de son enfant épistémologique, mais il s'inquiète que l'*Essai de cosmologie* permette de tirer des conclusions métaphysiques, spirituelles et pour tout dire théologiques, à partir de ce fameux principe physique. Qu'on extrapole l'existence d'un Dieu à partir de la constance des lois de nature, notamment sur ce principe de moindre action, voilà qui, *scientifiquement*, mérite qu'on s'y arrête, affirme d'Alembert. Maupertuis ne l'entend pas de cette oreille et rompt avec son ancien ami...

9

La mort du Lapon. En fin de course physique, abîmé par l'alcool, sa vieille maladie pulmonaire, ses échauffements de bile réguliers, et probablement les effets d'une maladie vénérienne, Maupertuis sent sa fin proche. Il demande une autorisation de congé à Frédéric, qui la lui donne. Retour à Saint-Malo en

1756. Agé de cinquante-huit ans, il a rendez-vous avec son ultime ennemi : la mort. Sa femme ne l'accompagne pas, mais leurs sentiments semblent intacts.

La guerre de Sept Ans le surprend en Bretagne : quel camp choisir ? La France ou la Prusse ? Sa patrie, où il n'a plus d'amis, ou Potsdam, sa cour, ses habitudes, sa routine, mais aussi et surtout son épouse ? C'est elle qui lui fait envisager le retour à Berlin. Les choses ne sont pas simples : de Saint-Malo à Bordeaux en passant par Toulouse, Narbonne, la Suisse, il passe trois années à errer sans pouvoir rentrer, restant dans des ports à attendre des autorisations ou se retrouvant sur le chemin d'une route difficile vers la cour royale. En octobre 1758, il loge à Bâle, chez le mathématicien Jean Bernoulli où il meurt le 27 juillet 1759, sans avoir revu sa femme qui arrivera le lendemain.

10

Vénus, nègres blancs, etc. L'œuvre de Maupertuis relève essentiellement du registre de la science. Du récit de voyage au compte rendu géographique en passant par des considérations sur scorpions et salamandres, des analyses géodésiques – la fameuse *Figure de la terre* (1738) –, des propositions biologiques... Laissons aux épistémologues le soin de montrer combien ses découvertes comptent ou de quelle manière ses intuitions sur la génétique importent dans l'Europe de son temps et après.

La *Dissertation physique à l'occasion du nègre blanc* (1744) reparaissant l'année suivante sous le titre *Vénus physique*, montre son opposition à la théorie (dominante) de la préformation de l'embryon et milite pour une application de l'attraction newtonienne au domaine génésique. Si l'usage du matériau fourni par Newton mène dans une impasse, l'idée se révèle juste : le fœtus se forme effectivement selon un principe dialectique à partir de deux substances.

11

Maupertuis l'oxymorique. Quand, rarement, Maupertuis dispose d'une place dans une histoire de la philosophie, c'est dans le secteur de l'épistémologie. Pourtant, il signe aussi un très court texte de philosophie qui, me semble-t-il, mérite qu'on s'y arrête, car il joue un rôle cardinal dans l'économie d'un courant de pensée français que l'historiographie a gommé, trop matérialiste, trop peu croyant, pas assez idéaliste ou spiritualiste ; disons-le autrement : trop incompatible avec la tradition judéo-chrétienne recyclée par l'idéalisme dominant. Ce courant, je le nomme l'*utilitarisme français*. Or le texte qui en préfigure l'existence est l'*Essai de philosophie morale*, publié d'abord à Berlin en allemand en 1749 puis en français et en France dès 1751.

Ce petit texte (un in-12 de cent vingt-cinq pages, dix-sept lignes par page...) a d'abord existé sous la forme d'un envoi privé à un ami. Comme toujours à l'époque, on le lit dans les salons, on le copie, le recopie, il circule, jusqu'à ce qu'il se trouve un jour imprimé, édité et diffusé sans le consentement ni l'autorisation de son auteur. Dans ce cas de figure, les risques de censure existent, certes, mais ils sont moindres que dans le cas d'une franche existence éditoriale.

Pour éviter l'édition pirate, fautive, peu sûre, mal recopiée, parfois volontairement malintentionnée, Maupertuis consent à une édition. Il l'ouvre en répondant d'abord aux remarques le plus fréquemment faites à son texte : livre de misanthrope, éloge fautif du suicide, ouvrage d'impiété, mais aussi bréviaire de dévotion (!), ouvrage au style bien trop sec ! La bonne méthode voudrait pourtant qu'on l'ait lu afin de pouvoir saisir la portée des remarques, puis la pertinence et la qualité des réponses : ce préambule méritait donc d'être un appendice...

Ces premières pages, maladroites, invitent à ne pas lire : qui s'empresserait d'aller voir un livre si noir, à l'abord si revêche, coupable ou d'être libertin, ou de sentir l'eau bénite ? Mais mériter ces deux reproches, voilà l'effet d'un singulier ouvrage ! Car Maupertuis agit dans une logique apparemment oxymorique et pratique le *christianisme hédoniste*, l'*utilitarisme altruiste*, le tout dans la perspective d'une véritable *science philosophique*, avec arithmétique des plaisirs, physique des passions et mathématique des émotions. Pour un historiographe élevé au biberon idéaliste, voilà trop pour un seul homme ! D'où l'absence de l'œuvre dans le corpus de la philosophie morale française.

12

More geometrico. Maupertuis n'invente pas l'utilitarisme, mais il contribue à la création des matériaux qui le constituent. Notamment avec son apport majeur :

le calcul des plaisirs. Sur ce sujet, les historiens de la philosophie ont beau jeu d'aller chercher un passage de l'abbé Trublet extrait de son *Essai sur divers sujets de littérature et de morale* (1735), ou la traduction effectuée par Silhouette du *Traité mathématique sur le bonheur* de Stillingfleet, ou encore de déterrer les *Caractéristiques de l'homme* de Shaftesbury (1711). Un autre parlera des « jetons » de Mme du Châtelet, du « calcul naturel » de Caraccioli – sauf que son *Langage de la raison* date de 1759 et sa *Jouissance de soi* de 1763.... Un dernier soulignera que dans l'article de l'*Encyclopédie* intitulé « Cyrénaïques » et signé par un certain Diderot, on trouve aussi l'expression « calcul moral ». Alors ?

Alors peu importe. Car cette idée traverse l'histoire de l'hédonisme depuis ses origines dans l'atomisme abdéritain il y a vingt-cinq siècles ; bien sûr, on la retrouve chez les cyrénaïques ; évidemment, Epicure et tous les épicuriens la reprennent. Question de bon sens : quand on aborde la morale non pas en théologien ou en métaphysicien, mais en philosophe soucieux de l'être et non du devoir être, on sait que nous allons naturellement vers le plaisir et que nous fuyons le déplaisir, qu'il faut culturellement retrouver le sens de ce tropisme naturel et que le plus grand plaisir suppose parfois le renoncement à de petits plaisirs. La nouveauté réside moins dans ce savoir que dans l'usage de cette logique comme principe architectonique d'une éthique tout entière.

On pourrait également aborder la question de la formulation de vérités universelles en langage mathématique, d'une hypothétique « *mathesis universalis* » avec le même défaut : qui le premier ? Quand ? Où ?

Dans quelle œuvre ? Sachons que l'idée traverse le XVIIe siècle. Alignons les noms : Descartes dans les *Règles pour la direction de l'esprit*, Newton, Leibniz, Spinoza bien sûr avec son *Ethica more geometrico*. Mais laissons les querelles de préséance, les logiques généalogiques, les moments fondateurs et les dates de naissance. Car aucun penseur ne produit sa vision du monde à partir de rien. Ce qui compte, c'est moins les matériaux que la construction qui s'ensuit. Les matériaux du calcul des plaisirs utilisés dans la perspective d'édifier un hédonisme du plus grand nombre, le tout visant l'utilité commune et ce à partir de l'observation des lois de la nature, voilà le chantier nouveau proposé par l'éthique mathématique de Maupertuis.

13

Un dynamomètre pour le plaisir ? Les seize premières pages du chapitre inaugural de l'*Essai de philosophie morale* usent d'un grand nombre de mots relevant du vocabulaire de la physique et de l'arithmétique : compter, peser, mesurer, diminuer, augmenter, diviser, calcul et dépense, somme des biens et des maux, intensités et durées – intensité double, durée simple, moment égal –, quantité positive, grandeur, produits de l'intensité, déductions et restes, continuité et affaiblissement des intensités, vitesse et lenteur, long et court, petit et grand... La lecture produit le tournis : on croit parfois lire des pages de formules physiques !

Comme tout mathématicien parti à la recherche d'une variable inconnue (le principe de la morale), Maupertuis consacre la première phase de son livre à exposer des propositions admises par tous. Le plaisir ? « Toute perception que l'âme aime mieux éprouver que ne pas éprouver ». Dès lors, et en vertu du principe de non-contradiction, la peine devient : « toute perception que l'âme aime mieux ne pas éprouver ». Et d'élargir à partir de ce premier acquis : le plaisir ? La sensation recherchée dont on souhaite la longue durée. La peine ? L'inverse, la sensation détestée qu'on veut la plus courte possible. Le moment heureux ? La durée de la perception plaisante. Le moment malheureux ? L'inverse. Ces deux temps supposent des mouvements, une dialectique.

Avec grandeur et durée, on définit l'intensité du plaisir. Dès lors on obtient des séries dialectiques : grandeur de l'intensité, longueur de la durée, l'ensemble quantifiant la valeur du moment heureux ou malheureux. Suit cette formule, aussi sèche que la conclusion d'une démonstration algébrique : « L'estimation des moments heureux ou malheureux est le produit de l'intensité du plaisir ou de la peine, par la durée ». Pas très sexy, mais vraiment précis.

S'il existe des instruments pour mesurer les durées – montre, pendule, chronomètre –, ceux qui pourraient mesurer les intensités du plaisir n'existent pas. Pas de dynamomètre hédoniste... Comment s'y prendre ? Le scientifique perd un peu de sa superbe quand le philosophe prend le relais : la « sensation » permet de se faire une idée du degré d'intensité de la jouissance éprouvée – ou de la souffrance. La mémoire compare, le jugement devient possible, et l'on conclut à la hauteur du plaisir. Convenons qu'il existe des instruments plus fiables pour un homme de science qu'une perception subjective individuelle...

Avec ces instruments, le bonheur et le malheur deviennent faciles à définir. Le bien ? « La somme des moments heureux ». Le mal ? « La somme des moments malheureux ». Le bonheur ? « La somme des biens qui restent, après qu'on en a retranché tous les maux ». Le malheur ? « La somme des maux qui restent après qu'on en a retranché tous les biens ». Les lecteurs de l'époque reprochent à Maupertuis sa sécheresse, l'extrême aridité de son écriture, le manque d'effet de style. Certes. Pour le moins. Il en convient puis conclut, lapidaire, que le sujet y contraint...

14

Construire la jouissance. Informé de ce que sont plaisir et peine, bien et mal, bon et mauvais, bonheur et malheur, à savoir autant de moments, d'états, de sensations, de perceptions agréables ou désagréables, aimées ou détestées, chacun doit, en possession de cette boussole physique, donc métaphysique, vouloir son bonheur et éviter le malheur. Le bien et le mal n'existent pas dans l'absolu, avec une majuscule, sur le principe platonicien, mais relativement à une situation : telle situation, tel choix, tel comportement, tel acte génèrent un bien, ou un mal, dans un *temps* donné, plus ou moins lointain, selon une *intensité* variable, plus ou moins haute, et pour des *durées* elles aussi variables, plus ou moins fortes. Nous sommes déjà, de fait, dans l'univers conséquentialiste de l'utilitarisme.

Nous devons donc viser le bien le plus intense, le plus haut, le plus long, le plus fort, le plus désirable, mais également le moins coûteux. Mais dans la réalité, aucun plaisir n'est pur au point de concentrer toutes les qualités : intensité, hauteur, longueur, force, durée. D'où la nécessité de toujours effectuer un calcul. Dans une situation donnée, concrète, il faut examiner ce que nous devons faire pour obtenir un équilibre à même de nous donner du plaisir. Cette joie pouvant d'ailleurs provenir d'un savant calcul nécessitant le renoncement tout de suite à un petit plaisir pour en obtenir plus tard un plus grand – ou à un plaisir moins durable pour en générer un plus long, etc. Ce calcul suppose la *prudence*, art philosophique par essence, vertu cardinale en régime utilitariste.

15

Le désir est partout. Augmenter la somme des biens, diminuer celle des maux, la recette peut paraître facile en théorie, mais dans la vie de tous les jours, comment faire ? On a reproché à Maupertuis sa misanthropie, sinon son pessimisme. Déteste-t-il les hommes, méprise-t-il le réel, celui qui voit les premiers et le second tels qu'ils existent ? Ni optimiste – il ne voit pas le meilleur partout, tel Pope ou Leibniz – ni pessimiste – il ne conclut pas au pire partout, comme Hégésias –, Maupertuis est réaliste, autrement dit : tragique.

Le deuxième chapitre de l'*Essai de philosophie morale* démontre que « dans la vie ordinaire la somme des maux surpasse celle des biens »... Est-ce là le propos d'un dégoûté du monde, ou d'un psychologue lucide qui, à la cour de Frédéric plus qu'ailleurs, mesure le degré d'ignominie, de bassesse, de fourberie, de méchanceté dont l'homo sapiens se rend capable pour des hochets ? Pas besoin de donner le détail, d'établir la liste de ces maux au quotidien, que chacun s'interroge, regarde autour de lui, ou en lui-même...

Maupertuis élève le débat et donne la raison de cet état de fait. Oui, la somme des maux l'emporte sur celle des biens. Mais pour quelle raison ? A cause du *désir*. Le désir est souffrance. Il suppose le vouloir de ce qui nous fait défaut, la tension vers une satisfaction dont l'attente correspond à un état de frustration. Supprimons le temps de notre existence passé à désirer, que reste-t-il ? Rien. Ou si peu. Nous n'avons pas vécu, nous nous sommes contentés de vouloir ce que nous n'avions pas, de courir après du vent. Dans ce temps échappant au désir, que trouve-t-on ? Du divertissement... A savoir : la conjuration de nos souffrances, de nos peines et douleurs à coups de jeux de société, de parties de chasse, de soirées de beuverie, de tabagie ou d'autres excitants – l'opium partagé avec La Mettrie ? –, et autres remèdes pitoyables au mal de vivre.

La situation est-elle désespérée ? Aucunement. Car il existe un remède véritable : il suppose un usage correct de sa raison et de sa liberté. Maupertuis le scientifique, qui traque les lois de la nature, connaît l'immutabilité de son fonctionnement, y voit même matière à preuve de l'existence de Dieu – d'où l'énervement de D'Alembert... –, ne communie pas dans le fatalisme cher aux matérialistes. Il croit à l'existence du libre arbitre – à Dieu aussi, donc, à l'immortalité de l'âme par la même occasion.

Que faire ? Eviter les excès théoriques. Le Breton Maupertuis aurait pu être normand ! De même qu'il défend bien, en ouverture de l'*Essai de philosophie morale*, d'avoir commis un livre impie autant qu'un ouvrage dévot ou qu'il récuse aussi bien le théologien qui interdit de raisonner que le philosophe croyant « qu'on catéchise dès qu'on parle de Dieu », le prudent renvoie dos à dos les philosophes de la tradition qui, pour les uns, affirment que l'homme vaut seulement par l'âme, son principe immatériel et éternel, pour les autres, croient uniquement que la chair les définit. Les premiers célèbrent les plaisirs de l'âme et détestent ceux du corps ; les seconds pensent à rebours. Or ni Platon, ni Aristippe n'ont raison. Ni l'ascétisme chrétien, ni l'hédoniste impie. Pas plus l'ascétisme impie, on s'en doute, mais l'étrange attelage des chrétiens hédonistes. Maupertuis se dit chrétien. Et il l'est. A sa manière.

16

Le souverain bien. En familier de l'anatomie, en ami de La Mettrie, en lecteur avisé, en scientifique averti, Maupertuis n'oppose pas le corps et l'âme. Les plaisirs de l'un ? Ceux de l'autre. Tous les plaisirs sont d'ailleurs mis en forme intellectuelle par l'âme... Quel est le plaisir le plus noble à ses yeux ? « Le plaisir le plus grand », précise le mathématicien de l'hédonisme. A quoi l'on doit ajouter, pour le pousser dans ses retranchements : quels sont les plus grands ?

Sûrement pas ceux du corps. Car plus ils durent, plus ils diminuent, donc plus la peine augmente. Par ailleurs, le corps connaît de véritables limites : peu d'organes sont susceptibles d'éprouver du plaisir, alors que tous peuvent connaître la douleur. Disons-le autrement : une dent ne fait pas jouir, mais un mal de dent fait souffrir. Les plaisirs sexuels, Maupertuis sait de quoi il parle, se paient souvent de déplaisirs longs et durables : brève intensité, toujours à recommencer, durées courtes et conséquences déplaisantes, lourdes, longues, fortes quand la chaude-pisse est passée par là.

En revanche, les plaisirs de l'âme apportent des satisfactions plus grandes, plus longues, plus durables, moins coûteuses. Maupertuis compare les mérites du stoïcisme et de l'épicurisme. Pour l'historiographie dominante, les deux écoles se partagent le quasi-monopole de la sagesse antique. Or, comme dans la vie, la somme des maux l'emporte sur celle des biens, la meilleure secte philosophique n'est pas celle qui se propose de construire des situations hédonistes positives, à savoir celle des disciples d'Epicure, mais celle qui travaille à la destruction des souffrances et des douleurs. Nier la peine vaut mieux qu'affirmer un plaisir.

Les amis de Zénon, et ce jusqu'à Epictète et Marc-Aurèle, que les chrétiens aiment tant, enseignent la nécessité de se rendre maître de ses opinions et de ses désirs ; ils veulent que chacun travaille sur les représentations et par ce fait anéantisse le pouvoir des forces négatives extérieures ; enfin, ils célèbrent le suicide quand il n'existe pas d'autre solution pour recouvrer sa tranquillité. Voilà des leçons utiles pour le tragique Maupertuis.

17

L'hédonisme chrétien. Sous forme de boutade on pourrait dire que, sommé de choisir entre stoïcisme et épicurisme, Maupertuis choisit le christianisme. De fait, le stoïcisme pour lequel il avoue un faible est métaphysiquement plus et mieux compatible avec le christianisme. Rebelle aux étiquettes, toutes lui vont également à ravir : Maupertuis peut bien être *déiste* si l'on se contente de lire l'*Essai de cosmologie* où il déduit Dieu des lois de la nature ; ou *fidéiste* si l'on privilégie sa résistance française à coups de chapelets en terre prussienne ; la lecture de l'*Essai de philosophie morale* le montre à l'aise dans le vêtement *théiste* où Dieu devient le créateur du monde, l'Etre tout-puissant, sage et bon ; à moins qu'on ne le tire vers le *panthéisme*, car aimer Dieu pour lui revient à se soumettre à sa loi, donc à ses lois, qui sont aussi celles de la nature : aimer Dieu coïncide dès lors avec l'amour de sa volonté qui se nomme également Providence... Chacun y trouve son compte !

La religion ne se démontre pas. L'athéisme non plus. Si tel était le cas, il n'y aurait plus que des croyants ou que des impies. Or ça n'est pas le cas. Laissons théologiens et philosophes disserter indéfiniment sur ce sujet. Maupertuis tranche : les dogmes sont obscurs, certes, mais parce que le dessein de Dieu dépasse la petite intelligence des hommes. Le catholicisme paraît déraisonnable ? Probablement, mais autant que le matérialisme ou le panthéisme ! La religion suppose « la grâce et la volonté ».

Alors, déiste ? Fidéiste ? Théiste ? Panthéiste ? Rassemblons tout cela dans cet élégant oxymore : *hédoniste chrétien* ou *chrétien hédoniste*... A l'évidence, pour faire tenir ensemble ces deux forces antagonistes, on doit forcer un peu les définitions : son christianisme ne prend pas en considération le divin ou les mystères ; il est philosophie évangélique, sagesse de Jésus assimilable à une « secte de philosophie » au même titre que l'épicurisme et le stoïcisme. Cette secte donne des règles de conduite « *utiles pour réaliser le bonheur ici-bas* » – je souligne.

Contre le Portique et le Jardin qui proposent le salut individuel par des sagesses personnelles, Maupertuis insiste sur la dimension intersubjective du christianisme : le chrétien veut le bonheur de l'autre. Chacun est heureux du secours qu'autrui lui prodigue. Les lois de la nature nous conduisent vers la réalisation de ce « désir d'être heureux » qui nous travaille sans cesse. Le vrai se confond avec l'efficace et ce qui rend possible ces projets hédonistes. Les philosophes utilitaristes et pragmatiques du siècle suivant s'en souviendront. Dieu veut cela. Comment pourrait-il doter les hommes du pouvoir de jouir sur terre et le leur interdire ? Croire qu'on peut gagner son paradis en transformant sa vie sur terre en enfer est une absurdité. Et Maupertuis de conclure : « Tout ce qu'il faut faire dans cette vie pour y trouver le plus grand bonheur dont notre nature soit capable, est sans doute cela même qui doit nous conduire au bonheur éternel ». Tout le christianisme du philosophe tremble dans ce « sans doute »...

II

Helvétius
et « le désir du plaisir »

1

Un percepteur gauchiste. Claude Adrien Helvétius naît au mois de janvier 1715, l'année de la mort de Louis XIV. Sa famille quitte le Palatinat calviniste à cause des problèmes de religion et s'installe en Hollande. L'ancêtre introduit l'ipécacuanha – plus connu sous le nom d'ipéca –, une plante brésilienne aux vertus expectorantes, émétiques ou vomitives selon la dose, à la cour du roi de France. Pour ce haut fait pharmaceutique, le Roi Soleil lui donne en 1690 les lettres de noblesse et la charge d'inspecteur général des hôpitaux. Le père du philosophe est médecin ordinaire du roi et premier médecin de la reine.

Etudes chez les jésuites du collège Louis-le-Grand, où il rencontre pour la première fois cette engeance qui lui rendra la vie si difficile. Lecture des classiques. Droit. Son père l'envoie à Caen auprès de son oncle, M. d'Armanche, directeur des Fermes, pour y apprendre le métier de fermier général. En dehors de cette formation, il se donne du bon temps, lutine les femmes – on le dit beau garçon... –, écrit des vers galants, des pièces, il se fait même recevoir à l'Académie des belles-lettres de la capitale bas-normande.

Via ses parents très en place à Versailles, Helvétius obtient une charge de fermier général. Investissement de départ coûteux, place rare et réservée, prébende royale, rapports considérables, le jeune homme de vingt-trois ans rembourse ses emprunts tout en effectuant très vite de jolis bénéfices : le collecteur d'impôt, responsable de la levée de la plupart des taxes royales indirectes (baux fermiers, gabelle, traites, aides, octrois, tailles...), prélève au passage un pourcentage non négligeable. Dans l'exercice de cette fonction ingrate, Helvétius se montre humain, juste, généreux, en un mot, philosophe autant que faire se peut.

Son principal trait de caractère ? La générosité. Il la pratique du début à la fin de son existence, avec toutes les catégories sociales : de Marivaux, qu'il pensionne, à une volée de plumitifs entretenus par son mécénat, en passant par de vils personnages (un jésuite qui jouera un rôle détestable au moment de l'affaire *De l'esprit* et qu'il aidera ensuite anonymement pour éviter qu'on croie à une vengeance...), sans oublier les paysans de ses terres ou les assujettis à l'impôt, tous témoignent de son rapport à l'argent : il se montre magnanime, prodigue et généreux.

Le statut de fermier général permet à un certain nombre de malfaisants d'agir en cyniques sûrs de leur impunité avec la complicité de la justice et de la maréchaussée. La Constituante abolit la Ferme générale en 1790 et passe sous le couteau un certain nombre d'entre eux – trente et un dans la charrette de Lavoisier le 8 mai 1794...

Helvétius intervient à plusieurs reprises pour éviter les abus, empêcher la spoliation des malheureux. Il refuse l'argent des confiscations, dénonce l'avidité et l'impéritie d'un certain nombre de membres de sa corporation. Parfois, il dédommage certaines victimes avec ses deniers... L'anecdote court qu'il aurait même frappé un subalterne zélé !

A Bordeaux, il rencontre des viticulteurs éreintés par de nouvelles taxes ; il acquiesce à leurs revendications et leur conseille de se liguer contre les fermiers généraux, puis d'organiser la rébellion ; il assure de son soutien, dit qu'il jouera son rôle, mais que les gens de la vigne obtiendront gain de cause ; il n'en ajoute pas plus, rentre à Paris et obtient la disparition du nouvel impôt...

Pour faire plaisir à son père, Helvétius accepte la charge de Maître d'hôtel ordinaire de la reine. La fonction a le double avantage de lui laisser du temps pour écrire ses épîtres et de lui permettre de traverser la cour en talon rouge, ce qui, pour l'âme des hommes, vaut autant sinon plus qu'une bonne lecture des *Maximes* de La Rochefoucauld, des *Caractères* de La Bruyère ou des *Mémoires* de Saint-Simon...

Lassé de sa charge de fermier général, il démissionne – au grand étonnement de la plupart. Renoncer à pareille charge est sans précédent. Il épouse Mlle de Ligneville qui, belle et pauvre, lui donnera quatre enfants dont deux survivront. Puis il achète des terres à Voré, dans l'Orne, et à Lumigny, dans la Brie. Il habite ces deux demeures et cultive les terres à la belle saison, non sans alterner avec des séjours dans son hôtel particulier parisien, rue Sainte-Anne.

Sur sa propriété percheronne, Helvétius continue à faire le bien. Ainsi il obtient que le roi épargne aux paysans de Rémalard et des alentours l'obligation de loger les troupes de cavalerie habituellement conduites dans la région pour la qualité et l'abondance du fourrage et de l'herbe réquisitionnés. De même, il appointe un chirurgien qui, flanqué d'une religieuse, effectue des visites de ses gens, soigne gratuitement les malades ou assiste les nécessiteux.

A cette époque, des gens meurent de faim dans le royaume. Sur les terres de Voré, les paysans braconnent. Helvétius laisse faire. Quand parfois survient un litige, il commence par payer le prix de l'objet contesté, il entame ensuite la discussion. Ses journées de campagne, programmées, supposent un emploi du temps régulier : travail le matin – lecture et écriture –, déjeuner annoncé par une salve de mousqueterie, après-midi consacré aux amis, à la conversation, à la chasse, à la société des femmes...

2

Le souci du bonheur. Ses premières amours littéraires sont consacrées au bonheur et au plaisir. Sous forme d'alexandrins il écrit *Le Bonheur*, poème allégorique, *Epître sur les arts* et *Epître sur le plaisir*. Ces travaux de jeunesse ramassent toutes les intuitions de son œuvre philosophique à venir, à savoir *De l'esprit* et *De l'homme* : la recherche du plaisir constitue le mobile de toutes nos actions, de nos comportements, de nos pensées ; il agit en ressort de toute communauté, de toute collectivité ; la connaissance de ce principe doit permettre d'élaborer une sage et saine législation, utile pour réaliser le bonheur des individus et celui de la société ; seule l'utilité doit motiver la pensée et l'action ; le despotisme et la superstition sont le pire à éviter ou dont il faut se défaire.

Les deux cents vers de l'*Epître sur le plaisir* synthétisent donc ce que les œuvres ultérieures développent, démontrent et surtout illustrent avec de longs exemples et des collections d'anecdotes historiques. L'ouvrage est placé sous le signe de Voltaire, son ami et correspondant. Le patriarche de Ferney le conseille sur l'écriture, la fabrication de tel ou tel vers, la pertinence d'une image ou d'une métaphore, le bon usage d'une période, etc.

3

La dentelle, les bas et le minerai. Sa vie durant, Helvétius tient à égale distance la théorie et la pratique, la pensée et l'action, les livres et le monde, sans jamais faire primer l'un sur l'autre et surtout en parvenant à produire une pensée soucieuse du réel. Il formule son idéal en regard de la possibilité et de la probabilité pragmatiques. Quand il écrit sur le luxe, l'argent, la production, le commerce, l'industrie, la circulation des richesses, il ne s'exprime pas à partir de son fauteuil de philosophe, mais il élabore en homme d'action avec un souci d'efficacité pratique. Son sens du réel a peu d'égal dans la corporation philosophique.

Le monde, il le connaît en tant que fermier général, comme familier de la cour, ou en seigneur de ses terres, mais aussi en entrepreneur. Le poète des vers galants, le théoricien du bonheur, le rimailleur hédoniste, le talon rouge se double d'un philosophe passionné par l'industrie : il aspire à une réforme du pays inspirée par les physiocrates qu'il fréquente : comment redistribuer des richesses si en amont elles ne sont pas produites ? De quelle manière envisager un partage plus équitable des biens si l'on ne dispose pas d'un système utile et efficace pour les créer ?

Le seigneur de Voré se lance dans la création d'une entreprise de dentelles. Non loin d'Alençon et d'Argentan, deux cités célèbres pour leurs points, Helvétius travaille à la production mécanisée de ce produit, courant à l'époque dans les familles bourgeoises et aristocrates. Mais l'impéritie et probablement la malhonnêteté de ses contremaîtres ont raison de l'atelier... Qu'importe. Il ouvre une manufacture de bas au métier. L'affaire est florissante et prospère.

Alors que sa fortune, ses rentes et placements lui permettraient de vivre en oisif entre ses châteaux de province et son hôtel parisien, tout entier à la conversation, à la vie légère, à l'écriture et à la chasse, il souhaite exploiter le patrimoine géologique de la région, notamment le minerai de fer. Les industriels du voisinage ne l'entendent pas de cette oreille. D'abord Helvétius a mauvaise réputation : il ne tient pas l'argent en estime, n'a pas le culte des profits, et distribue largement ses deniers. Ensuite, on a beau vouloir la liberté du commerce pour soi, on n'aime pas beaucoup cette même liberté chez les autres. Dès lors, les propriétaires coalisés fomentent une résistance, l'organisent, se battent à coups de réunions municipales et obtiennent le renoncement du philosophe. Helvétius se retire à Lumigny, parmi les Briards, puis prend de la distance avec les bourgeois normands.

Il alterne la vie parisienne dans son hôtel, avec ses amis, en hiver, et la vie aux champs, huit mois par an, les meilleurs d'un point de vue climatique. Dans une note à *De l'homme*, il loue cette chance de pouvoir passer du temps en province et dans la capitale. Dans le désert, dit-il, on ramasse les diamants ; à la ville, on les taille, les polit et les monte. L'un sans l'autre ? Impossible ! Que signifierait collecter seulement des pierres précieuses brutes ? Et puis, comment les travailler si on ne les a pas d'abord trouvées ?

4

Du beau monde philosophique. Dans le salon des Helvétius, rue Sainte-Anne, se retrouvent les grands noms philosophiques du moment. Ce sont aussi ceux du siècle. Jugez-en : le vieux Fontenelle, increvable, quasi centenaire, neveu de Corneille et assidu du salon de Ninon de Lenclos au siècle précédent ; Marmontel, académicien, historiographe de France, romancier, tragédien ; Grimm, le père de Blanche-Neige, mais aussi le fondateur de la philologie allemande ; Buffon, l'inventeur du naturalisme français ; Raynal, abbé anticlérical et farouche anticolonialiste ; Morellet, écrivain, philosophe, collaborateur de l'*Encyclopédie* ; Diderot, qu'on ne présente pas ; Turgot, grand homme d'Etat, réformateur dans l'esprit des physiocrates ; Condorcet, mathématicien spécialisé en statistique, mais aussi et surtout parangon de l'optimisme des Lumières et futur maître d'œuvre des réformes pédagogiques désirées par Helvétius ; Hume, lui aussi trop célèbre pour des présentations ; Condillac, l'abbé sensualiste ; Beccaria, le théoricien de la suppression de la peine de mort ; Adam Smith, le fameux libéral auteur de *La Richesse des nations* ; Rousseau l'atrabilaire – à qui le maître de maison prête de l'argent ; Gibbon, l'historien anglais d'un monumental ouvrage sur les causes de la grandeur et de la décadence de Rome ; d'Holbach, l'athée radical ; et une myriade de beaux esprits moins connus, moins célèbres, mais tout aussi actifs. Pendant quatre mois de l'année, tout ce beau monde se retrouve pour déjeuner tous les mardis, à partir de quatorze heures.

Vers dix-neuf heures, Helvétius s'éclipse et part à l'Opéra. Le jeudi et le dimanche sont jours de salon chez d'Holbach où, là aussi, là encore, se construit la pensée des Lumières qui irradie l'Europe. Chez le baron, on lit et commente les manuscrits spinozistes, antichrétiens, panthéistes. L'athéisme s'y trouve, certes, mais bien plus le déisme, la croyance majoritaire du XVIIIe siècle – comme le fidéisme au précédent. Chez Helvétius, l'athéisme souffle moins fort...

Dans ce salon, on parle également d'Angleterre et d'Amérique, pays fascinants par leur jeunesse, leur nouveauté, leurs mœurs dissemblables, leurs lois et leurs gouvernements alternatifs ; on y aborde l'économie politique, discipline nouvelle, avec Smith, Quesnay ou Sismondi qui réfléchissent aux meilleures conditions pour produire les richesses de la nation pour le plus grand nombre... Libéralisme ne rime pas encore avec paupérisme.

5

L'exercice communautaire de la pensée. De méchantes langues reprochent à Helvétius de n'avoir ni idées personnelles, ni pensée propre et de se contenter de piller les conversations brillantes de cette belle société pour en faire un patchwork dans des œuvres laborieuses, mal construites et déséquilibrées. Si les remarques sur les qualités de composition peuvent être retenues – il souffrait à écrire ses livres –, on ne peut consentir au reproche quasi voilé de pillage ou de plagiat.

Personne ne sort indemne de ce jeu stupide qui consiste à chercher les influences dans l'élaboration d'une vision du monde. Pas même Platon, qu'on peut réduire à pas grand-chose si l'on s'amuse à pointer chez lui les abondantes traces de pythagorisme ou d'orphisme, les références à la mythologie, les pillages de la cosmogonie présocratique, etc. Les mots et les idées ne font pas l'œuvre qui surgira de leur agencement.

On pourrait disserter longuement sur une pensée trouvée dans *De l'esprit*, le rôle de l'amour-propre par exemple, et montrer qu'elle existe déjà chez La Rochefoucauld ; même chose avec l'empirisme sensualiste affiché dans *De l'homme* et présent en amont chez Condillac qui, pour sa part, tenait déjà le sien de Locke. Que prouverait-on ? Rien, sinon qu'il existe un air du temps, l'esprit d'une époque, que les idées circulent aussi bien dans les manuscrits clandestins que dans les salons où se forge la pensée du XVIIIe siècle, et que le génie d'un philosophe consiste à transmuter ces métaux épars et divers en or philosophique.

Dès lors, nul besoin de s'étonner que, dans son salon, Helvétius parle peu, écoute beaucoup, lance une idée, suive sa progression dans la conversation de ses invités. S'il s'isole parfois pour échanger à voix basse avec tel ou tel, il n'agit pas en pillard, en voleur, en penseur malhonnête, mais en philosophe qui pratique l'exercice collectif et communautaire de la pensée. Il se comporte en homme bien élevé et n'invite pas dans sa demeure les beaux esprits du temps pour en faire le public de son numéro personnel, mais pour leur permettre une microsociété utile et hédoniste, contractuelle et libre, égalitaire et juste. Son modèle de communauté...

6

L'éthique par-delà la métaphysique. Helvétius songe depuis longtemps à un ouvrage de synthèse de son travail intellectuel : méditations, réflexions, conversations, observations, lectures, échanges, correspondances, notations diverses. Début août 1758, il a quarante-trois ans, paraît *De l'esprit*, un fort in-quarto de 643 pages chez Durand, libraire rue du Foin à Paris. L'ouvrage, sans nom d'auteur, dispose de l'approbation et du privilège du roi. Exergue extrait de Lucrèce.

Dans les premières pages, Helvétius annonce son projet : traiter de la morale à la façon d'une « physique expérimentale ». Sans qu'il en soit plus et mieux dit, ce projet philosophique s'oppose au présupposé chrétien pour qui la morale, loin d'être une affaire de science et d'observation, relève de la prédiction divine et religieuse. Pour l'Eglise, le bien et le mal ne se déduisent pas sur le principe mathématique car ils s'imposent en postulats ecclésiastiques.

L'objectif du livre ? Chercher et trouver le vrai. Non pas y croire les yeux fermés parce que le prêtre l'enseigne, mais l'établir rigoureusement, avec méthode, à partir de l'observation de la nature et de ses lois. Bacon pour la méthode expérimentale, Leibniz pour la mathématisation du réel, Spinoza pour l'abolition de tout modèle transcendant, voilà l'aréopage qui ouvre la voie.

Que découvre-t-on en examinant attentivement les choses ? Que le vrai, depuis toujours, se confond avec l'utile. De fait, l'utile varie : il n'est pas le même pour un individu ici et maintenant, pour une nation dans telle ou telle époque, pour un philosophe soucieux du bien public sur terre, ou pour un prêtre obsédé par son salut post mortem. La notion bouge, évolue, selon les circonstances. La morale est une règle du jeu dialectique et dynamique, susceptible de modifications dans la durée. De quoi mettre en colère les tenants chrétiens d'une morale universelle, intemporelle et éternelle. Le relativisme historique d'Helvétius contredit sévèrement l'idéalisme anhistorique des gens d'Eglise.

Sans les lumières – pas encore les Lumières ! –, une nation, tôt ou tard, se trouve subjuguée, elle passe bien vite, sans s'en apercevoir, sous le joug du despotisme. L'éthique est donc affaire de politique : le savoir augmente le bonheur individuel, ce bonheur contribue à la prospérité du pays, donc à sa santé, sa vigueur, sa force, sa réputation, donc à sa place dans le monde. La morale et la politique constituent une même réalité.

La déclaration de guerre apparaît dès l'intention préliminaire de l'ouvrage : Helvétius n'agit pas contre

Dieu, mais malgré lui, voire bien plutôt sans lui, débarrassant la morale de la *moraline* chrétienne. L'éthique comme physique, voilà de quoi enterrer définitivement la morale adossée à la métaphysique ou à la théologie. Bien et mal se pensent désormais en objets terrestres, indépendamment des fantasmes religieux ou des croyances superstitieuses.

7

Le déisme de l'athée. Ce livre malgré Dieu et non pas contre lui, pourquoi en faire un ouvrage matérialiste et athée ? Selon quels étranges trajets peut-on prendre cette œuvre pour ce qu'elle n'est pas ? Car, à force de gauchissements, on passe à côté de sa spécificité. Athée, disent les jésuites en son temps ; athée, affirment les marxistes dans le leur ! Matérialiste, éructent en chœur le janséniste, le pape Clément XIII, le roi, les professeurs de la Sorbonne ; matérialiste, reprend Althusser le caïman marxiste-léniniste de la Rue d'Ulm ! Or Helvétius récuse l'athéisme autant que le matérialisme...

La réputation de ce livre, bonne ou mauvaise, se cristallise avec les premiers reproches constitutifs de la mythologie Helvétius : son sensualisme affiché met à mal les idées innées de Descartes, l'idéalisme philosophique et le spiritualisme religieux qui supposent la vision de toute réalité en Dieu, comme chez Malebranche par exemple. L'explication du monde par le monde, sans recours aux fictions métaphysiques, voilà une méthode qui passe pour athée. Or une pensée qui économise Dieu ne nie pas Dieu : il y a loin du sensualisme à l'athéisme, l'abbé de Condillac en témoigne...

Helvétius compose son œuvre sans souci de Dieu, il pense et réfléchit sans l'utiliser en bouche-trou d'une démonstration branlante, il ne recourt pas à ce sésame pratique pour donner l'illusion du sens quand le sens réel fait défaut : est-ce assez pour en faire un athée ? Non si l'on prend soin d'en rappeler, une fois encore, la définition : l'athée *nie* l'existence de Dieu.

Tout individu qui donne une définition hétérodoxe de Dieu et le nomme autrement que ce que la coutume religieuse du moment et du lieu accepte, celui-là passe depuis des siècles pour athée. Mais dans ce cas de figure, le mot sert à flétrir, à condamner et à insulter, pas à qualifier une pensée de manière adéquate. On ne peut reprendre à son compte le jugement de l'Eglise catholique si le philosophe prend soin de penser autre chose – en l'occurrence le contraire...

Car Helvétius ne nie jamais Dieu, nulle part. Mieux : il en parle, y renvoie, le nomme et le définit, aussi bien dans *De l'esprit*, livre anonyme rappelons-le, que dans *De l'homme*, ouvrage écrit dans le dessein d'une publication posthume. Or, peut-on écrire plus librement qu'en ayant en regard la seule vérité, sans souci de ce qui parasite le vrai – réputation, argent, richesses, honneurs ?

Si Helvétius est athée, que penser de sa défense du christianisme comme « religion sainte » parce que débarrassée de la superstition, du fanatisme, de la mainmise d'un clergé dominateur, des oukases de l'Eglise catholique, des malversations du pape, de son empire économique, donc de sa responsabilité de la misère du royaume, de sa collusion avec le pouvoir temporel ?

Pour préciser la nature de cette « religion sainte », le philosophe vante les vertus évangéliques : paix, douceur, tolérance, bienfaisance, charité, désintéressement, indulgence. Helvétius revendique Jésus et les Evangiles contre le pape et l'Eglise. Une position d'athée ?

Lisons *De l'homme* : comment comprendre des expressions comme l'« Etre suprême » (1.14 et 4.19), l'« Eternel » (deux fois en 1.15), ou le « législateur céleste » (2.8), toutes formules présentes dans un livre prévu pour porter la parole d'Helvétius au-delà du tombeau, dans la liberté permise par le néant dans lequel on se trouve ? Que cela plaise ou non aux dévots de la religion catholique ou du catéchisme marxiste, Helvétius croit en Dieu. Mollement, certes, sans la furie d'un Voltaire ou les imprécations d'un Rousseau, bien sûr, mais *il est déiste* comme eux. Comme presque tous à l'époque. Les francs athées – Meslier et d'Holbach – sont minoritaires et d'avant-garde...

Dans le même ouvrage, Helvétius donne sa définition de Dieu : « la cause encore inconnue de l'ordre et du mouvement » (2.2). Dans une note (un endroit marginal du livre, mais les marges constituent souvent le centre), il va même jusqu'à dire qui est athée, qui ne l'est pas, et affirme paradoxalement que personne ne peut l'être car tout le monde reconnaît l'existence d'une « force dans la nature » (note 28 de la section II), l'autre nom de Dieu. Athée, pas athée ? Querelle de mots, conclut le philosophe...

Certes, il y a des degrés dans le déisme : entre la position d'un Helvétius pour qui Dieu nomme ce qui résiste encore à la raison, mais pas pour longtemps, et Voltaire défenseur d'un Dieu rémunérateur (donc plutôt théiste que déiste...), ou Rousseau avec les élucubrations de son Vicaire savoyard, le grand écart est visible... Mais Helvétius campe bien de ce côté-là de la philosophie.

8

L'agnosticisme matérialiste. Helvétius matérialiste, voilà une autre légende. Tout comme avec l'athéisme, notre philosophe se méfie des mots : il pense avant tout en nominaliste. Pas d'idées générales, de formes intelligibles sur le mode platonicien. Donc, pas de matière, car que serait-elle sans les propriétés qui la constituent ? Rien, sinon une idée de plus, une fiction métaphysique supplémentaire.

Un matérialiste définirait un genre de dévot de la matière. Helvétius n'aime pas les dévots... Dans *De l'esprit*, il suspend son jugement sur la question de l'immatérialité de l'âme : en l'état actuel des choses, on ne peut rien conclure. Tout a été dit sur ce sujet, et même des chrétiens comme Tertullien, Ambroise, Hilaire, Justin, Origène défendent la matérialité de l'âme avant que l'Eglise n'opte pour son immatérialité. Aucune démonstration n'étant possible, autant passer à autre chose, puis laisser la question en suspens... Dans *De l'homme* (2.2) Helvétius n'aura pas les mêmes hésitations : l'âme devient clairement en nous « la faculté de sentir ». Fin des tergiversations.

Les mots posent problème, et tout cela n'est qu'une question de vocabulaire. En métaphysique et en morale, on parle souvent pour ne rien dire, car on ne sait pas de quoi on parle. Ainsi avec les notions de matière, d'espace ou d'infini. Pour couper court à ces faux débats, Helvétius affirme : la matière, c'est « la collection des propriétés communes à tous les corps » (1.4). Les innombrables dissertations sur ce sujet qui convoquent étendue, solidité, impénétrabilité, force, attraction, corps organisés, etc., débouchent toutes « sur des erreurs plus ou moins ingénieuses ». Voilà les idéalistes et les matérialistes renvoyés dos à dos.

L'agnosticisme d'Helvétius sur la question de la matière se double d'une pensée modeste : il faut regarder, observer, expérimenter et tirer des conclusions. A défaut de certitudes éprouvées méthodiquement et scientifiquement, expérimentalement, l'honnêteté oblige à suspendre son jugement pour éviter les élucubrations métaphysiques. Helvétius récuse la métaphysique dans les formes qui seront celles du positivisme au siècle suivant : ce dont on ne peut correctement parler et qu'on ne peut réellement démontrer, il faut le taire...

9

Le projet d'un dictionnaire philosophique. L'époque est à la collecte de savoirs multiples, diffus, étendus. On connaît la formidable entreprise de l'*Encyclopédie*. Pour sa part, Helvétius aspire à un dictionnaire de la langue philosophique, utile pour éviter les interminables coupages de cheveux en quatre dont philosophes, métaphysiciens et théologiens sont les spécialistes – en se ridiculisant aux yeux du grand public.

Helvétius stigmatise les manies verbales de la corporation. Trop d'imprécisions, de vent et d'esbroufe, pas assez d'efficacité. Reprenant et citant le projet de Leibniz, il souhaite « composer une langue philosophique » (1.4) à partir de définitions précises de chaque mot afin qu'au moins, dans les discussions, chacun soit sûr de dire la même chose en utilisant un concept.

Cette idée formulée dans *De l'esprit* se retrouve dans *De l'homme* : arrêter les disputes inutiles, stopper les monologues auxquels se résument souvent les prétendus échanges dans les conversations, voilà le but d'un pareil dictionnaire. Un tel ouvrage supprimerait les scolastiques, devenus illico des magiciens sans puissance ; il couperait l'herbe sous le pied aux métaphysiciens, ces vendeurs de chimères chevauchant des outres pleines de vent ; il dissiperait l'obscurité mystérieuse qui nimbe encore la morale et la politique.

Traduit dans toutes les langues, réalisé avec le concours des talents de toute une nation, le dictionnaire philosophique autoriserait de véritables démonstrations en morale, en politique et en métaphysique. Dès lors, elles auraient la même rigueur, la même validité et la même légitimité qu'un résultat issu d'une déduction géométrique. Une fois cette œuvre réalisée, les querelles de mots n'auraient plus lieu d'être. Par exemple avec « athée », « matérialiste » ou « encyclopédiste »... Sur ce dernier terme, Helvétius écrit : « c'est un mot prétendu injurieux dont les sots se servent pour diffamer quiconque a plus d'esprit qu'eux »...

10

***L'affaire* De l'esprit.** En attendant, *De l'esprit* fait des vagues... Bien que non athée, non matérialiste, non encyclopédiste, Helvétius fâche beaucoup de monde... Rappelons que la Déclaration royale de 1757 prévoit la peine de mort pour les auteurs, éditeurs, colporteurs d'écrits hostiles à la religion. La condamnation du christianisme n'est pas radicale, seuls le fanatisme et la superstition, le despotisme apparaissent en première ligne des bêtes noires du philosophe. Peu importe, on juge son livre impie, athée, matérialiste, contraire aux bonnes mœurs, susceptible de précipiter l'effondrement de l'édifice moral.

Première salve : le Conseil du roi supprime le livre deux semaines après sa parution. Le père Plesse, jésuite pensionné par le philosophe, prétendument ami de l'auteur, intervient auprès de son bienfaiteur pour qu'il se rétracte ; refus ; il insiste auprès de Mme Helvétius, elle l'éconduit fermement et assure qu'elle suivra son mari avec ses enfants en exil s'il le faut ; nouveau refus ; plus retors, il accable Mme Helvétius mère qui supplie son fils de se rendre à la raison du jésuite ; enfin, pas jésuite pour rien, il informe Helvétius des menaces pesant sur le censeur Tercier qui a commis l'erreur de laisser passer le livre en accordant l'approbation et le privilège du roi. De guerre lasse, Helvétius signe une première rétractation. Il assure de sa fidélité aux dogmes et à la morale de la religion catholique. Episode humiliant...

Deuxième salve : la presse chrétienne. Les jésuites attaquent avec un article du père Berthier dans le *Journal de Trévoux*, leur organe de presse, mais aussi dans nombre de sermons prononcés à Paris et à la cour, on sait l'engeance jésuite douée pour les manœuvres et manigances auprès des grands et des puissants. Les jansénistes ne sont pas en reste avec leurs *Nouvelles ecclésiastiques*. Le rédacteur affirme que le titre aurait dû être « *De la matière diversement organisée*, ou plus justement encore *De la chair et de la chair la plus sale et la plus impure* » – montrant ainsi la nature de leurs obsessions et l'étendue de la névrose chrétienne !

Troisième salve : l'Eglise catholique, apostolique et romaine. L'archevêque de Paris attaque l'ouvrage et parle des « pestilences de la fausse philosophie ». L'Inquisition romaine condamne et prohibe. Le pape Clément XIII interdit la possession du livre, sa copie, sa réimpression, sa diffusion, sa distribution. Ordre est donné de confier les exemplaires existants aux inquisiteurs pour destruction.

Quatrième salve : les libelles et pamphlets. Comme toujours avec le succès, les détracteurs ou la publicité faite autour d'un livre, une nuée d'écrivailleurs en mal de publicité et de notoriété attaquent l'ouvrage. (Voire en disent du bien, pour bénéficier de l'appel d'air...) Les antiphilosophes – de Beaumont, Chaumeix, Lelarge de Lignac, l'abbé Gauchat, le père Hayer parmi d'autres – s'en donnent à cœur joie. On ne compte pas l'édition de follicules, de petits textes, d'articles qui permettent à d'obscurs inconnus d'espérer un peu de la visibilité médiatique du phénomène.

Cinquième salve : la reine. Helvétius a ordre de se défaire de sa charge de Maître d'hôtel ordinaire de la reine.

Sixième : la Sorbonne, jamais en retard d'une vilenie, emboîte le pas au Parlement qui lui aussi a proféré l'anathème. Au final, en février 1759, le bourreau lacère le livre en public puis le brûle.

Pire peut-être dans la cohorte de bassesses : la réaction des autres philosophes. Sans l'avoir lu, Voltaire trouve le livre mauvais, il ajoute que son auteur a « poussé la philosophie trop loin » ! Rousseau pense qu'il est dangereux. Diderot se tait... D'Alembert en dit pis que pendre. Grimm également. Pas beau. Helvétius se voit contraint de rédiger trois rétractations toutes plus humiliantes les unes que les autres. Finalement, les philosophes lui reprochent d'y avoir consenti et de faire preuve d'une lâcheté qui rejaillit sur le parti philosophique, déjà déconsidéré par l'affaire ! Meurtri, Helvétius ne se remettra jamais de ce déchaînement de haine et de ces humiliations. La dizaine d'années qu'il lui reste à vivre s'en trouve réellement assombrie.

Pendant ce temps, les éditions se succèdent à un rythme vertigineux. Vingt pour la seule année de parution. Les traductions anglaise et allemande remportent un vif succès. Emmanuel Kant lit *De l'esprit* en traduction. On peut penser que la *Critique de la raison pratique*, sinon la *Métaphysique des mœurs*, proposent quelques années plus tard l'exact inverse de la philosophie utilitariste et hédoniste du penseur français. Aujourd'hui encore, Helvétius fonctionne en sévère antidote à Kant...

11

Les dix dernières années. Helvétius voyage. L'Angleterre d'abord. Le pays passe pour un modèle : il a créé les libertés constitutionnelles, dispose d'une presse libre, on y pratique la discussion religieuse ouverte et publique, la force du commerce et de l'industrie compense la puissance du pouvoir politique, les partis organisés concourent en toute indépendance à la course au pouvoir, Voltaire et Montesquieu l'ont aimé, Bacon et Locke en viennent, Hobbes et Newton aussi. Comment, dès lors, ne pas se laver là-bas des affronts français et des misères vécues après l'affaire du livre condamné ?

La Prusse ensuite, chez le fameux Frédéric II, roi et philosophe, collectionneur de gloires philosophiques à sa cour. A Potsdam, l'ancien bienfaiteur de La Mettrie invite Helvétius et sa femme à rejoindre la cour. Refus du philosophe. Le roi le charge d'une mission diplomatique auprès du duc de Choiseul, car le souverain souhaiterait rapprocher sa cour de celle de Versailles. On ignore le degré d'implication du philosophe dans cette entreprise.

Pendant ce temps, Helvétius prend des notes, lit, réfléchit. On mésestime probablement la douleur produite par l'affaire *De l'esprit*, et surtout ses suites. Le philosophe ne s'épanche pas, il ne se plaint pas, il reste relativement discret et silencieux sur ce sujet, mais il a considérablement souffert. Faut-il mettre en perspective la brutalité des réactions – Eglise, presse, coterie philosophique, pouvoir politique – et son devenir franchement mélancolique ?

Habituellement, on attribue sa mort à une « remontée de goutte » ? Que faut-il entendre par là ? D'abord, qu'il était goutteux, signe, probablement, d'une vie de plaisirs de table. Ensuite, que cette affection douloureuse génère angines, conjonctivites, crampes d'estomac ou d'intestin, vomissements, tendance à la syncope, accidents cérébraux, attaques d'apoplexie, troubles cardiaques, palpitations, oppressions et troubles d'urémie – peut-être la cause réelle de sa mort : une crise d'urémie.

De 1759 à 1769 Helvétius travaille à la rédaction d'un ouvrage qu'il souhaite posthume : *De l'homme*.

Le livre paraît deux années après sa mort, en 1773. Pas question cette fois de se retenir, comme on peut le voir dans *De l'esprit*, d'envelopper ses propos, d'utiliser des circonlocutions, de ruser parfois, de recourir à des précautions oratoires en ouverture, d'annoncer que si l'on blesse avec tel ou tel propos, c'est bien malgré soi : la publication post mortem garantit une totale liberté d'écriture. Quand on affirme qu'après la mort il n'y a rien, on ne craint rien, surtout pas les censeurs, les critiques, les juges, le clergé et autres instruments de la négativité.

Helvétius souffre à écrire et à composer. Son deuxième gros ouvrage semble un recentrage du premier. Non pas des répétitions, mais des précisions, des développements et des attaques frontales contre les ennemis de toujours : l'Eglise, le clergé, le pape, les jansénistes, les jésuites, les philosophes scolastiques, les bigots, la censure, les prêtres, les théologiens, les despotes, les moines... Le philosophe sait qu'à l'heure où on le lira, son corps reposera dans un tombeau – se sachant libre, il jouit de cette liberté.

Les considérations liminaires à *De l'homme* montrent une personne blessée. D'un livre l'autre, on remarque moins d'humour, moins d'esprit, moins d'anecdotes souriantes, un peu plus de colère, la légèreté laisse place à un militantisme sérieux. Helvétius donne son avis sur le siècle : trop de démagogie, d'envie de plaire, pas de goût pour la vérité, retour en force de la bigoterie, du fanatisme et de la superstition, de la décadence – même s'il n'utilise pas le mot : il annonce que la France va périr, à cause d'un gouvernement pernicieux, il pose son diagnostic : nous sommes entrés dans une ère de despotisme.

Le fort volume de 976 pages souffre d'une composition aléatoire, sinon d'une absence de composition... On l'imagine volontiers écrit au fil de la plume, un genre de journal philosophique tenu par un sage mélancolique, couturé, plein de cicatrices, abondamment insulté, fatigué. On pointe des redites, des répétitions, les petites histoires tiennent une grande place, en revanche l'idée qui mérite un développement est juste donnée, simplement, brièvement, pas vraiment démontrée. Helvétius semble monologuer, en coulisse de son salon : on entend la voix triste d'un être blessé.

Le 26 décembre 1771, Helvétius meurt dans son hôtel particulier rue Sainte-Anne, auprès d'amis, dont d'Holbach. Pendant quelque temps, conscient, il refuse les sacrements et la présence d'un prêtre. En ces derniers moments, il prend soin de revenir sur ses rétractations publiquement extorquées et obtenues, les regrette, réaffirme ses positions, confirme ses idées. Jusqu'au bout, la douleur liée aux persécutions et à l'humiliation lors de la parution de *De l'esprit* le travaille. Sa sépulture se trouve tout de même dans l'église Saint-Roch. Il disparaît à cinquante-sept ans, l'âge idéal pour entamer un grand œuvre philosophique.

12

Un penseur utilitariste. Si Helvétius ne se réduit pas à l'habituel cliché du matérialisme athée, que dire de sa philosophie ? Déiste, agnostique sur la question du matérialisme, le philosophe se circonscrit mieux avec de nouvelles épithètes mieux appropriées parce que vérifiables dans le texte : *sensualiste* par exemple, *empiriste* également, *hédoniste* sûrement et, finalement, *utilitariste*. Le sensualisme d'Helvétius reprend les thèses classiques de Locke ou de Hobbes sur le sujet. Ni idéaliste, ni matérialiste, Helvétius fonctionne en scientifique qui regarde, observe, expérimente puis déduit des conclusions au regard de ce qu'il a constaté. Pas d'a priori, pas de métaphysique, mais une physique des sentiments, des passions, des émotions, des perceptions, des sensations. Pas de méthode scolastique, mais un pragmatisme expérimental.

Helvétius le dit, le répète : seuls les cinq sens fournissent les informations utiles et nécessaires à la compréhension, à l'intelligence d'un fait ou d'une situation. Donc un corps et des facultés associées par un cerveau : sentir, goûter, toucher, voir, entendre, rien d'autre. On comprend que les tenants de facultés intelligibles, les défenseurs de l'immatérialité active dans la matière, transforment l'œuvre du philosophe en brûlot athée et matérialiste. Locke montre pourtant qu'un sensualiste, et l'abbé Condillac après lui, peuvent défendre cette position philosophique tout en croyant à un dieu immatériel.

Contre la tradition philosophique, Helvétius affirme que les sens ne nous trompent pas ! Cette position va contre les habituelles condamnations : les tours de Notre-Dame de Montaigne, le bâton cassé de Descartes et autres images d'un Pascal ou d'un Malebranche qui reprennent à satiété cette antienne philosophique ressassée depuis Platon : les sens nous trompent, seule l'âme, parce que parcelle du feu divin en nous, peut nous permettre de connaître la vérité qui est de la même substance qu'elle. Pas du tout, précise Helvétius : la matérialité du réel s'appréhende grâce à la matérialité d'un corps qui expérimente le monde à l'aide de ses sens.

L'erreur, quand elle existe, n'a donc rien à voir avec les sens, mais avec le jugement. Les passions nous troublent, l'ignorance nous tient à la lisière du vrai, certes, mais il est ridicule et vain d'incriminer la sensation. Si nous concluons faussement, la faute relève bien plutôt du mauvais usage de notre raison qui se révèle un instrument inadéquat parce que l'éducation et l'instruction ne l'ont pas rendue performante. Sentir, c'est juger ; juger, c'est sentir. Helvétius n'en démord pas. Il développe cette idée à de nombreuses reprises. Il n'existe pas chez nous une faculté de juger distincte de la faculté de sentir.

L'idée se trouve chez Locke, auquel Helvétius ne ménage pas ses éloges : « Locke est un génie », écrit-il dans *De l'esprit*. Quand il songe au programme idéal d'une éducation, il affirme, laconique et définitif, qu'il suffirait d'enseigner la pensée de ce philosophe qui, depuis la traduction française par Coste en 1700 de l'*Essai concernant l'entendement humain*, fait un malheur en philosophie. Sa critique des idées innées de Descartes à l'aide de sa théorie empirique coupe la métaphysique occidentale en deux. Dans toute l'Europe du XVIIIe siècle, Locke, tombeur de l'auteur du *Discours de la méthode*, convertit ou répugne, fascine ou passe pour le diable. L'Anglais abolit l'idéalisme, discrédite le spiritualisme et ce qui, de près ou de loin, ressemble au platonisme. En même temps, il ouvre une voie royale aux traditions matérialistes, hédonistes, athées, mécanistes, sensualistes. Helvétius évolue dans ce lignage comme un poisson dans l'eau.

13

La fondation hédoniste. Parti à la conquête d'une morale avec les moyens de la méthode expérimentale, Helvétius trouve une idée de base avec laquelle il échafaude ensuite tout son système. Cette idée simple c'est le constat du bon sens, négligé par les philosophes, mais sublimé par Epicure, qui suppose que les hommes, tous, sans exception, cherchent le plaisir et évitent le déplaisir, vont vers la satisfaction, fuient la douleur et la souffrance. Vérités modestes, certes, trouvailles banales, évidemment, mais pierres d'achoppement considérables pour des possibilités philosophiques nouvelles. L'hédonisme se trouve à la base d'une vision du monde et fournit l'architectonique d'une raison impure.

Helvétius veut une morale construite comme une science, irréfutable, fondée sur de l'indiscutable. Qu'y a-t-il de commun à tous les hommes, sous tous les cieux, en tous les temps ? A l'homo sapiens des origines et à la créature des salons philosophiques du siècle des Lumières ? Aux femmes, aux enfants, aux Noirs, aux riches et aux pauvres, aux gens bien portants et aux malades ? Ce tropisme naturel : chacun veut jouir. Première vérité expérimentale de cette science nouvelle, l'éthique.

Ce « désir de plaisir » (*De l'esprit*, 1.4) agit en moteur du monde. Tous les mouvements physiques, psychiques, psychologiques, moraux, politiques, historiques, obéissent à cette loi simple et première. Connaître cette vérité fondatrice permet ensuite de saisir, comme dans le cas d'une réaction en chaîne, de quelle manière s'articulent les divers agencements du réel.

Orgueil, ambition, gloire, honneurs, couardise, courage, volonté, etc...

Helvétius récuse toute nature humaine : l'homme est une cire vierge en attente d'un sceau pour se charger de contenu. Dès lors, on ne peut parler de nature humaine hédoniste, mais il ne s'agit, comme le dirait notre philosophe, que d'une pure et simple question de mots. Car ce qui se trouve en chaque homme depuis l'origine des temps, et ce jusqu'à la fin du monde, n'est-ce pas l'invariant que définit la notion de nature humaine ?

14

Une psychologie cynique. On a reproché à Helvétius d'emprunter les idées d'autrui et de n'avoir eu aucune pensée propre. Notamment sur la question de sa psychologie cynique. D'abord, il rend hommage à La Rochefoucauld, ensuite, il connaît bien la cour, il observe les hommes ; comment dès lors ne pas parvenir à des connaissances sûres, vérifiables et vérifiées sur l'âme des hommes ? Les mêmes que celles du moraliste du Grand Siècle, certes, mais aussi de tous les observateurs du genre humain depuis Esope ou Théophraste.

L'œuvre complète d'Helvétius regorge d'aphorismes, de citations qui, sorties du contexte, fournissent un superbe recueil de pensées cyniques – au sens ancien et philosophique du terme. Sur les motivations du genre humain, les petites vilenies, les bassesses, les manigances, les intrigues, les arrangements avec le diable, sur les vilaines passions, la méchanceté, le rôle majeur de l'envie, sur le vice et la vertu, et tant d'autres sujets, Helvétius taille des diamants et les enchâsse dans le corps de papier de ses ouvrages, au risque parfois qu'on ne les y trouve point.

Jugeons-en : « Tout grand talent est en général un objet de haine » ; ou bien : « Qui peut composer de bons ouvrages ne s'amuse point à critiquer ceux des autres » ; ou encore : « L'impuissance de bien faire produit le critique » ; sinon : « Pour n'offenser personne, il ne faut avoir que les idées de tout le monde » ; voire, ultime sagesse, sinon sagesse ultime : « Pour aimer les hommes, il faut en attendre peu ». Voilà un art de la pointe qui installe Helvétius aux côtés de Chamfort, Vauvenargues, Rivarol ou Joubert, ces grands cyniques explorateurs du cœur humain – dont Pascal disait fort justement qu'il est « creux et plein d'ordures ». Etonnons-nous ensuite que cet Helvétius ravisse un certain Friedrich Nietzsche !

Là où le christianisme joue le jeu de la belle âme, enveloppe les petits motifs dans de grandes logiques, célèbre les fictions de l'amour du prochain, de la générosité, du don, du partage, de la charité et autres nobles et beaux sentiments, Helvétius calme le jeu : regardons la réalité en face, cessons d'extrapoler, de nous voiler la face et surtout de nous mentir. L'homme excelle dans la mauvaise foi, dans le désir de ne pas voir ce qui ne lui convient pas, dans l'art pervers de récrire l'histoire à son seul avantage.

15

Fatalité du tropisme égoïste. Après la première leçon – le tropisme naturellement hédoniste –, la deuxième : le tropisme naturellement égoïste. On a reproché à Helvétius la cruauté de ses analyses au scalpel : mais la personne qui met des mots sur la négativité ne la crée pas, nommer la bêtise ne la fait pas naître. Dire l'homme obsessionnellement tourné vers son nombril n'augmente pas le nombre d'égotistes. On fait payer au messager la mauvaise nouvelle qu'il se contente d'apporter.

Regarder autour de soi suffit pour cette évidence : chacun se met au centre du monde et rapporte tout à lui. Le philosophe décrit un fait, montre une fatalité, il ne s'en réjouit point, ne blâme pas, ne sermonne ni ne bénit. Il regarde, voit et dit. Voilà toute sa faute. Quand il traque l'amour-propre, l'amour de soi, il agit en philosophe cynique – comme Diogène qui dénude les chimères.

Chacun se préfère aux autres, c'est un fait. Connaître cela conduit vers plus de lucidité. Savoir qui l'on est, comment ça marche, la nature des mécanismes, permet d'envisager le réel en tragique qui ne le voit ni en noir, ni en rose, mais tel qu'il est. Les hommes ne sont pas des anges. Ni des bêtes. Mais des machines égotiques. La psychologie cynique, l'anthropologie cynique, fournissent des matériaux pour une construction éthique puis politique.

Troisième loi cardinale : au cœur de ce mécanisme égoïste se trouve un principe simple : l'intérêt nous motive, en tout et pour tout, en permanence, dans le détail et le général, pour un fait divers du quotidien ou une grande épopée existentielle. Chacun veut d'abord son intérêt ; et son intérêt – voir la première loi – se réduit à une chose simple : jouir et/ou ne pas souffrir. Toutes les actions dites bonnes ou mauvaises se trouvent par-delà bien et mal dans un registre dynamique de forces : un mouvement vers le jouir, un autre pour s'éloigner du souffrir.

Helvétius agit en moraliste, pas en moralisateur. Puisque tout un chacun obéit à cette loi simple et tragique qui lui fait vouloir le plaisir et l'évitement du déplaisir, cessons de nous lamenter et faisons de ces découvertes majeures des leviers pour agir. L'anatomie du psychologue cynique, la découpe de l'âme au rasoir philosophique sert à cela : sachant ce qu'est l'homme, que faire et comment agir pour construire la jubilation ? Réponse : en intéressant les hommes à être vertueux.

16

Exercices de décomposition. Avant d'aller plus loin, examinons quelques cas concrets de « décompositions » effectuées dans *De l'esprit* ou *De l'homme*. Choisissons les plus sanglantes, qui lui valent le plus de reproches et de malentendus parce qu'elles n'épargnent pas la mythologie de sucre glace de la morale chrétienne : l'amour, l'amitié, l'amour de ses enfants, la charité. En portant le fer sur ces terrains habituellement parfumés à l'eau de rose, le philosophe effectue un réel travail cynique. Pas étonnant qu'il ait dû le payer.

Premier cas : l'amour. Pureté ? Beauté des sentiments ? Gratuité ? Générosité ? Arrachons ces masques :

derrière un homme qui prétend aimer d'amour on trouve l'égoïste intéressé à ce que cette histoire ait lieu selon son seul désir. Coup de foudre ? Passion ? Rencontre de l'homme ou de la femme de sa vie ? Helvétius répond : motifs intéressés, promesses de jouissance, amour-propre flatté, espoirs de bénéfices symboliques ou trivialement concrets...

Deuxième cas : l'amitié. Quid ? Aucunement la version des romans qui fictionnent ce sentiment en le drapant dans des postures romaines, mais l'agencement d'intérêts mutuels et partagés. L'ami nous sert comme nous servons à notre ami. On lui parle de soi, on se confesse, on se décharge de ses craintes, de ses angoisses, de ses peurs, on se met en scène, on pose en héros ou en modeste, en triomphateur ou en victime, mais toujours dans le dessein d'être plaint, aimé, écouté, soutenu. Le commerce de l'amitié suppose l'espoir d'un bénéfice. Le besoin, voilà le motif – surtout pas la grandeur et la noblesse d'un sentiment pur.

Dès lors, pourquoi critiquer la personne qui va vers une autre intéressée par son argent et parle tout de même d'amitié ? La fortune fait partie des qualités d'un être, au même titre que ses autres mérites : beauté, jeunesse, réputation, vertu, etc. La force de l'amitié se mesure toujours à la force de l'intérêt unissant les deux amis. Plus le besoin qui l'explique est vil, plus elle promet d'être forte.

Si l'ami est « un parent de notre choix » (*De l'esprit*, 3.14), sachons ce qu'est l'amitié : ni un cas d'école romain et viril, une odyssée à la Montaigne et La Boétie, ni une impossibilité radicale, mais ce qu'elle définit par-delà bien et mal, dans une pure logique de satisfaction escomptée, un commerce intéressé de part et d'autre. Helvétius conclut, sage : « se dire beaucoup d'amis et s'en croire peu »...

Troisième cas : l'amour des enfants. Helvétius parle d'expérience. Rappelons qu'il a eu quatre enfants dont deux survécurent. Que dit-il ? Aux antipodes du discours lénifiant, le philosophe déconstruit ce sentiment. Qu'aime-t-on en eux ? Son propre nom, la possibilité de transmettre un héritage patronymique et patrimonial – qu'il nomme la « postéromanie » ; la possibilité de commander sans risque, d'être obéi et de jouir du spectacle de sa propre puissance ; la possibilité de se divertir au sens pascalien, d'échapper à l'ennui ; le « joujou » à disposition en permanence...

Lui réplique-t-on qu'on pleure la mort de ses enfants ? Résultat d'une auto-observation (?) ou proposition conceptuelle résultant des conséquences casuistiques de sa théorie, Helvétius, placide, lucide et cruel, poursuit son démontage : on s'apitoie sur son sort. Les larmes expriment moins le regret du petit disparu qu'elles ne révèlent la tristesse de la perspective de désœuvrement et d'ennui dans laquelle se trouvent désormais les géniteurs.

Quatrième et dernier cas : la charité. L'amour du prochain des chrétiens est d'abord amour de soi et intérêt à construire son propre salut. Autrui fonctionne en prétexte, en cause occasionnelle, en moyen – et non en fin. Soulager la peine d'un malheureux n'obéit pas à des raisons de pureté morale, mais à des intérêts, là comme ailleurs. Lesquels ? Cesser de souffrir à le voir dans la peine ; jouir de mériter et de recevoir sa reconnaissance ; jubiler de pouvoir exercer sa puissance ; s'aimer dans le rôle de l'individu qui fait le bien dont on nous dit depuis notre plus tendre enfance qu'il est la vertu ; apaiser sa culpabilité, évincer cette douleur d'âme, en conjurant le remords ; prendre un plaisir narcissique à sa propre mise en scène dans un rôle vertueux, héroïque ; se réjouir de paraître, à ses yeux ou à ceux du voisin, un homme de bien ; autant de raisons impures que refusent de voir les bigots charitables, convaincus de la noblesse de leurs motivations et de leur grandeur d'âme.

La morale expérimentale suppose donc une psychologie cynique et une lecture radicalement immanente du monde. Pas d'idées, d'arrière-monde, de fumées platoniciennes, de justifications métaphysiques ou de casuistique théologique. Helvétius philosophe radicalement, en partant du réel pour y rester, et non en effectuant le détour par les machineries ontologiques de l'idéalisme platonicien et chrétien.

Notre philosophe veut une langue simple et claire, des démonstrations vérifiables, des confirmations par des faits. Pas d'extrapolations intellectuelles, mais une patiente observation du monde, puis des conclusions définitives. Sensualiste, empiriste, hédoniste, utilitariste, Helvétius agit en pragmatique. Sa proposition philosophique donne naissance à un moment essentiel de la pensée occidentale : il fournit une alternative anti-idéaliste au modèle dominant. Contre l'idéalisme de Platon et des chrétiens, il prend date et deviendra la tête de Turc de l'idéalisme allemand avec, en figure de proue, une attaque en règle de la part d'Emmanuel Kant.

17

Königsberg contre Paris. Kant a lu *De l'esprit* en traduction allemande. De cet ouvrage présent dans sa bibliothèque il ne retient que les anecdotes, les traits d'esprit, les petites histoires croustillantes. Pas la philosophie, qu'il ne prend guère au sérieux. La préface à la *Critique de la raison pratique* passe très rapidement sur l'empirisme, pensée fausse, mais qui ne mérite pas même que le « Chinois de Königsberg » (dixit Nietzsche...) prenne le temps d'en démontrer la fausseté !

De sorte que c'est l'œuvre complète de Kant, donc le criticisme tout entier, qui tâche de montrer la supériorité de la raison pure sur toute approche sensualiste, donc corporelle, de la réalité. La pensée d'Helvétius est réfutée point par point, même si le nom du philosophe français n'apparaît pas dans les œuvres majeures, les trois critiques par exemple, mais seulement en marginalia d'ouvrages de moindre importance – *Anthropologie d'un point de vue pragmatique* par exemple, trois fois, dont deux pour recycler des anecdotes illustrant la misogynie de Kant...

Tout oppose les deux hommes sur le plan théorique : Helvétius propose une psychologie cynique, une anthropologie tragique, il voit l'homme tel qu'il est, attiré par le plaisir, motivé par le seul intérêt, conduit par le tropisme des bénéfices escomptés ; Kant s'inscrit dans la logique chrétienne d'un homme marqué par le péché originel – le « mal radical » de *La Religion dans les limites de la simple raison* – et tient pour une philosophie qui propose un salut via les vertus judéo-chrétiennes laïcisées, sécularisées et formulées dans le patois philosophique de l'idéalisme allemand.

Helvétius considère l'homme dans son immanence radicale, sans le doter d'une immatérialité utile pour asseoir les dominations religieuses, métaphysiques et ontologiques ; Helvétius laïque, Kant chrétien ; *De l'esprit* enseigne l'inexistence d'actions moralement désintéressées, la *Métaphysique des mœurs* définit la moralité comme l'action produite sans qu'un gramme d'intérêt s'y mêle.

Déiste, Helvétius nomme Dieu ce qui résiste encore à la raison déconstructrice, position qui, à longue échéance, rend possible un jour une réelle option athée. L'Etre suprême existe faute de mieux philosophique. Kant active son criticisme, se trouve au bord d'un précipice métaphysique, pourrait faire exploser la métaphysique occidentale, car il a tout fait pour, mais renonce et se contente de postuler l'existence de Dieu – avec l'immortalité de l'âme et l'existence de la liberté. De son côté, *De l'homme* affirme le règne de la nécessité et de la matérialité de l'âme.

L'utilité gouverne le monde, le bien et le mal n'existent pas en soi, il n'existe que « bon » et « mauvais » selon la décision arbitraire de l'autorité temporelle d'un temps et d'une époque, en relation avec les bénéfices socialement obtenus ; en platonicien du siècle des Lumières, l'Allemand tient, lui, pour un Bien absolu, idéal, éternel, intemporel, anhistorique, valable universellement et pour toujours. L'un intègre l'histoire dans sa pensée, l'autre médite assis sur les nuages du ciel intelligible.

De l'esprit veut penser la morale comme une physique expérimentale, le livre rend caduque toute possibilité de métaphysique – étymologiquement : de pensée après la physique ; Kant écrit des *Prolégomènes à toute métaphysique future qui pourra se présenter comme science* afin de sauver la métaphysique attaquée par les ultras des Lumières. Claude Adrien rend possible le positivisme du siècle suivant ; Emmanuel rattrape par le fondement la métaphysique idéaliste de Platon et sauve ainsi les racines magiques du christianisme.

L'ancien – Kant est son cadet de neuf ans... – célèbre les sens et, pire pour la coterie philosophante, les passions. Il intitule fort audacieusement l'un des chapitres de *De l'esprit* (3.8) : « On devient stupide dès qu'on cesse d'être passionné »... Partout dans l'œuvre du jeune les passions sont, comme chez Platon, des entraves à la raison, un empêchement de penser, un trouble du jugement, une trace du péché dans la chair. Dans l'*Anthropologie*, Kant écrit : « les passions sont une gangrène pour la raison pure pratique »...

Helvétius défend le corps sous toutes ses formes : les sensations donc, vecteur incontournable de la connaissance empirique, les sentiments, l'enthousiasme ; il fustige la prudence, montre que l'absence de passions produit en nous le parfait abrutissement, invite à user librement de son corps – agencements sensuels et hédonistes à discrétion... –, il raille le mariage – « le tableau de deux infortunés unis ensemble pour faire réciproquement leur malheur » –, invite aux contrats hédonistes basés sur l'intérêt mutuel, et passim...

Pendant ce temps, Kant porte au pinacle l'« apathie morale », état exalté dans la *Doctrine de la vertu*, car il suppose l'indépendance absolue de la raison raisonnable et raisonnante de tout parasitage, de toute pollution passionnelle, donc corporelle ; il prie pour l'avènement du transcendantal pur – on ne sait rien de la chose en soi sinon qu'elle « unifie le divers de l'intuition sensible » ! ; et fait dans la *Doctrine du droit* une singulière défense du mariage – « la liaison de deux personnes de sexe différent, qui veulent, pour toute leur vie, la possession réciproque de leurs facultés sexuelles », exaltant ! Et, idem, passim...

En familier du vieux Fontenelle (le libertin normand a fréquenté le salon de Ninon de Lenclos, côtoyé Saint-Evremond, il parade encore au siècle de Louis XVI et, à quatre-vingt-dix-sept ans, il ouvre encore le bal du carnaval chez les Helvétius avec Geneviève Adélaïde, sa fille âgée de quatre ans...), Helvétius lui emprunte sa théorie du mensonge : on ne ment pas en cachant la vérité, mais en la dissimulant à qui on la doit. Benjamin Constant n'aura pas de ces délicatesses, Alain non plus, en reprenant cette thèse à son compte sans citer leur source.

On connaît le texte célèbre de Kant *Sur un prétendu droit de mentir par humanité*, qui réfute la thèse de Fontenelle, via Benjamin Constant qui s'en est emparé dans *Des réactions politiques*. Kant refuse toute justification du mensonge, pour quelque raison que ce soit : on doit toujours dire la vérité, peu importe l'interlocuteur, car il faut faire le bien pour le bien, dire le vrai parce qu'il faut dans l'absolu dire le vrai. Peu importent les conséquences (même si elles sont dramatiques : dire qu'un juif se cache dans une cave au nazi qui nous le demande...) : car « le mensonge disqualifie la source du droit ». Autrement dit, quand on a menti une fois, on ne peut plus être cru...

18

Généalogie du conséquentialisme. On le voit, Helvétius et Kant sont l'eau et le feu. Au-delà des problèmes de personnes, deux conceptions du monde, donc de la vie, de l'avenir, de la philosophie, s'opposent : l'une, idéaliste, spiritualiste, intellectualiste, reste docilement soumise à la métaphysique, à la théologie, finalement à l'esprit de la religion chrétienne ; l'autre, pragmatique, utilitariste, concrète, se soucie de casuistique : il s'agit de penser pour vivre, mieux vivre, vivre différemment, et non pas penser pour l'exercice de style, en dévot de l'art pour l'art. Helvétius ne pratique pas la philosophie pour la beauté du geste, mais dans le dessein de produire des effets dans la réalité.

Sa pensée fonde ce qu'en moderne nous nommons le *conséquentialisme*. A savoir ? La théorie conséquentialiste – Helvétius et les utilitaristes – s'interroge sur ce qui advient si l'on choisit ceci plutôt que cela. Le bien existe relativement aux conséquences d'un choix et d'une action. Exemple : le mensonge n'est ni bien ni mal en soi, mais en fonction de ce qui en découle : si je mens pour éviter la mort d'un homme, alors le mensonge est bien et bon ; si je dis la vérité et qu'ainsi j'occasionne la mort d'un homme, alors cette vérité est mauvaise, la dire est un mal. La théorie déontologique – Kant et les idéalistes – pose que la vérité est toujours bonne, le mensonge toujours mauvais, indépendamment des conséquences.

L'impératif kantien, catégorique, ne souffre aucune exemption ; l'impératif utilitariste, hypothétique, suppose d'envisager d'abord l'hypothèse. Toute morale s'inscrit non pas dans un processus intelligible et conceptuel, mais dans une logique nominaliste, concrète, immanente et pragmatique. Dans *De l'homme*, Helvétius formule l'impératif utilitariste. Quel est-il ? Que doit-on viser ? « Le plus grand avantage public, c'est-à-dire le plus grand plaisir et le plus grand bonheur du plus grand nombre de citoyens ». La vérité ? L'utilité publique à laquelle on doit tout sacrifier, y compris, détail d'importance, « le sentiment d'humanité » si nécessaire... Où l'on découvre qu'éthique et politique ne se séparent pas, mais constituent deux modalités d'une même façon d'être et de faire.

19

La religion d'un mécréant. Résumons-nous : le Dieu d'Helvétius s'apparente à l'Etre suprême en vogue au XVIIIe siècle ; cette force inconnaissable à laquelle on doit l'agencement du monde – le « législateur céleste » – ne revêt évidemment aucune forme ou n'accuse aucun sentiment humain ; la religion catholique et ses serviteurs – pape, prêtres, moines, théologiens, scolastiques, jésuites, jansénistes, etc. – concentrent l'essentiel des critiques du philosophe ; la douceur de la morale évangélique lui va tout de même ; le protestantisme lui paraît plus défendable que le catholicisme, moins dispendieux pour la nation, moins pourvoyeur de bobards philosophiques, moins producteur de politiques déplorables ; l'histoire du christianisme regorge de superstitions, de fanatisme – des croisades aux ethnocides amérindiens en passant par la Saint-Barthélemy ou l'Inquisition ; la bigoterie produit du despotisme, notamment dans cette seconde moitié du XVIIIe siècle.

Helvétius ramasse tout cela sous la rubrique « fausse religion ». A l'évidence, il existe donc une vraie religion. Quelle est-elle ? Dans un premier temps, voyons du côté du protestantisme. La religion réformée présente un réel avantage sur la religion catholique. Dans tous les pays qui vivent sous le principe de Luther et Calvin, l'industrie prospère, l'abondance de richesses et de biens témoigne, les mœurs semblent plus vertueuses, les libertés existent, la pauvreté du peuple semble moindre. Pour quelles raisons ?

D'abord parce que cette religion, dégraissée, purifiée, comporte moins de dogmes – les mystères qui échappent à la raison – et de sacrements. Or le corps sacerdotal vit de ces plaies, la superstition s'en nourrit – voir le baptême, la confirmation, l'eucharistie, le mariage, l'extrême-onction, la pénitence, et autres pratiques coûteuses en tout. Ensuite, parce qu'elle table moins sur la haine du corps, des désirs, des passions et des plaisirs. Elle ne célèbre pas complètement l'idéal ascétique catholique. Enfin, parce que l'usage de l'enfer comme moyen de terroriser les croyants est moins récurrent chez les réformés.

La seule religion intolérable, c'est la religion intolérante. Le problème relève moins de la religion, à laquelle Helvétius ne s'oppose pas absolument, que de l'intolérance à laquelle il réserve ses analyses les plus véhémentes et les plus fréquentes. Dans la religion intolérante, ce qui gêne le philosophe, c'est l'intolérance, pas la religion. Dès qu'elle interdit, prescrit et proscrit, empêche, censure, rien ne justifie sa défense. Une religion qui enseignerait le bien public, la tolérance, l'amour de la paix, le goût du savoir et de l'instruction, la passion pour les lumières, sa haine pour les obscurantismes, son engagement contre le despotisme et le fanatisme, qui n'exploiterait pas les gens, qui ne contribuerait pas à la paupérisation, cette religion-là obtiendrait l'aval du penseur.

De la même manière que Jean Meslier ne voue pas le prêtre aux gémonies dans l'absolu mais juge selon les effets produits dans la société par son enseignement – position conséquentialiste –, Helvétius pense que le clergé pourrait contribuer à l'intérêt général en diffusant le contenu d'une religion civique. Que diront d'autre les déchristianisateurs qui, pendant la Révolution française, invitent le clergé à professer un serment civique en 1791 ?

20

Le culte de l'intérêt public. Partout dans son œuvre Helvétius revient sur cette idée : le despotisme existe quand triomphe l'intérêt personnel du gouvernant. Même si ses analyses concernent les vizirs et les sultans, ou s'il consacre finement ses analyses au Divan – le système administratif et fiscal musulman –, le lecteur comprend que les démonstrations concernent tout aussi bien la monarchie du siècle de Louis XVI.

Ainsi trouve-t-on en permanence sous sa plume des considérations sur : le « bonheur public », le « bien public », le « bonheur général », le « salut public », le « bonheur de l'humanité », l'« utilité publique », l'« intérêt public », le « bonheur de la société », l'« intérêt général », le « bonheur national », l'« utilité nationale », la « félicité publique », l'« intérêt national ». Son programme politique ne se cache pas, il est utilitariste et fonde une politique hédoniste dont la formule est : « la félicité du plus grand nombre ».

L'Eglise catholique n'a pas le souci du bien public, elle prétend ne se préoccuper que des intérêts spirituels mais elle montre depuis le début de son histoire combien le temporel prime chez elle. Cette confusion du spirituel et du temporel est dommageable. Le spirituel doit obéir au temporel qui, lui, doit se soumettre à la loi. La loi étant faite au regard du bien public et du bonheur du plus grand nombre.

Le pape et le prince divergent sur ce qu'ils attendent des hommes. De fait, l'Eglise souhaite des individus abrutis, imbéciles, incultes, plus faciles à endoctriner, à soumettre et à subjuguer avec la mythologie chrétienne. La crédulité s'obtient plus facilement avec des ouailles maintenues dans la sujétion mentale qu'avec des sujets éduqués à juger correctement à l'aide d'une saine et libre raison. Le prêtre sabote l'ici-bas au nom d'un au-delà, il détruit la vie, les passions, l'énergie des hommes, alors que ces forces fournissent le carburant d'une nation. Or, le prince gouvernerait mieux s'il disposait de sujets éclairés, instruits, lucides, raisonnables et vertueux. Comment dès lors concilier ces deux tropismes contradictoires ?

En commençant par couper les crédits à la religion catholique. L'ancien fermier général établit, dans une note extrêmement importante, le coût de la religion catholique en termes de taxes, impôts, prélèvements obligatoires, fiscalité ecclésiastique – la dîme : étymologiquement le dixième de la récolte... –, tributs religieux divers. Tout cela pour payer les prêtres, entretenir leurs bâtiments et les églises, nourrir les moines et moniales oisifs, maintenir la hiérarchie dans le luxe, permettre les pompes et les fastes des cérémonies !

Ensuite, en redistribuant l'argent volé par les curés aux paysans spoliés, pour en finir avec la charité afin qu'advienne le règne de la justice. Une fois récupéré par l'administration publique, cet argent détourné par le clergé s'ajoute à la confiscation des biens et des terres du clergé. Cette manne servira aux travailleurs des champs pour acquérir un lopin de terre afin qu'ils puissent subvenir à leurs besoins – car pendant que les prêtres mangent à satiété, leurs paroissiens meurent *réellement* de faim.

Dès lors, une religion calmée dans sa superbe, renonçant aux menaces de damnation sur ses fidèles, cessant de jouir des biens de ce monde après en avoir interdit la jouissance aux autres, pauvre mais honnête, tolérante et bienveillante, vertueuse et morale, cette religion-là aurait droit de cité. Un culte de l'Etre suprême – ces pages sont écrites une quinzaine d'années avant la Révolution française... –, avec ses prêtres, ses temples, pourvu qu'il obéisse au principe de base, « diviniser le bien public », peut légitimement exister dans la nation...

21

Le « cri de la misère ». Avec l'affaire *De l'esprit*, Helvétius a subi la violence d'un régime politique qui ne tolère pas la pensée libre ; percepteur du roi dans sa jeunesse, il a connu dans les campagnes la misère noire de la province ; Maître d'hôtel ordinaire de la reine, il a constaté les fastes de la cour à Versailles ; sur ses terres normandes, il a vu les gens travailler, peiner, souffrir et mourir au labeur et à cause de la famine. Quand, désabusé, il rédige les pages d'ouverture de son livre posthume, il pose son diagnostic : « Ma patrie a reçu enfin le joug du despotisme ».

Qu'est-ce que le despotisme ? Tout pouvoir personnel insoucieux du bien public et de l'intérêt général, dans le Divan oriental ou sous le grand dais de Versailles ; toute pratique politique ayant aboli la distinction entre juste et injuste, caprice personnel et loi générale ; tout régime interdisant la liberté de parole, d'expression, de publication ; tout gouvernement contrôlant l'émission, la diffusion et la circulation des idées ; toute administration concentrant les richesses dans les mains d'une poignée : le roi, sa cour, ses courtisans, ses favoris, ses maîtresses, ses soutiens politiques. Ces définitions valent aujourd'hui encore...

En termes marxistes, Helvétius constate la paupérisation et la lutte des classes : les pauvres, la majorité du pays (les deux tiers, écrit-il), travaillent d'arrache-pied et ne disposent pas des moyens de vivre. Pendant ce temps, les riches oisifs taxent ces miséreux et vivent des profits de leurs rentes. Sans faire de morale moralisatrice, mais en penseur soucieux d'économie, Helvétius affirme que la concentration des richesses, la diminution du nombre de riches, et, simultanément, l'augmentation de leurs fortunes, la privation du plus grand nombre, voilà qui est contraire à l'intérêt général et au bien de la nation. Helvétius parle du « cri de la misère », il l'entend et l'amplifie.

22

Un radicalisme réformiste. Que faire ? La révolution ? Personne n'y songe vraiment... La communauté des biens ? Le collectivisme ? Le communautarisme ? L'abolition de la propriété ? Quelques-uns y croient, Jean Meslier, on le sait, mais aussi Morelly et son *Code de la nature*, ou l'abbé Mably, mais pas Helvétius. L'idée lui paraît irréalisable. Non pas saugrenue, mais impossible à mettre en pratique. A quoi bon militer pour l'impraticable ?

Supprimer l'argent ? Non, dit le philosophe, et il argumente en proposant une utopie réflexive : que se passerait-il dans ce cas ? Pauvreté, misère, ruine et famine. Les riches, les habitués au luxe, les propriétaires, les financiers, les entrepreneurs s'exileraient massivement avec leurs fortunes. Avec cette hémorragie des talents commerciaux et industriels, banquiers et financiers, il ne resterait plus sur le territoire national que des affamés incapables de subvenir à leurs besoins les plus élémentaires. La nation, affaiblie, diminuée, serait à la merci du premier voisin qui s'approprierait le territoire national, puisque aucune résistance ne s'offrirait – car l'armée suppose l'argent pour l'entretenir et la tenir prête à l'emploi.

Alors ? Alors, non pas la révolution, mais le réformisme – mais sous une forme radicale. Insensiblement mais sûrement il faut changer les choses, les améliorer, réduire les injustices. Helvétius plaide pour des changements réguliers, continus, progressifs. Récusant l'idéologie, il refuse une loi générale agissant en recette miracle. Pas d'économie planifiée, statique, ou de décisions étatiques nationales et impérieuses.

En revanche, pragmatique, il envisage des modifications ponctuelles sur des points précis dans des cas de figure concrets. Nominaliste, et non idéaliste comme tout idéologue, il faut, selon lui, penser à une nation particulière, à son état d'avancement, à sa régression, à ses caractéristiques propres, à ses données statistiques : l'état de son industrie, les chiffres de son commerce, les résultats de ses opérations financières, etc. Chaque législation doit découler du cas pratique envisagé. Ensuite, la loi permet de changer les choses.

23

« Egaux en bonheur ». Son projet politique paraît simple : rendre les hommes « égaux en bonheur ». (L'« égalité des jouissances » demandée par les sans-culottes en 1793 !) Si le communisme et l'abolition de l'argent paraissent des impasses, envisageons bien plutôt la répartition des richesses en un plus grand nombre de mains. Rien ne sert de vouloir la fin de la richesse nationale quand le problème suppose de nouvelles répartitions équitables et plus justes. Pour aller dans cette direction, le souverain doit d'abord alléger les impôts et taxer les citoyens dans l'unique perspective des dépenses publiques nécessaires à la réalisation de la félicité nationale. Toute levée de taxes injustifiée par une ligne budgétaire indexée sur le bien public s'apparente au vol.

Avant cela, et pour desserrer la pression fiscale sur les contribuables, donnons-leur les moyens d'accumuler un minimum de richesses à taxer ! En fils de son temps, et en connaisseur de la théorie des physiocrates,

Helvétius croit aux vertus du travail, de l'industrie, de l'initiative, de la propriété privée, du commerce, du luxe et des échanges. Comment vouloir une égalité des bonheurs si l'on ne crée pas d'abord les occasions du bonheur ?

Dès lors, Helvétius défend l'accès à la propriété terrienne pour tous. Une journée de travail n'excédant pas sept à huit heures – nous sommes en plein XVIIIe siècle... –, la production de richesses dans la seule perspective que chacun puisse pourvoir aux nécessités de la vie quotidienne et s'acquitter des taxes utiles à l'Etat pour assurer la sûreté et la protection du territoire national, la défense de la justice – les soldats, les magistrats, les policiers.

L'organisation de la nation passe par la promotion d'une idée nouvelle : le fédéralisme. Son œuvre complète ne contient pas d'amples démonstrations, l'idée n'apparaît qu'à deux reprises et en quelques mots seulement – une « ligue fédérative » et des « républiques fédératives » –, mais elle s'y trouve : contre la grosse machine étatique, nationale, centralisée, celle qui emballera les Jacobins centralisateurs, le philosophe qui connaît les régions, la province et leur diversité, défend le principe fédéral cher au cœur des Girondins... De fait, en passant, Helvétius sape le pouvoir monolithique de l'Etat monarchique et défend le principe de petites républiques plus à même de réaliser le bien public de ses citoyens.

24

La philosophie des Neuf Sœurs. Helvétius était franc-maçon, adhérent à la loge des Neuf Sœurs. A l'heure de prendre congé du personnage et du philosophe, rien n'interdit d'avancer l'hypothèse que la totalité des idées et des vues du philosophe, ses projets, sa lecture du monde, se réduisent à cette proposition : dans sa vie et son œuvre, ses théories et ses actions, sa pensée et son comportement, Helvétius formule l'idéal maçonnique.

A savoir ? La construction de soi, l'édification existentielle, la mise au service de ce projet d'une batterie d'efforts et d'énergie concentrés pour produire un homme nouveau. Mais aussi : la pratique du bien, le souci de l'intérêt général, le désir de réforme sociale et intellectuelle, la fraternité érigée en règle d'or. Son déisme ne l'interdit pas, sa célébration d'une religion civique et citoyenne non plus, au contraire. Enfin, le rôle qu'il donne à l'éducation, à l'instruction, à la construction du jugement autorise cette hypothèse.

Car Helvétius propose une « science de l'éducation » à quoi se réduit *in fine* son radicalisme réformiste. S'il sacrifie à une révolution, c'est à la révolution existentielle de l'individu, certes, mais aussi à celle de la nation. Face à tant de chantiers politiques, devant l'immensité de la tâche, l'éducation présente l'avantage de réunir tous les chantiers. En effet, agir sur les choses paraît bien plus efficace quand on agit à la racine. Et la racine, c'est le premier âge – premier âge d'un homme, premier âge d'une nation.

25

La construction d'un être. « On ne naît point (...) mais on devient ce qu'on est », affirme *De l'homme*. L'anthropologie d'Helvétius est totalement expérimentale. A la naissance, l'individu n'est rien, l'éducation peut tout, elle fait d'ailleurs tout. Contre Rousseau, avec lequel il ne cesse de ferrailler sur cette question, il tient pour une neutralité existentielle de naissance : l'homme ne naît pas bon ; il ne naît pas mauvais non plus ; il naît neutre...

La méchanceté des hommes ? Une affaire de forme de gouvernement, de mauvaise éducation, d'instruction fautive, de formatage raté des enfants, un effet pervers du dressage des premières années confiées aux prêtres et à leur clique. Leur bonté ? Même chose : une conséquence d'une saine éducation, de bons exemples dès le plus jeune âge, le bénéfice d'« instituteurs » laïques formés à être philosophes plutôt que l'obscurité des théologiens, métaphysiciens ou scolastiques.

La science de l'éducation – il écrit aussi « l'art de l'éducation » – suppose la construction d'individus heureux dont le bonheur privé contribuera au bonheur public de la nation. Les monades éclairées constituent un pays lumineux, les personnes douées de raison construisent une nation saine, vigoureuse et prospère. La tâche infinie de la félicité nationale suppose des micro-chantiers perpétuels pendant lesquels les personnes, en travaillant à leur liberté, concourent à celle de la communauté. L'intérêt particulier et l'intérêt général ne doivent jamais se considérer séparément, mais conjointement.

L'éducation doit prendre en compte les données de base de cette science expérimentale qu'est la morale utilitariste : chacun cherche à jouir ? Tous récusent la souffrance ? Tout particulier travaille d'abord à son intérêt ? Qu'à cela ne tienne. Un pédagogue prend en compte ces vérités et excite d'abord l'émulation de ses élèves, il leur fait aimer le savoir, désirer la culture en les intéressant à préférer certains mouvements à d'autres. Les choses désirables sont gratifiées par des récompenses, les indésirables sanctionnées par des punitions – logique portée à son paroxysme plus tard par les utilitaristes anglais, Bentham en tête.

26

Petits accidents et causes imperceptibles. Si l'éducation peut tout, elle ne sait pourtant pas produire des génies – remarque acerbe de Rousseau. La fabrication de ce genre d'individus obéit à des lois qui, pour l'instant, restent mystérieuses. L'éducation peut former des individus éclairés, raisonnables, pensant correctement, réfléchissant justement, analysant avec pertinence, inaccessibles aux billevesées religieuses ou incapables d'approximations idéologiques. Ce qui, dit-il, est déjà beaucoup...

Pourquoi ne sait-on pas construire des génies sur demande ? Parce que l'éducation, si elle est une science en même temps qu'un art, ne peut pas plus que ce qu'elle peut. C'est-à-dire ? Elle ne détermine pas cent pour cent d'un être, mais sa grande part. Ce qui reste inexplicable produit la différence : ici le génie, là l'homme du commun. Car il y a dans toute éducation des « causes imperceptibles », des « petits accidents », des « petits hasards » producteurs d'effets considérables sur l'inflexion du destin d'un individu : un mot, une lecture, une conversation, une rencontre, un accident auquel Helvétius donne le nom de « hasard ».

L'usage de ce terme est fâcheux et dangereux à cause de la confusion possible entre son sens trivial, habituel, et celui que lui donne Helvétius. Certes, le philosophe l'a régulièrement et précisément défini comme « l'enchaînement des effets dont nous ignorons les causes », ou : « l'enchaînement inconnu des causes propres à produire tel ou tel effet », et encore : « un enchaînement de circonstances » ; voire : « l'enchaînement différent des événements, des circonstances et des positions où se trouvent les divers hommes ». Mais ça n'est pas assez, semble-t-il, pour qu'on comprenne, l'auteur de l'*Emile* le premier, que l'éducation ne peut fabriquer à la demande des individus formatés pour le bien public.

L'éducation se maîtrise, pas le hasard. Cessons donc de crier au danger d'une éducation nationale autoritaire susceptible de produire des individus décérébrés. La proposition utilitariste du philosophe suppose moins une usine à génies qu'une nation pleine de citoyens heureux d'être là où ils sont, capables de construire leur bonheur personnel et d'apporter ainsi leur pierre à l'édifice du bonheur de la collectivité.

27

Robespierre, Napoléon et Cie... Helvétius aurait pu connaître les premières heures de la Révolution française car, en 1789, il aurait eu un peu plus de soixante-treize ans... Mais sa mort dans un âge relativement jeune – cinquante-sept ans – ne lui permet pas d'assister aux prémices de l'événement. Condorcet, un ancien du salon de Mme Helvétius, défendit ses thèses sur la révolution par l'instruction dans de superbes textes – *Cinq Mémoires sur l'instruction publique* – et sa confiance dans le progrès de l'humanité – lire ou relire *Esquisse d'un tableau historique des progrès de l'esprit humain*.

Aux premières heures de la Révolution, pendant que la veuve enfouit de l'argent dans le jardin – elle ne le retrouvera pas... –, les filles du philosophe sont déclarées « filles de la nation ». Condorcet, opposé à la peine de mort pour Louis Capet, en opposition sur ce sujet avec le Comité de salut public, se cache. On le retrouve suicidé dans sa cache de Bourg-Egalité (jadis Bourg-la-Reine !). Triomphe de la brutalité politique contre l'idéal philosophique.

A la séance du mercredi 5 décembre 1793, Robespierre fait briser le buste d'Helvétius avec celui de Mirabeau, coupables d'avoir été, post mortem, complices des propriétaires, contre-révolutionnaires, ennemis de classe et opportunistes... Lui qui écrivait dans les dernières pages de *De l'homme* que « le bonheur de la génération future n'est jamais attaché au malheur de la génération présente », aurait évidemment eu du mal à collaborer avec le prétendu Incorruptible. Dans cette figure maléfique, il aurait immédiatement reconnu le despote si bien portraituré sous l'habit oriental...

Puisque nous en sommes au despote, parlons de Bonaparte qui, plus tard, rendra visite à Mme Helvétius dans sa retraite d'Auteuil. S'étonnant de l'exiguïté du parc, le Corse s'entendra répondre : « Vous ne savez pas, général, tout le bonheur qu'on peut trouver dans trois arpents de terre ». Leçon de sagesse pour ce militaire jamais rassasié...

Dans les salons de la veuve se retrouvaient des philosophes qui souhaitaient réformer les mœurs et les idées à l'aide d'une nouvelle législation et d'une éducation appropriée. Tous se proposaient le bonheur de tous et l'utilité commune. Destutt de Tracy, Cabanis, Volney, Naigeon, Saint-Lambert, Garat, Daunou, furent un temps compagnons de Bonaparte avant de refuser de suivre Napoléon qui leur rendit dès lors la vie impossible. L'historiographie les néglige généralement. On les nomme les Idéologues.

Quand Barbier présente à l'Empereur une liste d'ouvrages types utiles à la bibliothèque d'un particulier, Napoléon, irrité, biffe le nom d'Helvétius. Un homme qui met en rage le pourvoyeur de la guillotine et le boucher des champs de bataille de l'Empire ne peut pas être entièrement mauvais ! Quand on ajoute que les jésuites, les curés, les idéalistes, les chrétiens, les kantiens, les hégéliens, les universitaires, les théologiens, les historiographes de la philosophie communient dans un même mépris du personnage, on peut conclure à son excellence...

III

D'Holbach
et « l'art de jouir »

1

Un baron atrabilaire. D'Holbach voit le jour le 8 décembre 1723 à Edesheim, dans le Palatinat allemand, l'année où le Hollandais Mandeville fait scandale avec *La Fable des abeilles*, un livre célèbre pour son apologie des vices privés qui génèrent les vertus publiques ! C'est également l'année de naissance d'Adam Smith – plus connu pour *La Richesse des nations* que pour sa *Théorie des sentiments moraux* ou ses textes esthétiques –, que le baron invitera à son célèbre salon philosophique avec d'autres gloires européennes du siècle.

Invisibilité du père. Son oncle s'occupe de son éducation. A douze ans, il lui fait découvrir Paris où il apprend le français. Plus tard, en 1744, il effectue de solides études à l'Université de Leyde. L'oncle dispose d'une noblesse récente acquise sous la Régence, en 1722, grâce à sa fortune commerciale parisienne. A sa mort en 1753, il lègue ses biens et sa particule au philosophe âgé de trente ans.

Le 3 février 1750, il a vingt-six ans, le baron épouse Basile Geneviève Suzanne d'Aine, sa parente aux deuxième et troisième degrés. Pour ce mariage officiel et dans les règles chrétiennes, il obtient la dérogation du pape. Le 26 juin 1753, le voilà père de famille. Puis veuf l'année suivante, le 27 août 1754. Sa femme meurt à l'âge de vingt-cinq ans, le laissant dans une détresse qu'il tente de conjurer par un long voyage. De fait il part, mais pas bien loin, ni très longtemps, puis revient chez lui.

Deux ans plus tard, il épouse la sœur de sa première femme. Elle lui donnera deux filles, un fils. Elle survivra trente et un ans à la mort de son mari. Quelque cinq mois après sa mort en 1789, elle vend les peintures, la bibliothèque, le cabinet d'histoire naturelle et s'enferme dans une retraite que rien ne troublera. En 1820, quand elle meurt à son tour, le fidèle ami Naigeon porte à la connaissance du public la liste des écrits du baron publiés sous pseudonyme de son vivant. Sa vie philosophique commence à l'air libre.

Pour ce qu'on en sait, car la biographie de D'Holbach ne regorge pas de détails, sa vie amoureuse et sentimentale est classique. Dans toute son œuvre, il célèbre le mariage, le contrat affectif et amoureux entre les époux, il écrit des lignes sévères contre l'adultère – « l'invasion des droits d'un autre qui détruit l'union des époux » –, vante les mérites de la famille. L'*Ethocratie* précise sa position : il souhaite que les lois interdisent les mariages précoces, pratiques pour unir des fortunes, mais dommageables au bonheur des individus ; il aspire à une législation prohibant les disparités sociales trop grandes entre les familles des mariés ; il souhaite une raréfaction du célibat, propice au libertinage, au vice, aux mœurs dépravées, mais aussi socialement improductif ; en même temps, il plaide pour une simplification du divorce, utile pour défaire les mauvaises unions et en constituer de nouvelles plus propices à l'épanouissement. Ailleurs, dans un développement consacré aux prêtres, il milite pour leur mariage et la possibilité pour eux de fonder une famille. La Révolution française s'en souviendra...

Rien donc, chez ce parangon d'athée radical, ne trahit le libertin, le débauché comme il en existe tant dans la noblesse française d'alors. Quand dans le *Système de la nature* il théorise après Pierre Bayle l'athée vertueux, il brosse un genre d'autoportrait. Seuls les adversaires de l'athéisme et du matérialisme croient que la négation de Dieu rend la morale impossible : la vie et l'œuvre du baron montrent l'inverse.

On lui prête un mauvais caractère – signe, la plupart du temps, d'un réel caractère aux yeux de qui souffre de n'en pas avoir ; on le dit parfois chagrin ; on souligne ses emportements ; on s'attarde sur ses foucades et ses brusqueries ; on dit ses sautes d'humeur ; on insiste sur son impatience au jeu ; on remarque qu'il ne change pas facilement d'opinion – un vice au regard des girouettes.

Caractériel ou homme de caractère ? Dépressif ou sensible ? Emporté ou campant sur ses positions ? Mauvais joueur ou tout à ce qu'il fait ? Psychorigide ou fidèle à lui-même ? Cet esprit fort, comme on parle d'un alcool fort, ne tergiverse pas, défend ses idées et n'a jamais varié sur ses options essentielles : il est athée, matérialiste, sensualiste, empiriste, utilitariste, il ne louvoie pas et ne compose pas avec ses adversaires.

Le genre d'ennemi idéal pour les fanatiques et les superstitieux de toutes les Eglises.

2

Synagogue et boulangerie. D'Holbach travaille comme un forcené. C'est un ogre philosophique. Des milliers de pages lues, des milliers écrites, des milliers traduites, des milliers éditées. Jamais de demi-mesure : s'il écrit pour l'*Encyclopédie*, ça n'est pas comme le cachexique abbé Yvon, massacreur des athées dans trois articles, mais pendant huit années, pour presque quatre cents notices sur des sujets exclusivement scientifiques, géologiques, minéralogiques, métallurgiques – fossiles, glaciers, mer, montagne, tremblements de terre, mines, etc.

S'il traduit, édite et publie des textes déistes, panthéistes, athées ou scientifiques, c'est également en grand : treize volumes de mémoires et ouvrages scientifiques allemands. Parmi ces livres austères, un *Art de la verrerie*, un *Traité du soufre*, une *Introduction à la minéralogie*, une *Pyritologie*... Ami très intime de Diderot – les universitaires s'étripent encore pour isoler ce qui, dans la prose du baron, relève du fils de coutelier... –, ils travaillent de conserve pendant quinze années à ce projet emblématique du siècle des Lumières.

Le salon du baron agit en personnage conceptuel : lieu philosophique et concept à soi seul. La fortune de l'hôte permet un lieu de haute volée culturelle, de repas plantureux, de vins fins, de café de qualité et de conversations parmi les plus intelligentes d'Europe. Qu'on s'imagine en effet dans un même espace, l'hôtel particulier de la rue Royale-Saint-Roch, Voltaire et Rousseau, Diderot et d'Alembert, Condorcet, Helvétius et Beccaria, Hume et Buffon, Adam Smith et Morellet, Grimm et Galiani, et tant d'autres rédacteurs de l'*Encyclopédie*. A la campagne, à Grandval, le philosophe reçoit également.

Même si, selon le bon mot de Galiani, d'Holbach souhaite dans ce salon n'être que le « premier maître d'hôtel de la philosophie », il fut bien plus qu'un hôte magnifique en cristallisant ce que l'Europe porte alors de potentialités les plus magnifiques et radicales. Chacun sait que le baron écrit des livres sous pseudonyme, or, ces après-midi, on débat sur leurs sujets – athéisme, matérialisme, déisme, sensualisme, empirisme, etc. –, mais tous feignent d'ignorer ce qu'ils savent de lui. On le protège, la prudence s'impose, on joue sa vie si l'on pense en dehors des sentiers balisés par le pouvoir et l'Eglise catholique.

D'Holbach reçoit entre dix et quinze personnes, deux jours par semaine, rue Royale-Saint-Roch, le jeudi et le dimanche, de quatorze à dix-neuf ou vingt heures. Le reste de la semaine, le baron invite également, mais en comité plus restreint. Le matin il travaille, les après-midi il marche dans la campagne avec tel ou tel, le soir, on le voit aux spectacles – dont il condamne l'immoralité dans l'*Ethocratie* ! – ou dans des dîners d'obligations mondaines.

Grimm – d'autres disent Diderot – nomme ce salon la « Synagogue ». Parfois l'un propose un exposé que tous écoutent, puis commentent, d'autres fois, un numéro de haute volée oppose deux protagonistes, mais toujours dans l'élégance, le respect des convenances et des règles de bienséance. Diderot parle d'art, de philosophie, de littérature ; Raynal de commerce dans les colonies ; Darcet de géologie ; Rousseau de musique ; Beccaria, droit, peines et punition ; Smith, économie, morale et esthétique.

Faut-il voir dans la joute oratoire argumentée, les brillantes habiletés intellectuelles, la qualité philosophique haut de gamme, l'argumentation d'un genre talmudique, la pratique d'un genre de picpoul parisien, le rassemblement discret de ce qui fut appelé la « coterie holbachique », quelques-unes des raisons de cet étrange surnom : la « Synagogue » ? On ne sait...

En revanche, on sait pourquoi cette « Synagogue » se nomme également « Boulangerie »... Le baron publie en effet en 1761 *Le Christianisme dévoilé, Examen des principes et des effets de la religion chrétienne*, sous le pseudonyme de... Boulanger. Boulanger sert également de prête-nom d'éditeur. Ce même patronyme nomme également un écrivain réel, ingénieur des Ponts et Chaussées et encyclopédiste dont le baron publia les manuscrits. Autant de raisons de noyer le poisson dans la « Boulangerie »...

Synagogue ou boulangerie, coterie holbachique ou salon de l'Europe, la rue Royale-Saint-Roch magnétise l'intelligence des Lumières et rayonne au-delà de la seule époque prérévolutionnaire. Car dans ces endroits – salon d'Holbach, salon Helvétius – se croisent des figures originales qui irrigueront bientôt le courant des Idéologues. Une constellation de noms – Cabanis, Destutt de Tracy, Volney, Pinel, Garat-Say... –, une implication dans l'époque de Bonaparte, puis de Napoléon – qui finit par leur mener la vie dure –, une pratique de l'éducation nationale et publique, un travail sur le langage, une réflexion sur la naissance des idées, un sensualisme matérialiste actif, voilà quelques pistes tracées par cette sensibilité philosophique à la charnière du XVIIIe et du XIXe siècle.

En compagnie du marquis auteur des *Mémoires sur l'instruction publique*, on trouve également Cabanis chez le baron d'Holbach, Cabanis qui publie en 1802 un *Rapport du physique et du moral de l'homme*, Volney signant un mémoire *Sur la faculté de penser*, deux textes qui montrent comment on peut être un excellent disciple en intégrant puis en dépassant ses maîtres, en inscrivant comme une dette l'œuvre à laquelle on doit la sienne dans l'histoire générale des idées.

D'Holbach meurt le 21 janvier 1789, quatre ans jour pour jour avant la décapitation de Louis XVI, la veille des Etats généraux, à l'âge de soixante-dix ans – on l'enterre à l'église Saint-Roch où Diderot, son ami si cher, l'a précédé de cinq ans. D'Holbach survit intellectuellement et en partie chez Condorcet et la première génération des Idéologues. Lui qui ne respectait que ce genre d'immortalité et se riait de celle, fictive, des déicoles et christicoles, aurait aimé durer encore et servir toujours le bien public et la vitalité de la philosophie française.

3

L'œuvre de l'ogre. Parmi la masse de travail développée par d'Holbach, laissons l'œuvre scientifique aux épistémologues pour nous arrêter aux textes philosophiques. Dans la quantité de livres imprimés, on peut sans grand dommage isoler trois temps théoriques avec leur propre thématique : la déconstruction du christianisme, l'élaboration d'un matérialisme sensualiste et athée, la proposition d'une politique eudémoniste et utilitariste. L'ensemble constitue le programme le plus vaste d'une philosophie des Lumières digne de ce nom – autrement dit de combat contre les superstitions religieuses, philosophiques, idéalistes, spiritualistes et métaphysiques.

Premier temps : la *déconstruction de la religion* en général et du christianisme en particulier. Les hostilités commencent avec *Le Christianisme dévoilé* en 1761 (antidaté 4 mai 1758). Suit en 1767, avec la collaboration de l'ami Naigeon, une *Théologie portative, ou Dictionnaire abrégé de la religion chrétienne*, un genre de catéchisme présenté sous forme abécédaire avec force ironie. Par exemple, à l'entrée « Perroquets » : « Animaux forts utiles à l'Eglise et qui, sans y entendre finesse, répètent assez fidèlement tout ce qu'on veut bien leur apprendre. *Voyez Catéchisme, Chrétien et Education* ». La charge continue, sabre au clair, avec *La Contagion sacrée, ou Histoire naturelle de la superstition* en 1768, des textes sur le judaïsme, les préjugés, la vie et les écrits de saint Paul, une *Histoire critique de Jésus-Christ, ou Analyse raisonnée des Evangiles* en 1770, la même année un *Tableau des saints*. Autant dire une série de salves tirées sans discontinuer en moins de dix ans...

Deuxième temps : l'élaboration du *matérialisme athée*. Le maître ouvrage de ce cycle ? Le *Système de la nature, ou Des lois du monde physique et du monde moral* (1770), en deux volumes de 366 et 408 pages. Sous le nom de Mirabaud. Ce pavé est très bien écrit, sans vocabulaire de la corporation, avec des définitions claires, des démonstrations limpides, mais avec une construction déplorable, d'innombrables répétitions, un propos tenu au fil de la plume ou de la conversation comme avec Helvétius. On dirait le journal de bord des débats du salon de la rue Royale-Saint-Roch ou des échanges avec Diderot lors de balades dans la campagne près de Paris.

Un texte bref, direct, sans digressions, bien construit – deux cent-six paragraphes brefs et numérotés –, donc probablement pas de la main de D'Holbach, propose, en 1772, la synthèse de ce monstre philosophique qu'est le *Système* sous le titre *Le Bon Sens, ou Idées naturelles opposées aux idées surnaturelles*. Longtemps connu sous le titre *Le Bon Sens du curé Meslier*, bien qu'il ne soit aucunement question du curé rouge, ce livre passe un temps pour avoir été de Diderot, mais plus personne ne défend cette idée. De Naigeon ? Possiblement.

Enfin, troisième temps : la *politique eudémoniste et utilitariste*. L'ouvrage central ? Le *Système social, ou Principes naturels de la morale et de la politique, avec un examen de l'influence du gouvernement sur les mœurs* (1773), trois volumes pour un total de presque six cents pages... A quoi on peut ajouter la *Politique naturelle, ou Discours sur les vrais principes du gouvernement*, deux volumes, plus de cinq cents pages... Trois années plus tard, d'Holbach publie *La Morale universelle, ou Les devoirs de l'homme fondés sur sa nature* (1776), trois volumes, presque mille deux cents pages... Pour aller plus vite, nous disposons d'une synthèse intitulée L'*Ethocratie, ou Le gouvernement fondé sur la morale* (1776), un texte bref car inférieur à trois cents pages...

Ogre disais-je ? Il me semble, car sur cette période qui va de 1761 à 1776 – quinze années seulement... –, d'Holbach publie près de 6 500 pages... Ce qui ne l'empêche pas, en même temps, de traduire le *De natura rerum* de Lucrèce (1768), d'en faire un tirage de luxe sur beau papier avec grandes marges et une édition populaire, puis de donner également une version française à *De la nature humaine* de Hobbes en 1772. Sans parler de la traduction d'autres ouvrages philosophiques déistes, théistes, panthéistes anglais pour au moins une trentaine d'opus...

4

L'opus magnum. Dans ce torrent d'écrits, un livre surnage et les concentre presque tous : le *Système de la nature*. Succès considérable et immédiat. Pour preuve, la prolifération des libelles et pamphlets d'auteurs de seconde zone désireux de se faire un petit nom avec leur gros ressentiment. L'abbé Bergier, dont le patronyme subsiste uniquement à cause de son parasitisme, un plumitif qui accouche de plus de cinq cents pages, un autre dépassant les mille, s'évertuent à contrer le succès du livre. Malgré son prix élevé, l'opus magnum connaît dix rééditions successives. Bien sûr, l'Assemblée du clergé de France saisit le pouvoir politique qui, de conserve, et obéissant, défère au Parlement qui condamne l'ouvrage au bûcher, ainsi que *La Contagion sacrée*, *Le Christianisme dévoilé* et un livre de Woolston édité par le baron, *Discours sur les miracles*.

Voltaire (ce cher Voltaire qui avoue, dans une lettre à Saurin datée du 10 novembre 1770, adhérer pleinement à ce vers : « Si Dieu n'existait pas il faudrait l'inventer ») rédige vingt-six pages intitulées *Dieu, réponse au Système de la nature* pour faire valoir son habituelle quincaillerie déiste. Précisons en passant que les déistes en prennent aussi pour leur grade dans le livre de D'Holbach, car il fait de cette position sur Dieu un genre de « fausse couche » philosophique, les déistes ayant fait presque tout le travail sans parvenir à se débarrasser d'un Dieu devenu franchement inutile...

Le vieillard de Ferney a beau jeu de moquer d'Holbach, pris en flagrant délit de professer la génération spontanée au début du *Système* quand il affirme que la fermentation de la farine génère la naissance des vers, et donc, grâce à un processus chimique, que de la matière inanimée on passe à de la matière vivante. Certes, voilà une erreur scientifique, mais Dieu comme cause du vivant ne semble guère plus malin ! Une erreur scientifique (de D'Holbach) paraît de toute façon préférable à une sottise théologique (fût-elle de Voltaire).

5

Le héraut de l'athéologie. Examinons donc successivement les trois temps qui constituent les lignes de force de cette œuvre. Et d'abord, la déconstruction du christianisme. Si Meslier pose les jalons de l'exégèse athée, d'Holbach la développe de manière systématique en consacrant des ouvrages spécifiques à des questions précises : Jésus, saint Paul, la religion, le christianisme.

A plusieurs reprises il décoche des flèches contre les « déicoles », ce mot si cher au curé d'Etrépigny.

En ogre qu'il est là aussi, là encore, d'Holbach mobilise un travail de lecture considérable des textes bibliques, qu'il connaît mieux que la plupart des gens d'Eglise. En passant, il précise que les chrétiens ignorent bien souvent les récits fondateurs de leur mythologie et croient moins par déduction intellectuelle ou conviction conceptuelle que par pure et simple habitude, tradition familiale et nationale.

La méthode de cette exégèse est simple : lire l'Ancien et le Nouveau *Testament* comme les *Annales* de Tacite ou la *Guerre des Gaules* de César... Ni plus, ni moins. Dès lors, plume à la main, raison activée, tournant le dos à la logique du psittacisme d'Eglise, on peut comparer, mettre en perspective, lire un verset à la lumière d'un autre, soumettre au feu critique les propositions des ouvrages destinés à un peuple simple, sinon demeuré, qu'il s'agit de convaincre et convertir à l'aide d'un merveilleux auquel ce genre de public est sensible.

Si, en lisant Tacite, on découvre que dans un chapitre il donne une version, plus loin une autre, ailleurs une troisième, et toutes contradictoires, on conclura à juste titre à l'absence de fiabilité de son propos. S'il rapporte un fait qui contrarie les lois les plus élémentaires du bon sens et lui donne crédit, on pensera avec raison qu'il cesse d'être sérieux. Dès lors, si la lecture des Evangiles permet de découvrir des versions multiples ou des narrations extravagantes, il faudra tirer les mêmes conclusions et affirmer que le Nouveau *Testament* vit d'approximations merveilleuses, qu'il contient des contradictions et des fables en quantité.

D'Holbach part d'un principe simple et prend les chrétiens au mot. Selon eux, la Bible est un livre sacré inspiré par l'Esprit saint. Dont acte. Dès lors, on imagine mal l'Esprit saint subir la loi de la pauvre raison humaine, trébucher sur des fautes factuelles, ou vaincu par de pitoyables arguments d'hommes. Pour un chrétien, l'Esprit saint entretient une relation directe avec la vérité, il ignore l'erreur, punition de l'intelligence terrestre !

Acceptons-en l'augure : inspiré par le Saint-Esprit, la Bible exprime la vérité. Corrélat obligé : si l'on trouve une erreur, une faute, une contradiction, pas deux, dix ou cent, mais *une*, alors le livre ne procède pas du miracle surnaturel, mais de la rédaction très triviale d'hommes en chair et en os. Or, d'Holbach pointe une quantité incroyable d'erreurs dans chaque récit... Donc, conclusion obligatoire, Dieu n'a rien à faire dans l'écriture de cette histoire. La Bible relève du récit d'individus du même calibre que Tacite, Tite-Live ou Suétone. Livre fait par les hommes, pour d'autres hommes.

Dans son *Histoire critique de Jésus-Christ, ou Analyse raisonnée des Evangiles* (1770), d'Holbach s'en donne à cœur joie et répertorie une quantité d'erreurs avalisées par tout lecteur de bonne foi. Certains versets en invalident d'autres ; des narrations contredisent d'autres récits d'une même histoire ; il relève « bévues », « fables », « contes indignes », « sophismes », « allégories », « lois ridicules », « contradictions », et conclut : les Evangiles ? Un « roman oriental » ou, plus loin, un « roman platonique »... *Ite, missa est.*

6

Les pièces à conviction. Dans une analyse serrée, d'Holbach règle leur compte à tous les piliers de l'édifice chrétien. A tout seigneur tout honneur : Dieu. Toutes les qualités qu'on lui prête l'anéantissent. Le baron rédige de longues pages pour les prendre les unes après les autres : magnanime et vengeur, grand et coléreux, bon et courroucé, juste et sans pitié, doux et guerrier, pardonnant et rancuneux, etc., et prouve qu'on ne peut sans un flagrant illogisme être en même temps une chose et son contraire. Dieu ? Une incroyable collection de qualités contradictoires, donc une impossibilité logique.

Jésus ? Un « charlatan de Judée », menteur et fourbe, trompant son monde, se faisant passer pour un magicien, créant la fiction d'un Prophète, calquant son action sur ce qu'annonce l'Ancien *Testament* pour laisser croire au petit peuple, son public, qu'il incarne bien le Messie attendu. Affabulateur, il annonce des prophéties dont aucune ne s'est réalisée. La plus célèbre ? Une mort sur la croix destinée à sauver l'humanité, à racheter les péchés du monde, à effacer le péché originel. Or la crucifixion a bien eu lieu, mais le mal court toujours sur la planète...

La révélation ? Toutes les religions se disent révélées, toutes prétendent directement descendre de Dieu et de sa parole autorisée. Aucune n'échappe à la règle. Les miracles ? Les récits de l'Antiquité en regorgent. Mais comment croire que quelque chose dans la nature puisse échapper aux lois de la nature ? Ce qui a lieu ne peut se réaliser que selon son ordre. Le surnaturel suppose une extrapolation intellectuelle dénuée de fondement. La transsubstantiation ? Une banale « idolâtrie du pain » – Meslier rôde... Les sacrements ? Des « cérémonies puériles et ridicules ».

Fidèle à sa lecture rationaliste, à la démarche annoncée dans le sous-titre d'une « analyse raisonnée », d'Holbach met en perspective les récits du fameux « roman oriental » avec les récits orientaux classés dans la littérature non sacrée. Autrement dit, il révèle les sources païennes de la religion chrétienne, les recyclages catholiques de pratiques issues des religions anciennes. La méthode comparatiste commet des ravages et ravale la religion chrétienne au rang de croyance parmi des centaines d'autres depuis que le monde est monde. Le christianisme ? Une religion parmi de multiples...

L'eau bénite ? Un changement de nom pour la vieille eau lustrale. Le baptême ? Une pratique empruntée au culte de Mithra tauroctone. La résurrection ? Une idée babylonienne. Le purgatoire ? Une rêverie de Platon, lire et relire le Phédon. L'eucharistie ? Une théurgie orientale. Les anges ? Le diable ? L'incarnation ? D'antiques mythologies venues d'Orient. Conclusion : le christianisme est une affaire humaine ; il obéit aux mêmes lois que *toutes* les religions ; il procède de l'histoire des hommes et non du vouloir de Dieu.

7

Généalogie de Dieu. D'où vient Dieu ? Et les religions ? D'Holbach propose une généalogie claire et nette. Les hommes les inventent parce qu'ils ne veulent pas mourir : l'idée ne leur convient pas de devoir disparaître complètement de la planète, recyclés en un autre agencement de matière dans le grand tout de la nature. Par déni de cette évidence existentielle, les humains s'inventent une partie immortelle, l'âme, douée des mêmes qualités que ce fameux Dieu : immortelle, éternelle, incorruptible, immatérielle, elle effectue la liaison avec le monde surnaturel et assure une survie possible pour l'éternité. La religion se saisit des conditions de possibilité de cette éternité en fournissant le mode d'emploi qui assure au clergé les pleins pouvoirs sur les hommes ainsi circonscrits.

D'Holbach avance une seconde généalogie de Dieu. Outre le *déni de la mort*, il pointe également le *déni d'inscience* : les hommes n'acceptent pas de ne pas savoir, ils ne supportent pas une question sans réponse et préfèrent une solution fausse à une question en suspens. L'orgueil du croyant se satisfait d'une fable religieuse : à toute question philosophique posée (D'où vient le monde ? Où va-t-il ? Qui sommes-nous ? Quel est notre destin ? Quelles sont les logiques du réel ? D'où vient la matière ? Le monde a-t-il été créé ou existe-t-il depuis toujours ? Que faire de son existence ? Etc.), le déicole répond toujours la même chose : désir de Dieu, pouvoir de Dieu, volonté de Dieu, projet de Dieu, voie de Dieu, mystère de Dieu, puissance de Dieu. L'ignorance de la nature et de ses lois produit Dieu.

Le baron montre bien que la religion voit le jour quand, au nom de Dieu, on invente des lois susceptibles de conduire chacun à son salut, autrement dit à la vie éternelle. L'enfer, le purgatoire, le paradis agissent en menaces ou en récompenses infligées ou distribuées par les gens d'Eglise en regard de l'obéissance, non pas à

Dieu, mais au clergé qui s'en réclame en affirmant être le dépositaire de la parole, du dessein et de la loi divine.

Voilà comment on passe des dénis de la mort et de l'inscience à Dieu, comment de Dieu on arrive à la religion, puis de quelle manière on effectue le glissement de la religion à la politique, à la monarchie et, bien souvent, au despotisme, à la tyrannie. La théologie, pure science de mots, fonctionne en auxiliaire du pouvoir temporel. On comprend que, pour asseoir son pouvoir, elle lutte bec et ongles contre la raison des philosophes qui, eux, visent non pas à l'asservissement du peuple mais à son bonheur.

8

Une machine de guerre antichrétienne. D'Holbach fourbit sa machine de guerre antichrétienne en s'occupant également de l'histoire des premiers temps de l'Eglise. Comment cette petite secte comme il en existe tant à cette époque devient-elle une religion universelle ? De quelle manière ce « charlatan de Judée » parvient-il à faire la loi sur un immense empire ? Et pendant si longtemps ?

L'Eglise donne sa version officielle, elle sert encore aujourd'hui ! Les temps étaient prêts pour l'avènement du Messie ; il arrive, s'installe, et la transition avec le paganisme s'effectue avec douceur, naturellement. D'Holbach montre l'inverse : la violence, la brutalité, les persécutions chrétiennes ont été nécessaires, mais avant cela, il fallut la conversion cynique et opportuniste de Constantin, puis, en amont encore, la folie furieuse du premier chrétien brutal : Paul de Tarse.

Le philosophe saisit bien la nature de Paul – un « forcené » – et lui consacre un ouvrage en 1770 *Examen critique de la vie et des écrits de saint Paul*. Il enfonce le clou avec une *Dissertation sur saint Pierre*, toujours sous le pseudonyme de Boulanger. La passion du treizième apôtre pour diffuser la parole du Christ, ajoutée à la conversion de l'empereur Constantin aux principes de cette petite religion sectaire, le travail des différents conciles, notamment celui de Nicée, pour arrêter un corpus idéologique et fixer politiquement le christianisme, le tout complété par sa mise au service du temporel et de la totalité des pouvoirs d'Etat, voilà l'explication du devenir planétaire de cette secte. Une religion, c'est une secte qui a réussi.

Contre l'hypothèse d'un Esprit saint qui tient la plume des différents auteurs des textes dits sacrés, d'Holbach émet une hypothèse riche en potentialités pour toute recherche historique future sur ce sujet : il affirme l'existence d'une « pieuse fraude » organisée par le pouvoir pour prélever dans le corpus des dizaines d'évangiles les quatre qui constituent une image définitive de l'Eglise catholique, apostolique et romaine. Un Esprit saint ? Non, des hommes, humains, très humains, trop humains.

9

Le commerce de la culpabilité. Le fonctionnement du christianisme suppose l'obéissance, la soumission, la docilité : il ne tolère pas ses antipodes, à savoir la philosophie, la réflexion et l'analyse. Or, si nous faisons fonctionner les armes traditionnelles de la pensée, nous découvrons que cette religion propose des objectifs inatteignables, réellement inhumains, franchement asociaux. De fait : comment pardonner à ceux qui nous offensent ? Qui peut aimer ses ennemis ? Doit-on à ce point détester la chair, haïr les désirs ?

Fort étrangement, cette religion condamne le suicide, interdit qu'on dispose de sa vie sous prétexte qu'elle appartient à Dieu qui seul peut en disposer, mais en même temps, elle invite à « un suicide lent », dans le détail de la vie quotidienne, par le renoncement aux petits bonheurs de l'existence, ceux que chacun peut prendre sans nuire ni à soi ni aux autres. Si Dieu existait, comment pourrait-il prendre plaisir à cette automutilation radicale et permanente ? Que serait une divinité qui doterait les hommes du pouvoir de jouir mais le leur interdirait formellement ?

D'Holbach attaque également la religion chrétienne en démontrant qu'un certain nombre de ses pratiques ont pour seule fonction d'assurer la domination de la conscience des hommes, donc sur leur corps et leur vie. Ainsi la confession auriculaire qui, sous prétexte d'entendre les fautes, les péchés et les vilenies de chacun afin de les absoudre par un mécanisme simple de contrition mécanique – deux ou trois prières suffisent et un éventuel regret sincère... –, permet au prêtre de disposer d'informations utiles sur le pécheur ainsi dénudé.

De même avec l'extrême-onction, ce sacrement qui permet au bord de la mort de se mettre en règle avec soi pour mériter le ciel. On peut également, en faisant miroiter les peines éternelles de l'enfer, extorquer un peu de monnaie sonnante et trébuchante en échange d'indulgences qui représentent autant d'assurances-vie sur l'éternité. Même remarque avec le purgatoire, lieu d'hésitation entre le paradis et l'enfer, hésitation susceptible de conjuration ou de disparition avec des prières et des messes d'action de grâce. Payantes.

La religion s'appuie donc sur la peur de la mort, elle exploite la terreur, la crainte de l'au-delà, elle génère de la culpabilité en créant à coup sûr une angoisse devant le perpétuel écart entre ce qu'on fait et ce qu'on devrait faire, entre la loi chrétienne et la vie quotidienne. L'impossibilité de pratiquer en chrétien, tant cette éthique se situe au-dessus des moyens humains, génère un état d'esprit coupable utile au clergé pour gouverner les hommes, de conserve avec les rois et les princes.

10

Marie-couche-toi-là. L'Eglise enseigne une Marie vierge qui enfante grâce au Saint-Esprit, sans l'aide d'un géniteur malgré son époux Joseph. Le philosophe effectue pour sa part une lecture très immanente de cette fiction et affirme qu'en l'absence de son mari, la visite non pas d'un ange, mais d'un probable jeune homme, un soldat de passage peut-être, est la cause de sa maternité. Quel besoin en effet, pour une naissance exceptionnelle, que la grossesse dure neuf mois, autant dire le temps normal pour le terme d'une fille circonvenue par un inconnu. Afin de sauver la face et de dissimuler un banal adultère, l'invention d'un ange et d'une conception aspermatique recourt à la fable et au merveilleux.

Cet enfant normal, de chair et d'os, se prend plus tard pour le Messie. Toute son histoire se trouve vécue pour donner l'impression qu'il est bien celui qu'on attendait. Dès lors, le futur de Jésus se trouve écrit dans le passé des textes vétérotestamentaires, car le présent du Christ doit révéler l'accomplissement de la prophétie. Malins, Jésus et les siens élaborent un plan en regard des Ecritures, puis s'évertuent à faire croire que l'existence du Christ, ses actes, ses faits et gestes, ses paroles réalisent la Loi.

Tous les épisodes biographiques de la vie de Jésus ne relèvent pas du principe messianique mais de la supercherie. Le faux messie transfigure des scènes triviales en moments de son projet prétendument divin. Ainsi, le fameux épisode d'un Jésus chassant les marchands du temple : afin de restaurer la pureté du lieu sali par le commerce, et de redonner sa dignité à l'enceinte sacrée souillée par le négoce, dit la version officielle de l'Eglise. Pas du tout, récrimine le baron : le but était de créer du désordre et de profiter du chahut pour empocher au passage quelques deniers utiles pour subventionner la communauté des apôtres – on ne peut multiplier les pains et les poissons tous les jours !

Le travail exégétique du philosophe se double donc d'une désacralisation du merveilleux. D'Holbach détruit les fables, abat les mythes, fait justice des histoires abracadabrantes et propose en retour sa lecture rationnelle. Il pratique ce fameux « bon sens » si souvent sollicité pour dissiper les fumées de l'allégorie. La vie de Jésus est un tissu d'inepties. L'usage correct de sa raison, dans un esprit hérité de Descartes, suffit à démonter les rouages de ce « roman » écrit pour ramener à soi les miséreux de l'époque, les exclus, les sans-grades, toujours plus sensibles que le philosophe aux discours féeriques et à la pensée magique.

11

Contre la pulsion de mort chrétienne. Pour finir la déconstruction de cette religion, d'Holbach en souligne le caractère asocial, sinon antisocial. Dans les premiers temps du christianisme, le discours sévère invite à renoncer à tous les biens de ce monde, à refuser son corps, à s'extraire du réel, à fuir l'ici-bas pour gagner son au-delà. Or, on ne peut construire une civilisation sur cet holocauste du monde. La tentation du désert, va pour les moines qui s'y destinent, mais quid des chrétiens constructeurs de l'Empire ? Les Pères de l'Eglise s'évertuent à rendre compatible cette ascèse radicale et la pratique du monde.

Mais il reste, à l'heure où d'Holbach publie son *Système de la nature*, de puissantes traces de ces éloges du renoncement au monde toujours dommageables à la santé d'une société, au dynamisme d'une démographie, à l'excellence d'une politique, à la prospérité économique et commerciale d'une nation – autrement dit : au bonheur d'un pays. Une religion qui vante les mérites de ce perpétuel « suicide lent » ne débouche pas sur grand-chose de bien pour l'Etat.

Naturellement, l'homme va vers son bonheur ; or, culturellement, la religion l'invite à l'inverse. Cette torsion existentielle produit un mécontentement profond. Nous voulons satisfaire nos désirs, et l'Eglise nous prêche les macérations, la douleur salvatrice, les souffrances qui rédiment. La prière agenouille, elle transforme l'homme en sujet soumis qui sollicite la bienveillance, elle le transfigure en pantin pitoyable.

Ainsi le *jeûne* : il affaiblit les forces vives d'un pays, il émascule et fatigue les travailleurs qui doivent pouvoir disposer de toutes leurs ressources et de toutes leurs forces pour activer la machine sociale, travailler aux champs ou dans les manufactures. Comment envisager la prospérité d'une nation si les forces vives qui la constituent ont faim ?

De même avec la *charité* : elle empêche la justice. Cette vertu chrétienne avalise l'ordre social : les pauvres d'un côté, les riches de l'autre. L'ordre social est voulu par Dieu, car tout provient de Lui, affirme saint Paul. De temps en temps, pour expier un peu ou gagner une part de paradis, le riche donne au pauvre, mais une fois dans les nuées et selon son bon vouloir. La justice, quant à elle, exige que revienne à chacun ce qu'on lui doit. Et la société doit beaucoup aux pauvres.

Idem pour l'*espérance* : en reportant à demain un ordre juste qui ne vient jamais, en remettant à un au-delà fictif l'hypothèse d'une existence heureuse et douce, on empêche le règne de la justice des hommes ici-bas. On interdit toute revendication sociale, on empêche tout progrès politique, on avalise l'état de fait. Les arrières-mondes souriants vendus par les prêtres tuent la possibilité d'un monde heureux ici et maintenant.

Un mot également sur la morale sexuelle, et plus particulièrement sur la *virginité*, la promotion de la *continence* ou du *célibat*, autant d'invites qui, en cas d'observance au pied de la lettre, réduiraient la présence humaine, puis effaceraient totalement les vivants de la surface de la planète. Or une démographie permettant le renouvellement des forces vives d'un pays est nécessaire pour qu'existe une prospérité économique, condition nécessaire pour réaliser le bonheur des peuples.

Puis, pour suivre, d'Holbach attaque cette morale chrétienne de la *non-violence* qui oblige à aimer ses ennemis, à pardonner à autrui, à tendre l'autre joue, qui interdit le métier des armes et rend par là même toute souveraineté nationale précaire. Sans soldats, sans police, sans armée, Helvétius le pensait aussi, on se met à la disposition du plus violent, du plus brutal. Rapidement, la loi de la jungle triomphe. La nation qui adopte ce principe se fait vite dévorer puis digérer...

Pour finir, la critique chrétienne de l'*argent*, l'éloge de la pauvreté et du dénuement, l'invitation à se défaire de tous ses biens, voilà bien une éthique praticable par les auditeurs de Jésus, démunis de tout et à qui on prêche l'excellence de leur état de misère ! Mais là encore, si l'on universalise la maxime et que chacun renonce à avoir, que se passe-t-il ? Retour à l'état de nature où chacun finit par vivre comme un animal...

Toutes ces propositions sont socialement contre-productives. Elles généralisent la paupérisation, pendant que les nobles, la cour, le roi et les siens, les gens d'Eglise également, les moines les premiers, se moquent de ces leçons chrétiennes données à autrui, et vivent dans le luxe, la débauche, la dépense somptuaire. Deux poids, deux mesures : une morale ascétique pour le grand nombre des sujets soumis et un immoralisme cynique pour les prêcheurs de vertus chrétiennes, voilà l'explication de l'état de misère de l'époque.

Pour résoudre ce problème, la solution paraît simple : l'*ignorance* des lois de la nature est cause de l'invention de Dieu, puis de la religion, notamment sous sa forme catholique ; dès lors, la *connaissance* des lois de la nature produira la destruction de Dieu, donc de la religion, y compris sa forme chrétienne. La déconstruction du christianisme, premier temps de l'édifice holbachique, se double donc d'un deuxième temps, à savoir l'élaboration du matérialisme athée.

12

Vérité du matérialisme. Le *Système de la nature* propose l'exposé le plus achevé de la théorie matérialiste au XVIIIe siècle. De la constitution de la matière au mouvement des planètes, de l'infiniment petit à l'infiniment grand, du « nisus » actif dans les cristaux au collapsus des tremblements de terre, en passant par la nécessité qui gouverne le monde, la négation du libre arbitre, et ses conséquences, tous les développements du « système fataliste » s'y trouvent. Y compris les éventuelles contradictions, voire les apories d'une pareille proposition.

Proposition de base : il n'y a que la nature, rien n'existe en dehors d'elle, et celle-ci est matérielle. Exit, dès lors, toute possibilité surnaturelle d'un au-delà de la nature. D'Holbach ne reprend pas l'atomisme mécaniste épicurien, nul clinamen chez lui, pas de théorie poétique des agencements de particules, mais une qualité énergétique : la matière tient son mouvement d'elle-même, son tropisme naturel consiste à persévérer dans son être. Pour signifier cette puissance d'être dans l'être, le philosophe recourt au concept de « nisus ».

Dans l'*Enquête sur l'entendement humain* de Hume, ce terme caractérise l'effort musculaire dont nous avons conscience. L'étymologie renvoie à l'« action de s'appuyer », au « mouvement fait avec effort ». Cette énergie, on ne peut la connaître ou la concevoir, mais seulement la constater. D'Holbach confère au concept son acception matérialiste. Dans le *Système de la nature* (I, ch. 2) le « nisus » se définit par « les efforts continuels que font les uns sur les autres des corps qui paraissent par ailleurs jouir du repos ». Un genre de mouvement brownien invisible, générateur de l'être de la matière.

Ce nisus permet donc l'être de la matière, son évolution, ses mouvements, ses formes, ses changements, ses agencements, ses combinaisons. L'être du minéral, celui du végétal, de l'animal ou de l'humain, se trouvent tous parcourus par cette force qui cause l'homéostasie de la nature : être et persévérer dans son être. La cause de ce qui est ne se trouve donc pas ailleurs, dehors, encore moins dans le surnaturel d'une cause incausée, Dieu, mais dedans, au cœur même de la matière. La métaphysique et la théologie laissent place à la physique et aux sciences expérimentales.

La matière existe depuis toujours, elle n'a jamais été créée, elle est éternelle, immortelle et en perpétuel mouvement. Dès lors, en tant que telle, elle se trouve dans le temps, mais son essence demeure inaccessible. En revanche, ses agencements, ses formes sont sujettes à modifications. La matière vit, ses agencements meurent. Cette loi vaut évidemment pour les hommes aussi, car ils ne sont pas le sommet ou le couronnement de la nature, mais des fragments de celle-ci. La lecture du monde effectuée par d'Holbach est radicalement immanente, elle conjure toute transcendance.

Le monisme matérialiste tient donc pour une seule matière diversement modifiée. L'âme existe, bien sûr, mais nullement comme les platoniciens et les chrétiens le croient, en substance immatérielle, immortelle, incorporelle, éternelle. Prenant le contre-pied des « romans métaphysiques de Leibniz, de Descartes, de Malebranche », l'auteur du *Système de la nature* nomme « âme » une partie du corps. La preuve, toute les affections de la chair affectent l'âme, ainsi l'ivresse, la fièvre, la maladie...

D'Holbach donne au cerveau un rôle capital : « ce viscère est le vrai siège du sentiment ». A partir des effets inexpliqués produits par l'encéphale (les idées, la pensée, le concept, la réflexion, etc.), certains déduisent une âme immatérielle, un esprit insaisissable. L'ignorance de la causalité neuronale explique la création d'une âme autonome d'antimatière. Dans l'ignorance où la science se trouve à l'époque des mécanismes de l'homme neuronal, d'Holbach ne peut guère plus et mieux s'exprimer.

Voici ce que dit le philosophe : le cerveau, viscère, est le lieu des sensations et des perceptions organisées, donc de la pensée ; le toucher, le goût, l'odorat, la vision, l'ouïe, la réflexion, la mémoire, l'imagination, le jugement, la volonté, voilà ses modifications ; il est exclusivement matière ; en lui la nature de l'agencement détermine l'humain ou l'animal, l'intelligence ou la sottise ; exercer plus ou moins sa réflexion détermine la grosseur de l'organe. Nulle idée innée évidemment, comment dans le cerveau pourrait-on trouver une chose préexistant à toute information venue de l'extérieur ?

13

Désir de jouir, besoin de se conserver. Purs fragments de la nature, les hommes obéissent aux lois régulatrices du grand tout. Première de celles-ci : tout homme veut le plaisir et cherche à fuir le déplaisir ; ce qui le mène ? La satisfaction de ses envies, l'intérêt. Deuxième loi : tout ce qui est, les hommes aussi donc, tend à persévérer dans son être ; l'unique mouvement consiste à proroger son être et à durer. Dès lors, chacun résiste à ce qui entame et met en péril son existence. Désir de jouir, besoin de se conserver, voilà les principes de la machine humaine.

Voici donc les lois de la nature, tels des matériaux utiles pour fonder une morale. Nul besoin de fondations théologiques et de murs religieux pour construire un édifice moral. Les fables chrétiennes supposent un corps séparé d'une âme, deux substances irréductibles, l'existence d'un monde surnaturel, des lois promulguées par Dieu ; la morale naturelle, pour sa part, compose avec un corps matériel, un monisme énergétique, un réel réductible au sensible, des lois immanentes issues de l'observation psychologique, sociologique et anthropologique.

Le nisus contraint à une logique : tout procède d'une cause, aucune manifestation, en tant qu'effet, n'arrive sans une raison que l'intelligence peut isoler, saisir et comprendre. La nécessité règne intégralement. Le libre arbitre est une illusion, une fiction. Le déterminisme triomphe. Un perpétuel changement, un nouvel agencement, et ce continûment, entraînent le mouvement du monde et des faits singuliers.

Ce que nous sommes dépend d'un *tempérament* expliqué par la génétique, les parents, la vie intra-utérine, une éducation, des apprentissages, la nourriture, l'air, le climat, des influences diverses, les éducateurs. Chacun procède de constructions affectives, sensibles, mentales, intellectuelles, conceptuelles, structurelles. Dans l'univers, tout est lié : un petit mouvement ici génère là-bas une immense catastrophe. Le monde existe en résultante permanente de causalités dont quelques-unes nous sont connues et la plupart ignorées.

Dans la nature, ni l'ordre ni le désordre n'existent. Tout doit avoir lieu. Ce qui advient ne peut pas ne pas advenir. L'homme se croit libre d'agir à sa guise, de penser ce qu'il veut, de faire ce que bon lui semble, or il n'en est rien : sa pensée et son action découlent de causes antérieures qui débouchent sur tel type d'idée ou telle action plutôt qu'une autre. « Nous agissons nécessairement ». L'enchaînement de toute chose dans la nature comprend l'homme, sa vie et son œuvre. D'Holbach nomme cette vision tragique du monde « le système fataliste ».

14

Une théorie des motifs. Si nous ne choisissons pas, comment se passent les choses ? En vertu d'une théorie dite des *motifs*. Dans le cerveau du sujet afflue un certain nombre d'entre eux sous forme de suggestions de pensées ou d'actions contradictoires : faire ceci, cela, ou autre chose, penser ceci, cela ou autre chose. A priori, toutes ces propositions semblent se valoir. En vertu des lois de la nature, le motif à même de produire la satisfaction la plus grande ou d'entraîner l'insatisfaction la moins importante, celui qui donne le plus de plaisir ou le moins de déplaisir, devient prépondérant et détermine la pensée ou l'action. Les autres motifs disparaissent... Quand deux motifs équivalents s'opposent en forces semblables et en impulsions équipotentes, nous nous trouvons dans la position de l'individu qui délibère avant décision. A l'issue de la joute, l'un des motifs l'emporte. Douter, c'est expérimenter en soi le travail des motifs.

Pour pouvoir être libre, on devrait pouvoir choisir sans motif. Chose inconcevable dans la configuration matérialiste du baron. Le désir est partout, il nous veut, on ne peut aller contre sa force, ni lutter contre sa puissance. On n'est pas maître de lui, car il est maître de nous. La nécessité, le déterminisme, le fatalisme, voilà trois façons de nommer la loi naturelle à laquelle personne n'échappe.

D'Holbach avoue ignorer les détails du mécanisme de la nécessité. Les causalités règnent, certes, mais lesquelles ? Quand ? Pourquoi ? On ne sait pas toujours. On sait même si peu. Pourquoi l'ascète vertueux et libertin homicide ? Qu'est-ce qui justifie un Baron moralisateur et un Marquis sadique ? Le Système de la nature met en avant de « petites causes » autrement nommées : « atomes », « causes insensibles », « circonstances fugitives », « ressorts chétifs » et autres micro-causalités productrices d'effets considérables.

Mais il vaut mieux avouer son ignorance, en toute humilité matérialiste, qu'avancer des explications magiques produites par l'orgueil des croyants. La folie du fou n'est pas volonté de Dieu, impénétrable et certaine, mais dans une perturbation du cerveau, un dérangement dans les humeurs, un accident dans la matière. Lesquels ? Dans l'état d'avancement de la science aucune conclusion n'est possible, mais l'aveu de limites à la raison vaut mieux que le déraisonnable.

D'Holbach sait que le libre arbitre est une invention chrétienne destinée à rendre l'homme responsable, donc comptable de toutes ses actions, le bien comme le mal. Il ne lui échappe pas que, doué de liberté, chacun doit pouvoir rendre des comptes à ceux qui lui demandent pour quelles raisons il a préféré le vice à la vertu, le crime à la douceur. On justifie ainsi une peine terrestre ou céleste, un emprisonnement, une tête tranchée, une vie éternelle ou une damnation jusqu'à la fin des temps. Le système *fataliste* (matérialiste) contredit donc radicalement la doctrine (chrétienne) de la *responsabilité*.

Pour autant, dans *Le Système de la nature*, mais aussi dans les ouvrages politiques, ainsi l'*Ethocratie*, on lit une défense de la punition, un éloge de la peine, une justification du principe de la décision de justice, et jusqu'à l'approbation philosophique de la peine de mort... Personne ne choisit d'être victime ou bourreau, nul n'a voulu plutôt le vice que la vertu, tous obéissent aux lois de la nature et à la nécessité qui fait de chacun un saint ou un criminel, la vertu holbachique et le vice sadien procèdent d'un aveugle jeu de motifs, de causalités sombres n'engageant pas la fiction du libre arbitre, et pourtant, d'Holbach justifie l'exécution d'un homme ?...

15

Conséquentialisme et utilitarisme. D'Holbach transpose les lois de la nature qui valent pour l'homme à la totalité de la société. Ainsi passe-t-on insensiblement de l'éthique à la politique : la politique et l'éthique ne sont pas deux mondes séparés mais deux façons différentes de s'occuper d'un même monde. La loi voulant qu'on persévère dans son être et qu'on vise le maximum de satisfactions possibles, s'applique à l'individu, certes, mais également à la société qui cherche elle aussi à être et durer de manière eudémonique.

Or, le bien-être du plus grand nombre est supérieur au bien-être d'un seul. Voici une règle politique qui permet de résoudre le problème du bien et du mal sur le double terrain du particulier et de l'universel. Ces deux instances n'existent pas en idoles majuscules, dans l'absolu d'un ciel des idées platonicien. Dieu ne pose pas les valeurs en décidant une bonne fois pour toutes, de façon arbitraire, qu'une chose est bonne, l'autre non. Un exemple.

La sexualité ? Une mauvaise chose en soi, disent les chrétiens. D'Holbach rétorque : non, pas en soi, mais relativement à la situation : la sexualité de qui avec qui ? Quand ? Pour quelles raisons ? Selon quels projets ? En vertu de quels contrats ? Répondons d'abord à cette série de questions, puis décidons du coefficient éthique. D'Holbach pose les bases du conséquentialisme : bien et mal, beau et laid, vice et vertu, juste et injuste ne se disent pas absolument, mais relativement au contexte, notamment aux conséquences induites en termes d'*utilité* individuelle ou collective. Est utile ce qui permet l'être, la durée, et la satisfaction à être.

Revenons donc à la question de la peine de mort. Un criminel obéit aux motifs qui le déterminent au crime ; il est soumis à la nécessité ; des causes multiples le conduisent un jour à effectuer le geste homicide – des parents pervers, une époque brutale, une éducation défaillante, une enfance malheureuse, une physiologie débile, et autres « petites causes » théoriquement pointées par le philosophe.

Dès lors, on pourrait conclure à la responsabilité d'un père, d'une mère, d'un éducateur, d'un instituteur, d'un acteur social majeur – un prêtre, un fermier général, un prince, un roi, etc. –, puis punir cette engeance. Le criminel, jouet des « ressorts chétifs » ou des « circonstances fugitives », ne devrait pas subir la hache du bourreau. En revanche, la cohorte des gens qui auraient pu éviter cette série de causalités débouchant sur un effet dommageable devrait rendre des comptes au bourreau. Pourtant, d'Holbach légitime la peine de mort pour le criminel...

En vertu de quels critères ? L'*utilité sociale*. La récompense et la peine doivent exister dans une société pour signifier publiquement qu'on sait gré au serviteur de la Nation, de la Patrie, de son pays, et que simultanément on reproche à l'autre son vol, ses méfaits, son crime, ses vilenies nuisibles à l'être et à la durée du social en même temps qu'à son bonheur. Le premier contribue par ses actions altruistes à la pérennité et à l'excellence de la société ; le second, par ses forfaits, détruit l'édifice communautaire.

16

Contre la peine de mort, sauf... Dès lors, dans l'*Ethocratie*, d'Holbach propose une doctrine des peines assez brutale. Certes, en ami et interlocuteur de Beccaria – l'auteur en 1764 de l'excellent traité *Des délits et des peines* –, le baron refuse la torture – au contraire de Diderot... –, il récuse *théoriquement* les traitements inhumains et dégradants, il interdit la souffrance et la brutalité des châtiments, mais n'hésite pas à se contredire quelques lignes plus loin...

Ainsi défend-il le principe des travaux forcés, pénibles et dangereux. Pourquoi se priver de la potentielle utilité sociale du délinquant en le condamnant à la prison à vie ? Pas besoin d'entretenir l'oisif entre quatre murs – la détention coûte à la collectivité... – quand on pourrait l'embaucher pour occuper les postes les plus exposés et les plus dangereux sur un chantier où l'on construit des routes, creuse des canaux, rend navigables des voies d'eau, là même où, généreux et magnanime, le baron enrôle les pauvres, oisifs réels, donc délinquants potentiels...

Mieux, ou pire, d'Holbach passe la vitesse supérieure et, dans une presque invisible note en bas de page du chapitre douzième de la même *Ethocratie*, il varie les possibilités spectaculaires du supplice : régicides, parricides, empoisonneurs pourraient subir publiquement un écrasement sous un bloc de pierre, un étranglement suivi d'un dépeçage en règle, etc. On imagine la rudesse des discussions avec Beccaria qui fréquentait son salon...

Pour modérer un peu la brutalité de la position du philosophe sur ce sujet, arrêtons-nous à la lecture d'*une* phrase du *Système de la nature* (I, ch. 12). Elle aurait mérité un plus ample développement, car dans le fouillis des six cents pages elle risque de passer inaperçue... Avec elle, il signale qu'une société a le droit de punir *si et seulement si* elle a mis en œuvre tout ce qui était en son pouvoir pour empêcher ou modifier les motifs qui conduisent habituellement un individu au vice.

Naïveté ? Ingénuité ? Candeur ? Le baron pourrait se douter qu'indépendamment du degré de perfection d'une société, elle ne peut pas avoir fait le maximum de la *prévention* qui justifierait et légitimerait une pareille *répression*... Justifier la peine de mort fait rentrer le diable du libre arbitre par la fenêtre quand le philosophe croyait l'avoir évincé par la porte... La hache du bourreau s'appuie sur un genre de clinamen assez peu dans l'esprit des Lumières !

17

Un clinamen providentiel. De fait, cette affirmation métaphysique que la nécessité règle la conduite du monde, que le déterminisme fait la loi, que les hommes ne disposent pas d'un libre arbitre, que leurs actions procèdent de motifs qui les transforment en marionnettes de la fatalité et, *dans le même temps,* que les hommes peuvent être récompensés ou punis pour des actes qui échappent à leur volonté, uniquement parce que ces agissements fortifient ou fragilisent l'édifice social, voilà un étrange paradoxe. Cet argument de l'utilité constitue un étrange clinamen providentiel !

Bien sûr, le baron, pas sot, prévoit l'attaque et donne

sa parade. Elle paraît toutefois bien faible. Lisons : « Quoique je n'ignore pas qu'il est de l'essence du feu de brûler, je ne me croirai pas dispensé d'employer tous mes efforts pour arrêter un incendie ». Autrement dit : tout est nécessaire, même le désir de rendre moins nécessaire le nécessaire. Ou encore : le déterminisme commande tout, y compris qu'on lutte contre le déterminisme. L'argument convainc-t-il ?

On a toujours tort de penser par analogie et de convoquer un incendie quand un exemple bien plus précis aurait mieux convenu – un homicide extrait de la chronique réelle des faits divers par exemple. Car, retenons cette allégorie, elle suppose un feu (métaphorique) et un pompier (philosophique), un phénomène (physique) et un jugement (métaphysique), autant dire chaque fois deux instances franchement hétérogènes ! Alors que le criminel et son juge relèvent d'un même monde – instances homogènes... – et d'une semblable soumission à une même nécessité aveugle et déconnectée de toute morale.

D'Holbach pèche là où tous les philosophes affirmateurs des pleins pouvoirs de la nécessité trébuchent – parmi tant, les stoïciens, Spinoza, plus tard Schopenhauer, grand recycleur de la théorie des motifs, Nietzsche, consommateur de Schopenhauer, etc... – : comment, si je ne dispose pas du libre arbitre, être stoïcien plutôt que spinoziste, schopenhauérien et non nietzschéen ? Si je n'ai pas le choix, comment puis-je devenir adepte de l'un plutôt que de l'autre ? Pour revenir à d'Holbach : si je suis totalement soumis au règne de la nécessité, comment vais-je m'y prendre pour, un exemple pris au hasard, cesser d'être chrétien si j'ai la foi...

Ainsi lit-on dans le même *Système de la nature* : la vie des hommes est « une longue suite de mouvements nécessaires » (I, ch. 6) et plus loin : « Chacun de nous peut se faire un tempérament ». (I, ch. 9). Alors : pas libre d'être autre que ce que l'on est, et libre de se faire autre ? Pour éviter l'habituel enfermement qu'induit la radicalité d'une position métaphysique purement déterministe, d'Holbach réintroduit son clinamen, un pur postulat de la raison pratique qu'on peut traduire ainsi : nous sommes totalement déterminés, sauf en ce qui échappe au déterminisme. A savoir ?

Habile, le baron donne le mode d'emploi de ce tempérament que chacun peut se faire. Il suffit d'agir sur les causes. En gros, d'intervenir sur les motifs qui, pour le coup, cessent d'être tout-puissants. Car qui peut entraver la puissance d'un motif, sinon un motif plus grand encore ? Certes, mais venu d'où ? D'une intelligence, d'une raison, d'une faculté cognitive qui, *de fait*, devient plus puissante que le premier des motifs. D'Holbach postule la force d'une raison bien conduite en guise de motif à même d'invalider les autres motifs. Disons-le autrement : la raison agit en antidote au déterminisme, qui cesse dès lors d'être aussi radical que des centaines de formules le laissent croire dans l'œuvre complète. Mais pourquoi ne l'a-t-il exprimé clairement dans une seule formule en plus de six mille pages ? Pareille précaution, à défaut de développements plus précis, aurait permis de dépasser la contradiction et de soulever l'aporie.

Agir sur les causes suppose qu'on connaisse la nature et qu'on la « corrige » – le mot est du baron. Les motifs agissent donc, mais on peut agir sur les motifs. Bonne nouvelle car, sinon, aucune philosophie n'est possible dans la mesure où toute philosophie propose toujours un devoir être en remède à l'être. L'être idéaliste, spiritualiste, chrétien, déiste, mais également l'être monarchique, voilà une quantité de motifs susceptibles de correction. Déterminisme, oui, fatalisme, certes, nécessité, bien sûr, mais le matérialisme utilitariste, l'eudémonisme social et l'athéisme vertueux fournissent de nouveaux motifs !

18

Mode d'emploi d'un tempérament. C'est entendu, la nécessité triomphe, mais disons-le dans une formule épicurienne, il n'y a nulle nécessité de se soumettre à la nécessité si l'on peut s'en affranchir... Et, de fait, l'on peut s'en émanciper un peu avec l'éducation, l'habitude, la contrainte, les lois. Où l'on retrouve le postulat des Lumières : la confiance dans les leviers politiques (au sens noble du terme : la science et l'art de la cité) pour changer radicalement le monde.

Troisième temps, donc : une *politique eudémoniste*. Par nature, les hommes ne sont ni bons ni méchants, ni vicieux ni vertueux. Culturellement, ils le deviennent en fonction de critères éthiques posés en amont. La morale théologique donne les siens, on les connaît, ils découlent du Décalogue. La morale naturelle en propose d'autres, évidemment, basés sur l'utilité eudémoniste pour l'individu et l'utilité sociale pour la communauté. S'il existe bien un déterminisme biologique, une nécessité physiologique, précisons qu'il est aussi un déterminisme sociologique. D'Holbach ne distingue pas aussi clairement les deux registres, ce qui, pourtant, aurait contribué à clarifier son propos.

Le registre de la société définit plus clairement le domaine de la politique. Le *Système de la nature* contient des passages explicitement politiques, car le baron ne sépare pas nettement les deux mondes. Dans les lignes inaugurales de l'*Ethocratie*, il défend même l'idée qu'éthique et politique se confondent. La formation de l'individu c'est la formation de la société, et vice versa. L'instruction, l'éducation d'une personne contribue à l'édification de la collectivité. L'école agit en cellule de base de l'Etat. L'instituteur active le premier rouage de la machine communautaire.

Puisque l'individu veut son bonheur, la société doit viser le même objectif. Le bonheur de tous ; à défaut, celui du plus grand nombre. Le souverain bien en politique n'est donc pas la puissance, la conquête, l'empire, la domination, la colonisation, la soumission des sujets, l'asservissement des citoyens, mais la paix, la prospérité, le bonheur d'être ensemble, la liberté, l'égalité, la propriété, la sûreté. Le matérialisme (philosophique) débouche sur un hédonisme (éthique) poursuivi en eudémonisme (politique).

Puisque le cerveau constitue l'unité de base de la subjectivité, qu'il est le viscère des sentiments, donc de la pensée, autant dire des comportements induits, une politique digne de ce nom commence par proposer, défendre et créer une « éducation nationale » aux mains d'éducateurs qui n'enseignent pas les fables de la religion chrétienne, mais les vérités de la philosophie naturelle. En imprégnant le cerveau de vrais principes, en éclairant l'intelligence avec des lois justes, en formatant la conscience avec de bonnes règles, on crée des habitudes, on agit sur les motifs avec de nouveaux motifs qui déterminent les individus à désirer leur bonheur plutôt que leur malheur. Donc les sociétés à se créer radieuses et non misérables.

Le peuple doit donc être éclairé, mais le prince aussi. D'Holbach n'invite pas à la révolution par les armes, à l'abolition de la monarchie, encore moins à des attaques de personnes, il est comme son ami Helvétius un réformiste radical. Au sens marxien du terme, il veut changer profondément les choses en les transformant à la *racine*. Eduquer le plus grand nombre, bien sûr, mais aussi le futur roi ou le roi en exercice. L'envoi de l'*Ethocratie* à Louis XVI témoigne en ce sens. D'Holbach croit à la monarchie éclairée, au roi tendu vers le bonheur de ses sujets, désireux de la prospérité de son royaume.

19

Principes d'éthocratie. De bonnes lois font de bons individus ; de bons individus font de bonnes lois ; bonnes lois et bons individus font une bonne société. Le roi doit passer un contrat moral avec tous ses sujets. Et la loi gouverne le roi qui doit s'y soumettre, car il est l'instrument des lois naturelles qui supposent l'être, la durée et la sérénité de la communauté nationale, et tient sa seule légitimité de ce contrat avec le droit naturel. Il agit en interface avec les lois de la nature et son peuple, en interprète de celles-ci pour celui-là. Le roi doit aimer son peuple.

A l'heure où le baron publie son *Ethocratie* (1776), la cour règne, avec ses intrigues, sa confiscation des biens nationaux, son ignorance du bien public, son souci immoral d'enrichir sa caste. La noblesse, arrogante, suffisante, saigne à blanc les paysans avec le droit de chasse et un nombre considérable de taxes et d'impôts. Elle évolue dans un luxe détestable, et l'enrichissement d'une poignée se paie au prix de l'appauvrissement du restant de la société. Le roi doit négliger cette partie infime de ses sujets et retrouver le sens du peuple.

Pour ce faire, il doit choisir en dehors de la noblesse des représentants du peuple, dignes, moraux, éclairés, animés par le bien public, et constituer un « Conseil des représentants de la Nation » capable de se réunir indépendamment du roi. Ce conseil fait, discute, corrige et abroge les lois, informé par les leçons utilitaristes et hédonistes de la philosophie matérialiste. Le roi incarne alors le Nom du droit naturel.

La Nation, et non plus le caprice du monarque ou son désir, décide des guerres à mener pour le seul bien des sujets, à savoir l'intégrité de la communauté nationale, et non la conquête ou l'extension de l'empire. Elle fixe l'impôt et arrête les dépenses publiques nécessaires. Ce conseil représente les forces vives du peuple qui, pour sa part, dispose du droit de révoquer ses élus en cas de rupture de contrat de représentation ou de trahison de sa confiance.

Les lois se proposent la liberté, la propriété, la sûreté. *Liberté* d'entreprendre, de publier, d'écrire, de se moquer, d'exercer la satire, de cultiver la terre, de commercer ; *propriété* pour le plus grand nombre : la concentration des richesses entre les mains d'une poignée doit laisser place à une répartition plus équitable ; pour ce faire, le baron souhaite la fin des grandes propriétés terriennes au profit d'un redécoupage en petites métairies à même de permettre une vie décente pour le plus grand nombre.

D'Holbach ne prône pas le communisme, le socialisme, la collectivisation des biens ou des terres comme Meslier ou Morelly, il ne souhaite pas un égalitarisme radical, et défend même la permanence d'une inégalité naturelle, sans excès, utile pour la concurrence, l'émulation, le désir de s'enrichir, autant de moteurs du libéralisme des physiocrates dont il est ; *sûreté* enfin, afin que chacun puisse disposer librement, sans crainte ni angoisse, de soi, de sa personne et de ses biens.

Sévère avec la noblesse, d'Holbach souhaite qu'elle assume sa part de taxes et d'impôts. Car au moment où il écrit son projet de « gouvernement fondé sur la morale », sous-titre de l'*Ethocratie*, le baron constate que l'impôt repose sur les individus qui n'ont rien tout en épargnant ceux qui ont tout. Les uns se vautrent dans le luxe, l'argent, l'oisiveté, l'opulence et l'abondance, pendant que les autres travaillent, souffrent, manquent de pain et souvent de travail.

Or les nobles devraient moins disposer de droits que se reconnaître des devoirs. Notamment ceux de faire le bien, donc de créer des emplois, de contribuer à la prospérité de la Nation par le commerce et l'agriculture, de payer des impôts sur le luxe, de partager leurs richesses pour que l'argent de ces revenus nouveaux soit réinjecté dans la machine sociale à destination des plus démunis. Car les pauvres, les oisifs, les chômeurs évoluent dans un monde où il ne leur reste que le vol, la rapine ou la délinquance pour survivre. Participer à cet effort de justice sociale crée en même temps la paix sociale, le bonheur commun, l'équité générale et la justice collective.

20

Manger du curé ? La loi doit également fixer les droits et devoirs de la religion établie. La première période de D'Holbach est violemment antichrétienne. L'*Ethocratie* ne propose pas de mettre le feu aux églises, de violer des bonnes sœurs ou de crucifier des curés. On ne trouve pas chez lui d'invitations aux aventures d'une déchristianisation brutale. En revanche, le baron souhaite un combat loyal entre tenants de la morale théologique et adeptes de la morale naturelle, entre furieux de surnaturel et amants de la raison, entre superstition et réflexion. Ses armes ? La persuasion, la rhétorique, l'éducation, l'instruction, la philosophie, le raisonnement, l'histoire, le bon sens.

Pas question d'être le fanatique de l'athéisme car le fanatisme est toujours mauvais. Nul besoin de pratiquer l'intolérance à l'endroit de ceux qui ne tolèrent pas qu'on pense autrement qu'eux. D'ailleurs, le matérialisme invite *toujours* à la tolérance : quand on connaît le mécanisme de la nature, on ne s'élève pas contre la nécessité, on ne se fâche pas face à l'inéluctable, on sait que ce qui est l'est nécessairement, dès lors, on récriminerait en vain. De fait, athéisme et matérialisme, fatalisme et nécessité sont des écoles de tolérance.

La soumission des prêtres à l'autorité civile suffit. Contre le fanatisme chrétien et l'intolérance religieuse, d'Holbach promeut la morale et la vertu, la philosophie et les lois de la nature. Dans le même esprit que Jean Meslier, le baron n'interdit pas aux prêtres d'exister, mais il leur demande de devenir des « instituteurs de la jeunesse », des « prédicateurs de la vertu », « des propagateurs de la morale », autant dire des philosophes qui enseignent les lois de la nature et ce à quoi elles obligent. Et, cerise libidinale sur le gâteau matrimonial, d'Holbach milite même pour leur mariage.

En revanche, les monastères seront fermés. A quoi bon en effet ces endroits où hommes et femmes vivent en parasites, profitant du travail des pauvres taxés et imposés, menant une vie luxueuse et confortable dans un genre de château où la prière, autant dire l'inactivité et l'inutilité sociale, leur sert de paravent ? D'ailleurs, dans ces endroits, les femmes sont parquées pour des motifs indépendants de la religion. Les moines travailleront comme tout le monde, ils contribueront aux richesses nationales et les biens de l'Eglise, confisqués, seront répartis dans les foyers les plus nécessiteux du royaume. Que dira d'autre la Constitution civile du clergé en 1790 ?

21

L'athée vertueux. Constatons donc qu'un monde sans Dieu n'est pas un monde sans vertu, sans devoirs, sans souci d'autrui. L'athéisme, sur le terrain de la morale individuelle ou de l'éthique collective, avance au contraire un nouveau code culturel et philosophique pour une intersubjectivité hédoniste et eudémoniste. Un monde avec Dieu, voilà bien plutôt un monde d'intolérance, de fanatisme, de guerres, de crimes, de bûchers, d'inquisition. Depuis presque deux millénaires chrétiens, l'histoire témoigne...

Comment d'Holbach, qui fustige l'adultère, interdit dans l'*Ethocratie* le jeu, les fêtes, les festins, les spectacles, le théâtre, l'opéra, la danse, tance l'oisiveté, mère de tous les vices, attaque la fainéantise de la noblesse, comment cet homme peut-il passer dans l'histoire des idées pour un parangon de vice, un monstre justifiant les pires crimes, un prototype d'immoralité ? Sinon parce qu'on ne l'a pas lu, qu'on critique a priori l'athéisme en l'associant *de fait* à l'absence de moralité.

Or, nier l'existence de Dieu ne signifie pas nier l'existence d'autrui. Mieux : c'est même bien plutôt le fait de croire en Dieu qui dispense la plupart du temps de ne pas croire en l'homme ! Obsédés par Dieu et leur religion, les dévots, les fanatiques, les superstitieux comptent l'homme pour une quantité négligeable. L'athée, en revanche, table sur cette richesse, car il sait que c'est la seule...

Le bien et le mal chrétiens ne définissent pas à eux seuls le vice et la vertu. La version catholique n'est pas l'unique. Bon et mauvais existent aussi chez l'utilitariste défenseur d'une morale immanente, par les hommes, pour les hommes et leur bonheur terrestre. Parce qu'il ne se repose pas sur l'au-delà et ses fictions et qu'il n'a pas de raisons de (se) mentir avec ces fables, l'athée *doit* agir ici et maintenant pour un paradis ici-bas.

Pour reprendre la thématique de l'athée vertueux chère au cœur du Pierre Bayle des *Pensées sur la comète*, d'Holbach commence par demander qui est athée ? Car le mot sert trop souvent et depuis trop longtemps à faussement caractériser celui qui croit en Dieu, mais pas dans les règles, de manière déviante ou hétérodoxe. L'athée est « un homme qui détruit des chimères nuisibles au genre humain pour ramener les hommes à la nature, à l'expérience, à la raison ». Voilà les choses clairement dites. Donc, athée n'est pas une insulte, mais l'épithète qui nomme tout travail philosophique digne de ce nom...

Dès lors il existe des athées vertueux et, bien évidemment, des athées vicieux ! Mais le fait d'être l'un ou l'autre n'a rien à voir avec l'athéisme. Dans cette affaire, vices et vertus procèdent du tempérament, ce qui suppose, comme on l'a vu, des agencements de matière et des causalités multiples, mais rien qui soit en rapport direct avec la négation de Dieu. Pas plus qu'il n'existe d'athée voué au vice, parce que l'un supposerait l'autre, il n'existe de croyant vertueux, la foi conférant tout de go la vertu...

Dans l'esprit polémique qu'impose l'époque, d'Holbach inverse la perspective habituelle et fait du croyant l'impie véritable – argument épicurien –, car ce dernier fait une chimère du Dieu qu'il adore – définition réelle de l'impiété. Mieux : le *Système de la nature* transforme tous les théologiens en athées, car ceux-là défendent une idée de Dieu qui se détruit dès qu'on se met à raisonner à partir de leurs définitions tant elles sont incohérentes, contradictoires, extravagantes.

Paradoxalement, cette impiété des croyants se double d'une piété de l'athée, car être pieux, c'est « être utile à ses semblables et travailler à leur bien-être ». Voilà comment, avec des définitions confectionnées a posteriori pour servir son argumentation, on finit par faire dire aux mots ce que l'on veut. D'Holbach, qui a si souvent ferraillé contre la théologie et la métaphysique, pures sciences de mots, montre qu'en cas de besoin, il sait lui aussi tordre le cou aux couples signifiants/signifiés et briller dans la sophistique ! L'athéisme n'a pas besoin de rhétoriques de mauvaise foi, laissons cela aux croyants.

D'Holbach constate que le nombre de gens sans Dieu dans la France de son époque est peu important car l'athéisme suppose une réflexion, des lectures, une méditation, un long temps passé à étudier la nature, le commerce des livres, des conversations entre gens habilités à mener ces échanges intellectuels haut de gamme. Donc du temps, de l'argent, du loisir, choses peu répandues dans la population. Les gens du peuple, évidemment, sont exclus de cette démarche philosophique. L'athéisme procède de l'intelligence et de la réflexion, de la déduction et de la culture. En revanche, la foi suppose l'habitude, l'abandon aux traditions, la facilité intellectuelle.

De plus, cette position minoritaire la marque d'un courage existentiel : l'athée regarde le réel en face et compose avec la rudesse tragique du matérialisme fataliste. Le croyant, pour sa part, s'anesthésie avec des fables, il s'enfume avec des fictions et se berce d'illusions. Position fausse, certes, mais bien plus confortable d'un point de vue humain. L'athée travaille pour les générations futures et l'avenir de l'humanité.

On comprend dès lors la colère des gens de religion contre les athées, qui déchirent le voile des illusions, dénoncent l'entreprise d'asservissement des consciences et des corps coextensive à la création de dieux et de religions. La grandeur de leur fâcherie est à la mesure de l'étendue de leur forfait. Un athée veut les hommes libres ; un croyant les désire soumis, obéissants, dociles.

Seul l'athéisme rend possible un hédonisme pour soi, les autres et la communauté, toute communauté. Le matérialisme le permet également. L'utilitarisme, le sensualisme, l'empirisme contribuent au même édifice éthique et politique. L'impératif catégorique du baron tient en quelques mots : « apprenez l'art de vivre heureux ». Autrement dit, encore plus brièvement : « Jouis et fais jouir ». L'ensemble du système holbachique, les plus de six mille pages de son œuvre de philosophe débouchent dans cette clairière occupée bientôt par certains acteurs de la Révolution française...

TROISIÈME TEMPS

Le libertinage féodal

Sade
et « les plaisirs de la cruauté »

1

Grand seigneur, méchant homme. L'étymologie arrange bizarrement les choses car, avant le XVIIe siècle, date où le mot tombe en déshérence, l'adjectif *sade* qualifie une chose ayant du *goût*, de la *saveur*. Au figuré, il signifie *sage*, *vertueux*. La forme populaire aboutit paradoxalement à *sage*... A cette époque, on recourt à ce vocable pour qualifier le *savoureux*, l'*agréable* en parlant des choses, mais également le *charmant* et le *gracieux* quand il s'agit de personnes. En regard de ces considérations, le moins que l'on puisse dire, c'est que le marquis de Sade paraît bien plutôt *maussade*...

Pour le quidam, le marquis sent le soufre. Son nom accompagne le démoniaque, le satanique, l'infernal, la cruauté. Pour ajouter au tableau, si quelques-uns connaissent le nom de l'écrivain, tout le monde connaît le substantif *sadisme* qui en procède ; peu ont réellement lu *Les 120 Journées de Sodome*, livre que je tiens pour un grand roman fasciste si l'on me permet l'anachronisme. Homme de lettres et philosophe, délinquant sexuel et relationnel, marquis opportuniste, incarnation du féodalisme le plus intraitable, révolutionnaire pendant la Révolution, sans foi ni loi, il jouit d'une fascination rare et difficilement explicable dans le petit monde des lettres où l'on compte sur les doigts d'une main les noms de ceux, lucides, qui portent sur l'homme et l'œuvre un regard clairvoyant : Raymond Queneau, Albert Camus, Max Horkheimer, Theodor W. Adorno, Hannah Arendt, autrement dit des antifascistes notoires...

2

Duplicité, cynisme et opportunisme. Le marquis de Sade (2 juin 1740 - 2 décembre 1814), Donatien Alphonse François pour les intimes, devient comte à la mort de son père le 30 janvier 1767. Mais il conserve son titre de marquis toute son existence. En son temps, le comte son père fut arrêté pour drague homosexuelle aux Tuileries, sa mort plonge son marquis de fils dans un état d'affliction réel. Evitons une psychanalyse de café du Commerce, mais signalons également une haine démesurée pour sa mère. La misogynie radicale de Sade, l'assimilation de toutes les femmes à des « chiennes », l'association de leur sexe et de leurs seins au plus exécrable, le dégoût systématiquement professé pour la grossesse et l'engendrement, la mise en perspective de l'acte sexuel de la mère et de la procréation comme épouvante ontologique, tout montre un marquis que l'arbre généalogique torture au point, non pas de s'abstenir de procréer lui-même, mais de désirer après sa mort un enterrement sans tombe repérable, sous un chêne – pour les glands ? – afin de ne laisser aucune trace de son passage et de retrouver le néant auquel il aspire de tout son être.

La vie de Sade dispose d'une entrée classique : famille de la haute noblesse française, études chez les jésuites au collège Louis-le-Grand, sous-lieutenant au régiment du roi, cornette au régiment du comte de Provence, capitaine à celui de Bourgogne cavalerie, boutefeu sur le champ de bataille de la guerre de Sept Ans, mariage avec Renée Pélagie de Montreuil, une épouse de bonne composition, histoires adultères, notamment avec sa belle-sœur, mais aussi avec une grande quantité d'actrices et un nombre non moins considérable de femmes légères ou professionnelles du sexe. Un fils, deux fils, une fille.

Dans un journal de voyage tenu lors d'un séjour en Italie, le marquis s'offusque de constater combien l'homosexualité fleurit à Rome – il pratique lui-même les amours sodomites ; il déplore la prostitution partout – et se ruine en location de femmes faciles ; il se récrie devant des flagellants à Naples – et jouit de fustigations infligées sans le consentement des protagonistes. Par ailleurs, ce grand seigneur méchant homme se réjouit d'avoir obtenu une audience papale...

Le sang bleu montre une fidélité sans faille à la monarchie et un opportunisme outrancier pendant la Révolution française où il fait tout pour sauver sa tête. En 1791, il souhaite s'engager dans la Garde royale. Varennes tempère ses ardeurs, il se radicalise pour faire bonne mesure, rédige un *Français, encore un effort si vous voulez être républicains* vertueux, civique et politiquement correct, renonce à sa particule, se fait appeler Louis (!) Sade, entre à la section des Piques, monte les échelons et devient secrétaire de la section. Bien que coiffé d'un bonnet rouge, haranguant à la tribune, surenchérissant sur le terrain révolutionnaire, son zèle ne suffit pas à dissimuler sa clémence à l'endroit de ses pairs aristocrates.

3

Délinquant sexuel et relationnel. Un personnage de l'*Histoire de Juliette* revendique une option philosophique qui pourrait bien être l'impératif catégorique du marquis : « Faites aux autres ce que vous ne voudriez pas qu'ils vous fassent ». On peut ne pas aimer saint Paul sans pour autant croire que la pure et simple inversion des valeurs suffit à constituer une morale révolutionnaire. Cette éthique de prédateur ne propose rien de bien original car elle formule la morale féodale : fort avec les faibles, faible avec les forts.

Le marquis paie ses victimes, achète les femmes, utilise son valet pour rabattre des proies dans les quartiers populaires, propose de très grosses sommes d'argent, s'attaque à des victimes du système pour les contraindre à de nombreuses orgies connues par la police – qui protège les nobles. Seules quelques affaires parviennent sur la place publique, la justice n'ayant pas pu ne pas fonctionner tant les frasques du prédateur sont nombreuses. Trois *crimes* sexuels – nommons-les par leur nom et qualifions selon l'ordre juridique – tachent de sang réel, et non métaphorique ou littéraire, la biographie du marquis.

4

Les crimes du philosophe. Premier crime : affaire Jeanne Testard. Dans la nuit du 18 au 19 octobre 1763 – Sade a vingt-trois ans –, le marquis alpague dans la rue une jeune ouvrière au chômage, enceinte. Il propose deux louis pour qu'elle le suive – une fortune –, la conduit dans une maison louée, l'enferme. Après s'être assuré de la religion chrétienne de la jeune fille, Sade éructe des blasphèmes, jouit de raconter des histoires sacrilèges – masturbation dans un calice, intromission d'hosties consacrées dans le sexe de femmes. Dans une pièce aux murs tapissés d'objets religieux, d'images pieuses et de gravures licencieuses, il invite sa proie à chauffer au feu un martinet en fil de fer, à le fustiger et lui promet la même chose en retour.

Devant son refus, sa colère monte, il brise un crucifix, se manualise sur les morceaux à terre, lui enjoint de les fouler, la menace de mort, tout en lui montrant deux pistolets et tenant à la main son épée. Face à sa résistance, il passe la nuit à lui lire des vers licencieux et la libère au matin... Laissons de côté le délire, la théâtralisation des fantasmes du marquis, et retenons la contrainte sexuelle sous menace de mort.

Deuxième crime : affaire Rose Keller. Dimanche de Pâques 3 avril 1768, Sade a vingt-huit ans, Rose trente-six. Elle est fileuse, veuve, chômeuse et mendiante. L'idéal pour triompher en seigneur avec un seul écu pour talent. Un fiacre les conduit à Arcueil. Pendant le voyage, Sade simule le sommeil. Elle suit le prédateur pour des tâches ménagères.

Une fois dans la maison, le marquis enferme Rose Keller, lui demande de se dévêtir, menace de la tuer et d'enterrer son cadavre dans le jardin si elle n'obtempère pas. Elle se déshabille partiellement, il achève la tâche, la jette sur un lit, la ligote sur le ventre, l'immobilise avec un traversin sur la nuque et la fouette violemment. Elle crie, il la fait taire sous la menace d'un couteau, lui promet la mort, frappe à sept ou huit reprises, s'arrête, coule de la cire fondue dans les plaies, recommence et inflige une douzaine de coupures et d'entailles au canif. Elle veut se confesser avant de mourir, il ironise et propose d'écouter ses péchés. Il finit par jouir en poussant des cris effrayants et des hurlements de bête. Sade lui donne à manger, l'enferme, elle s'évade de la maison à l'aide de draps tressés. Mêmes motifs que précédemment retenus contre lui : séquestration, contrainte sexuelle, menace de mort, violence physique, coups et blessures.

Troisième crime : Marseille, 27 juin 1772, Sade a trente-deux ans. Le valet du marquis, Latour, a rabattu quatre filles dans la rue pour une soirée libertine. Elles ont entre dix-huit et vingt-trois ans. Sade contraint deux d'entre elles à ingurgiter des dragées à la cantharide parfumée à l'anis, également nommées « pastilles Richelieu » : cette pharmacie à base de mouches aux vertus aphrodisiaques réduites en poudre suppose de petites prises. Mal dosées, elles sont dangereuses, voire mortelles. Correctement utilisées, elles ont des vertus carminatives. Or Sade adore le pet en gueule – pour le dire avec les mots de Rabelais –, surtout quand (probablement) ils fleurent bon les senteurs anisées de sa garrigue natale... Les deux victimes, surchargées en dragées, intoxiquées, vivent deux jours entre la vie et la mort.

Aux autres, Sade propose de l'argent – un louis – pour des rapports sexuels sodomites. A l'époque, on punit de mort les pratiques *a tergo*... Refus des demoiselles. Le marquis demande qu'on le frappe avec un martinet garni d'épingles recourbées. Pendant qu'il reçoit les coups, il tient une comptabilité au canif sur le manteau de la cheminée : pas moins de huit cents... Puis il frappe à son tour. Simultanément, il sodomise son valet tout en le masturbant, idem avec les femmes non consentantes. Mêmes motifs aux crimes, avec tentative d'empoisonnement en plus...

5

L'impunité de l'aristocrate. Pour l'affaire Testard : théoriquement il risque la peine de mort, mais grâce à ses appuis familiaux qui ont l'oreille du roi, il obtient une réelle clémence des magistrats et la complicité de la police qui fait disparaître la procédure – enquêtes et témoignages. Après trois semaines de prison, le marquis échappe au bûcher et se voit signifier une assignation à résidence dans le château de ses beaux-parents à Echauffour dans l'Orne.

Pour l'affaire Keller : la famille étouffe l'affaire en achetant le silence de la plaignante. Mais impossible d'éviter le scandale. Toujours pas de peine de mort, cinq mois de prison adoucis par des visites, puis une assignation à résidence dans son château de Lacoste. A l'époque, un malheureux peut passer le restant de sa vie aux galères pour avoir possédé un ouvrage critiquant la religion chrétienne...

Pour l'affaire de Marseille : Sade et son valet, en fuite en Italie, sont condamnés à mort par contumace. Le marquis est décapité, son complice garrotté, les deux larrons brûlés, mais seulement leur effigie en carton-pâte ! Plus tard, on simule une arrestation, en arrangeant l'évasion. L'argent réduit la police et les gardes au silence. De retour chez lui, Sade échappe à une décharge d'arme à feu d'un père de famille venu venger l'honneur perdu de sa fille : le marquis porte plainte ! Nouveaux simulacres d'arrestation, nouvelle évasion. Silence des pouvoirs de Sa Majesté.

Grâce à des lettres de cachet, la belle-famille obtient l'emprisonnement de Sade pour mettre fin à ses débauches perpétuelles, à ses crimes sexuels récurrents, à ses orgies avec voies de fait sur partenaires non consentants. Dès lors, il passe trente ans de sa vie en prison non sans coucher encore, avec l'assentiment de la mère grassement payée, avec une jeunesse de treize ans livrée dans sa cellule.

En ce temps-là, il a soixante-huit ans et vit depuis presque un quart de siècle en prison avec une femme moitié moins âgée que lui qui lui donne un enfant. Quand il meurt le 2 décembre 1814 à l'asile de Charenton, un phrénologue examine son crâne. En verve, l'homme de science déduit un sujet ayant pratiqué la bonté et la ferveur religieuse, probablement un père de l'Eglise...

Désormais au fait de cette biographie détestable, on peut conclure que nous sommes bien loin du philosophe libérant la sexualité, du héraut briseur de chaînes, du parangon d'anarchiste loué par les surréalistes, victime de l'arbitraire du pouvoir royal, vénéré comme une légende par la modernité littéraire et philosophique du XXᵉ siècle. Tout juste une petite frappe relevant de la brigade des mœurs. Un héros libertaire ? Allons donc !

6

L'algolagnie d'un malade. Retenons l'hypothèse de Maurice Heine, le premier biographe de Sade, et de Gilbert Lely, l'héritier de cette tradition monomaniaque sur le marquis : le châtelain de Lacoste souffre d'une affection psychosomatique, l'*algolagnie*. A savoir ? Sade jouit en souffrant, il jouit de souffrir et jouit à faire souffrir. Physiologiquement, psychologiquement, ontologiquement, le marquis ne peut connaître le plaisir qu'avec une douleur qu'il inflige ou s'inflige. Le marquis fait de nécessité vertu...

D'où vient cette configuration existentielle ? On l'ignore. Les biographes retiennent un épisode d'une violence inouïe, extrêmement spectaculaire, dans une scène de jeu qui tourne mal avec un copain de sang princier du double de son âge. Il a quatre ans. La violence de l'altercation surprend les adultes. Mais la scène semble moins fondatrice que symptomatique d'un caractère déjà fait.

Sade lui-même signale dans *La Nouvelle Justine* : ce qui détermine un être dans ses goûts les plus fondamentaux se joue dans le ventre de la mère, indépendamment de tout vouloir humain. L'éducation, l'instruction, la culture, la volonté des hommes n'y peuvent rien par la suite : l'individu pour lequel plaisir et souffrance sont indissociables n'est pour rien dans cette particularité de son être. La nature règne en maîtresse absolue...

Sade était donc sadique. C'est le moins ! Le mot *sadisme* date de 1834, et apparaît dans le *Dictionnaire* de Boiste vingt ans seulement après la mort du marquis. On doit au psychiatre Krafft-Ebing un statut médical à ce terme en 1891 dans *Psychopathia sexualis*, il signifie : « aberration épouvantable de la débauche ; système monstrueux et antisocial qui révolte la nature ». Désormais, l'épithète caractérise toute jouissance éprouvée dans la souffrance infligée. Dès lors, l'œuvre n'est pas sublimation, catharsis, théâtralisation, mise à distance, purification, théorie, comme l'affirment tous les tenants de la religion du texte des années structuralistes, mais confession, mémoire, autoanalyse, voire autojustification philosophique.

Certes, et on le sait depuis la magistrale analyse donnée par Nietzsche dans la préface au *Gai Savoir*, toute pensée est une autobiographie, la confession de son auteur : chacun pense avec ses impuissances, ses failles, ses blessures. Pour autant, évitons de passer sous silence l'entreprise d'écriture de soi visible dans l'œuvre. Le déni du sujet créateur de sa vie et de son œuvre, la haine de l'auteur assimilable à un *je* clair à un *moi* identifiable, le mépris affiché pour la biographie du philosophe, tout cela enferme dans le culte du texte seul. Pour pouvoir pratiquer cette religion du signe pur, les thuriféraires évacuent la biographie.

7

Les compagnons de route du féodalisme. Dès lors, et dans un étrange et sidérant paradoxe, les biographes, philosophes, essayistes, écrivains qui communient en

Sade abordent les crimes sexuels du marquis en complices des représentants de l'arbitraire féodal de l'époque. Retrouver Maurice Heine, Gilbert Lely, Jean-Jacques Pauvert, Jean-Jacques Brochier, Annie Le Brun, Raymond Jean, Béatrice Didier, Chantal Thomas, Michel Delon, mais aussi Paulhan, Bataille, Lacan, Klossowski, Blanchot, Foucault, Deleuze, Barthes, Sollers – excusez du peu... – aux côtés des défenseurs du despotisme monarchiste d'avant la Révolution française, voilà qui ne cesse d'étonner...

Face aux crimes de droit commun, aux agressions sexuelles, aux viols, coups et blessures, menaces de mort, séquestrations, tentative d'empoisonnement, probablement bien plus récurrents que les trois seules pointes émergées de l'iceberg sadique, ces compagnons de route postmodernes du féodalisme moyenâgeux rivalisent en justifications et en sophisteries qui prouvent un talent de rhéteur mais nullement l'humanité des auteurs. Sartre pointait avec raison dans cette génération philosophique un singulier déni de l'histoire – de l'individu autant que de l'époque.

Florilège de casuistique : les protagonistes de ces trois aventures n'étaient *que* des prostituées, des femmes vénales attirées par l'argent ; le témoignage des victimes ne vaut rien, il est sujet à caution, car on ne peut être juge et partie ; leur qualité sociale joue contre elles, pensez donc : veuve, chômeuses, ouvrières, mère célibataire, mendiantes, sinon... femmes ; enfin, puisque toutes sont pauvres, on comprendra facilement qu'elles prennent le marquis en otage pour le rançonner... On croit rêver !

Ailleurs : le petit peuple cancane, papote, en rajoute, grossit, trouve là une excellente occasion – on ne dit pas encore démagogique et populiste... – de faire tomber un gros, un puissant, un marquis : comment dès lors ne pas comprendre : cette affaire procède du ressentiment populaire ; ou encore : les femmes étaient consentantes, vieille rengaine des avocats *masculins* de la défense et autres gens dits de justice – d'ailleurs elles ont accepté l'argent ; et plus loin : Sade n'en a pas fait plus que les autres nobles à cette époque, alors, pourquoi lui chercher misère ; enfin : il n'y a pas eu mort d'homme, de quoi se plaint-on ! Certes, mais les ossements retrouvés dans le jardin du marquis et dont il n'expliqua jamais la provenance, sinon par la prétendue plaisanterie douteuse d'un complice, voilà une pièce rarement versée au dossier... Dès lors, ce qui a eu lieu n'a pas eu lieu. En d'autres temps on parlera de *négationnisme*.

Plus fort : devant la négation des *faits*, voici un florilège des *interprétations* d'une petite dizaine des gendelettres cités plus haut : « vétilles », « petit drame psychosexuel », « fait divers non pendable », une « fessée », un « jeu », un « divertissement à figures multiples qui emprunte à l'art de la scène », une « histoire de bonbons », une « farce », une « exceptionnelle aventure galante », des « affaires grossies par la rumeur », un « fantasme collectif », des « bruits », un « mouvement d'opinion », des « contes », des « affabulations ».

L'un d'entre eux va même jusqu'à affirmer que les cinq minutes de « douleurs réelles » – on mesure la générosité de la concession ! – de Rose Keller « n'étaient pas très éloignées de ce que pouvait être la visite à un dentiste du XVIIIe siècle » ! La palme allant à Roland Barthes qui, en 1971, dans *Sade, Fourier,*

Loyola, parle sans rire du « principe de délicatesse qui semble avoir toujours présidé à l'activité sadique du marquis ». Ah, la belle époque structuraliste...

Dans sa *Présentation de Sacher-Masoch* (1967), Gilles Deleuze reprend la thèse de Georges Bataille : le marquis de Sade est une *victime*... (L'*Histoire de la folie à l'âge classique* (1961) de Michel Foucault va dans le même sens...) La preuve ? Son *langage* est celui d'une victime, car « il n'y a que les victimes qui peuvent décrire les tortures, les bourreaux emploient nécessairement le langage hypocrite de l'ordre et du pouvoir établis ». Fermez le ban. On a connu Deleuze mieux inspiré, et surtout usant d'arguments moins spécieux... Cessons là.

8

Carpe philosophe, lapin aristocrate. Je tiens Sade philosophe pour le parangon de la féodalité prérévolutionnaire. Dans sa vie, certes, mais également dans son œuvre, toute son œuvre, sans exception. La fascination de la génération structuraliste, aveuglée par son ridicule refus de l'individu, sa détestation de l'auteur, son culte religieux du texte seul, son déni de l'histoire, donc du contexte, l'a fait communier dans une religion du langage dommageable à l'intelligence. Fermons cette parenthèse, et lisons Sade à nouveau frais.

Sade concentre en lui deux qualités susceptibles de s'annuler : la noblesse revendiquée, l'aristocratie portée tel un viatique, le sang noble vécu comme un signe de supériorité de la race des seigneurs, la défense bec et ongles des valeurs de la féodalité médiévale, la position conservatrice voire réactionnaire en politique (évitez de succomber à l'opportunisme des textes d'occasion dits révolutionnaires de Sade...) et la philosophie d'un athée pourfendeur de la religion chrétienne et de la morale de l'idéal ascétique, le matérialiste tragique sacrifiant au déterminisme radical et fataliste, le métaphysicien sombre négateur du libre arbitre, le concepteur d'une ontologie désespérément *isoliste,* le disciple des Lumières, lecteur revendiqué et amateur forcené de La Mettrie, Helvétius et d'Holbach. Le fruit tératologique de l'effrayant mariage d'une carpe éclairée et d'un lapin féodal. Un philosophe oxymorique.

9

Les prélèvements du philosophe. Sade philosophe ? On l'a dit. Mais souvent en se contentant de voir en lui un lecteur intéressé des matérialistes et des athées français. Sade se comporte avec les philosophes comme avec le monde, les autres, les gens : en animal de proie qui décharne selon ses besoins, pour son caprice, sur le principe de son bon vouloir. Le féodal prélève sa dîme sur les auteurs matérialistes de l'époque – à quoi il ajoute des considérations sur l'état de nature ou le relativisme des lois qui témoignent d'une lecture attentive de Rousseau et de l'auteur de L'*Esprit des lois.*

Au nom de D'Holbach, le marquis avoue qu'il veut bien en être le sectateur jusqu'au martyre... On ne lui en demande pas tant ! D'autant que le sens du sacrifice ne va jamais chez lui au-delà de ce que commande son propre intérêt. Evidemment, il adhère pleinement aux thèses du baron : l'excellence des passions, sans lesquelles rien de bien ne s'effectue ; l'intérêt comme moteur de toutes les actions humaines ; l'utilité promue règle de toute action bonne ; la radicale immanence du monde ; la matérialité intégrale du réel ; la critique des valeurs, des vertus et de la vision chrétienne du monde ; l'univers assimilable à une immense machine parcourue par une énergie produisant l'homéostasie de l'ensemble ; le déterminisme, le fatalisme et l'inexistence du libre arbitre.

Ses positions philosophiques se trouvent plus particulièrement dans *La Philosophie dans le boudoir* et *La Nouvelle Justine*. Entre deux gamahuchages, irrumations, fustigations, pédications, sodomisations, éjaculations, il faut bien se reposer. Dès lors on déclame des tirades philosophiques que le marquis laisse tomber comme des cheveux sur la soupe : un couplet sur la matérialité de l'âme, une philippique contre Dieu, un sermon pour démontrer l'inanité de la famille, du mariage, de l'engendrement, un discours prouvant l'inexistence du bien et du mal, une diatribe contre tout devoir, un plaidoyer pour la nature, et l'on reprend sa gymnastique libidinale entre deux pets, trois étrons et des flots de foutre.

Or, quand le marquis parle de martyre, évitons de le croire sur parole ! Car il lâche d'Holbach assez souvent, notamment sur l'essentiel. Sur l'*être* du monde, La Mettrie, Helvétius et d'Holbach ne diffèrent guère : leur lecture immanente du réel diffère sur très peu de points. En revanche, sur le *devoir être* produit en regard de cette anthropologie matérialiste tragique, Sade ne suit pas grand monde, sinon La Mettrie – dont il représente la face noire, la formule infernale.

D'abord Helvétius : Sade souscrit donc à la mise à plat ontologique de l'auteur de *De l'esprit* et *De l'homme*. Mais il récuse le seigneur de Voré qui, malgré la toute-puissance du déterminisme, croit à la possibilité d'un changement radical par l'éducation. Sade refuse cette fiction optimiste qui contredit la logique fataliste : nous obéissons à la fatalité, le ventre de la mère décide de tous les destins, l'éducation, l'instruction, la pédagogie n'y changent rien.

Dès lors, le souci qu'a Helvétius du peuple, des miséreux, des victimes du système féodal, le désir de rendre la vie plus douce aux humiliés et offensés, tout cela semble à Sade un effet des vertus chrétiennes de pitié, de compassion, de charité, de bienfaisance que *La Philosophie dans le boudoir* taille en pièces – autant d'entraves à la force des forts.

Ensuite, d'Holbach : va pour la lecture athée, matérialiste et utilitariste du monde. Mais pas pour la définition de l'idéal utilitariste : à savoir la paix, la prospérité, l'ordre et l'harmonie sociale. Le *Système de la nature* qu'aime Sade se prolonge dans la *Morale universelle*, la *Politique naturelle* ou l'*Ethocratie*, ouvrages dans lesquels le baron invite à un pacte social constitué par le renoncement à l'égocentrisme de chacun dans le dessein de constituer une communauté hédoniste.

Sade joue l'inverse : ennemi des lois, détestant toute contrainte, haïssant la société, croyant à la seule puissance destructrice de l'individu fort dont d'Holbach souhaite le désamorçage dans la construction d'une société ataraxique, il ne peut souscrire à l'optimisme social du baron, à son grand dessein politique visant le plus grand bonheur du plus grand nombre. Sade veut le plaisir le plus violent pour lui, quoi qu'il en coûte à la communauté.

10

Sade, La Mettrie satanique. Matérialiste, oui, athée, bien sûr, mais sûrement pas holiste ou progressiste comme Helvétius ou d'Holbach. La communauté ? Voilà la bête noire du marquis, soucieux des prérogatives de son rang dans la noblesse. Martyr pour la cause holbachique ? Brisons là, il s'agissait juste d'un bon mot sous la plume du féodal. Faire cause commune avec la populace ? Et puis quoi encore...

A cette étape de l'analyse nous pouvons comprendre pour quelles raisons La Mettrie a été à ce point maltraité par Helvétius et d'Holbach. Dans une note du *Système de la nature*, d'Holbach reproche à La Mettrie d'avoir « raisonné sur les mœurs comme un véritable frénétique », autrement dit, d'avoir nié la possibilité de toute morale, donc de toute politique, avec son système ultrafataliste.

On trouve effectivement dans l'œuvre du médecin de Saint-Malo un développement fataliste et pessimiste en bonne et due forme. Cette vision du monde séduit Sade, mais en même temps elle déplaît aux optimistes de raison que sont Helvétius et d'Holbach, malhabiles et peu convaincants lorsqu'ils tentent de faire coexister un déterminisme intégral et la possibilité d'agir sur le cours du monde...

Dès lors, La Mettrie fonctionne en philosophe emblématique du marquis. L'auteur de *L'Anti-Sénèque* et de *L'Homme-Machine* partage avec Helvétius et d'Holbach la même négation du libre arbitre, un semblable éloge des passions, une pareille invite à suivre la nature, une identique lecture immanente du monde, mais La Mettrie se sépare d'eux par la radicalité de son fatalisme. Si le déterminisme est, il est total ; s'il est total, on ne peut l'infléchir ; dès lors, il ne reste qu'à s'abandonner au destin ; d'où l'impossibilité d'un autre ordre des choses. Helvétius et d'Holbach tergiversent, finassent, convainquent moyennement ; La Mettrie et Sade, non : le réel est ce qu'il est, il ne peut être autre. Position radicalement tragique – et théorique, car la suite prouve que Sade génère lui aussi ses apories...

Deux positions ontologiques fortes et à contre-courant distinguent les deux compères : l'amoralisme et le solipsisme, qui prennent la forme de la critique du remords et la célébration de l'*isolisme* – le seul néologisme forgé par Sade. La Mettrie en tire un art de la volupté joyeuse, un libertinage solaire, un hédonisme radieux, pour le dire dans ses mots : un *Art de jouir* ; Sade conclut à une métaphysique tragique, une érotique cruelle, une métaphysique glaciale. Pulsion de vie contre pulsion de mort, complexion heureuse chez le médecin, nature maussade chez le marquis... Avers diurne et revers nocturne de la même médaille.

11

Les logiques du fatalisme. L'athéisme et le matérialisme de Sade recopient sans originalité celui des maîtres reconnu par lui : Dieu ? Une fiction. La religion ? Une invention pour soumettre le peuple. La morale chrétienne ? Une construction antinaturelle. La matière ? Le seul réel, immortelle dans son être, mortelle dans ses agencements. L'âme ? Une étendue mortelle, constituée d'atomes. Bien et mal ? Des fables. Bon et mauvais ? Ils se disent en regard de l'utile. La connaissance ? Elle s'effectue par les sens. La mort ? Rien à craindre : le néant suit le trépas. Le corps ? Une machine parcourue d'énergie. Un vade-mecum de la tradition philosophique radicale.

Par ailleurs, Sade s'arrête sur la proposition lamettrienne : puisque la nature agence, préside, décide, veut, chacun obéit à la conformation qu'il n'a pas choisie. Le laid et le beau, l'élégant et le contrefait, l'imbécile et le génie, le bourreau et la victime, le maître et l'esclave, le fort et le faible, le grand et le petit, le puissant et le malingre, le radieux et le mélancolique, aucun n'a jamais eu le choix. Dès lors, pourquoi condamner, juger, décerner des récompenses ou distribuer des blâmes ? Ne jugeons pas, plaignons bien plutôt la victime de la nature...

Extrapolons : l'algolagnie du marquis découle donc d'un processus intra-utérin qui met en jeu le « cours des liqueurs », travaille les « fibres », modifie l'« âcreté dans le sang », influence les « esprits animaux », agence singulièrement les « atomes électriques », mais nullement d'un vouloir libre ou d'un choix délibéré qui supposent une faculté à se déterminer sans causes en amont. Aussi, plaignons l'innocent qui, pour jouir, a besoin de la souffrance mais ne le condamnons pas.

De fait, le remords ne sert à rien : inutile pour empêcher ce qui aura de toute façon lieu, ou même pour faire que ce qui a eu lieu n'ait pas eu lieu, il ne présente aucun intérêt, et ajoute de la négativité à la négativité, du mal au mal. La cruauté existe dans la nature, elle se voit en permanence à qui sait l'observer : crimes, meurtres, assassinats, mort. Personne n'y peut rien.

12

L'isolisme n'est pas un humanisme. Sade n'abuse pas du vocabulaire philosophique – au contraire du registre pornographique. Dès lors, l'unique concept créé par ses soins mérite un examen. D'autant qu'il concentre la spécificité de la pensée sadienne, sinon sadique. J'ai nommé l'*isolisme*. Le terme apparaît à trois reprises dans l'œuvre : *Les Infortunes de la vertu* (1787), *Aline et Valcour* (1795), *La Nouvelle Justine* (1797). Il permet d'effectuer une variation sur le solipsisme.

L'isolisme suppose que la matérialité d'un être limitée à sa corporéité le définit comme un fragment aveugle du tout se trouvant dans l'incapacité de communiquer avec autrui, d'entrer en contact avec lui. Chacun vit son destin en monade solitaire et aveugle.

L'expansion de sa force, de sa puissance, de sa cruauté, voilà la vérité de tout être. Tous obéissent à cette loi. Dès lors, l'état de nature se caractérise par l'état de guerre de tous contre tous. Par-delà bien et mal, la cruauté fait la loi. Le monde m'appartient, autrui est ma propriété, ma puissance ignore les limites : je dois ce que je peux et je peux ce que je veux, mais je veux ce que la nature m'impose. Ce cercle infernal définit l'isolisme, le système de cette vision tragique du monde.

L'isolisme coupe le monde en deux instances : forts et faibles, maîtres et esclaves, libertins et sentimentaux, bêtes de proie et victimes, loups et chiens, aristocrates et populace, criminels et sacrifiés, violeurs et violés, assassins et assassinés, riches et pauvres, autrement dit Sade et le reste du monde. Une partie de l'humanité existe pour subir la loi de l'autre, et cet état de fait convient car il n'est pas possible qu'il en soit autrement.

Dans *La Nouvelle Justine*, Sade justifie la dictature de l'aristocratie sur la populace, il vante les mérites du christianisme et de la monarchie auxquels, selon lui, on doit la grandeur et la prospérité de la France. Adepte de « la tyrannie la plus outrée », il donne des recettes : contraindre les pauvres à tuer leurs enfants ; pratiquer un eugénisme brutal à grande échelle ; supprimer les « êtres secondaires » ; abolir l'assistance publique ; fermer les hospices pour les pauvres ; interdire la mendicité ; supprimer la charité ; punir l'aumône ; imposer lourdement les paysans ; accélérer la paupérisation ; interdire les mésalliances ; transformer les exécutions capitales en spectacles publics ; organiser d'immenses famines à l'aide de malversations commerciales ; pendre et sabrer les mendiants ; agir en despote. Le mot d'ordre ? « Soyons inhumains et barbares ». La formule de Sade n'est pas Liberté, Egalité, Fraternité mais Fatalité, Inégalité, Cruauté. Les antipodes du républicain...

La lecture structuraliste, par son déni de l'histoire, considère le texte comme une parole révélée et active l'exégèse sur le mode onaniste. Dès lors, ces considérations sur l'excellence de la tyrannie féodale exercée sur le peuple passent pour une mise en abyme littéraire, une performance textuelle, une construction langagière. Et l'on exhibe *Français, encore un effort si vous voulez être républicains* : la preuve, disent les gogos, il y condamne la peine de mort...

C'est oublier qu'avec ce texte de circonstance (retouché après Thermidor – comme le sera *Aline et Valcour*, démocratisé et révolutionné...) Sade essaie d'amadouer les révolutionnaires en surenchérissant dans la fête populaire, la vertu républicaine, la religion civique, la méritocratie des talents, l'altruisme justicier – de même, il affecte des professions de foi révolutionnaires dans sa correspondance, car, selon ses propres confidences, il la sait ouverte et lue...

Mais ce texte, comme l'ensemble des prises de position faites sous couvert de la section des Piques, très inscrit dans le contexte historique, n'a qu'un seul objectif : sauver la peau du marquis qui risque la guillotine. Car le fond de la pensée de Sade, ce dont sa vie témoigne de bout en bout, et son œuvre, brutale, sans concessions, absolue, hors perspective opportuniste, c'est la défense forcenée, farouche, de l'idéal féodal. *Les 120 Journées de Sodome* offrent une illustration de cette radicalité au point que, nonobstant l'anachronisme, on peut parler de ce livre comme d'un grand roman fasciste...

13

120 journées fascistes. Je tiens ce roman pour un sommet d'abjection politique. Ce texte inachevé contient tous les ingrédients de ce qui constitue le régime totalitaire, dont on dira par la suite qu'il constitue le fascisme. Bien sûr, ce terme correspond à une *existence* historique susceptible d'une datation : après la Première Guerre mondiale, en Italie, le mot se forme sur le *fascio* des licteurs de l'armée mussolinienne ; mais on peut extrapoler et en user de manière *essentialiste* pour qualifier tout agencement intersubjectif dans lequel la violence la plus brutale fait la loi – et par suite toute configuration collective relevant de ce même régime puissanciel. En ce sens, *Les 120 Journées de Sodome* quintessencient cette utopie *olitique*.

Dans ce roman philosophique détestable, Sade scénographie tout ce qui définit le fascisme : contrôle policier d'un territoire délimité, isolé et protégé de l'extérieur ; extraterritorialité juridique des sujets parqués ; soumission au caprice et à l'arbitraire ; constitution de la loi par la parole du maître ; règne de la violence pure ; domination d'une caste revendiquant sa supériorité ; constitution corrélative d'une catégorie relevant de la sous-humanité ; haine des femmes ; marquage des corps ; vexations généralisées ; punitions sexuelles ; animalisation des humains ; réduction de l'être aux nudités existentielles ; imminence perpétuelle de la mort.

14

Le camp de la mort. La *rafle* : des milices grassement payées ratissent la province à la recherche de victimes sélectionnées pour leurs qualités sexuelles et leur lignage de bonne race. La *déportation* : les victimes sont enlevées avec brutalité, parfois on tue celles et ceux qui s'interposent et protègent leurs enfants. Le *camp* : un château au-delà du Rhin, dans la Forêt-Noire, au sommet d'une montagne, loin de tout, inaccessible, bordé par ravins et précipices, barbelés naturels. La *police* : une milice de villageois constituée de droits communs – voleurs et contrebandiers. Le *pénitencier* : pont-levis levé, fermeture, clôture, rupture totale de relations avec l'extérieur. La *sous-humanité* : les femmes, tout juste bonnes à donner du plaisir aux hommes, chiennes à traiter comme des animaux – elles sont « d'une autre espèce » mais nullement nos semblables. La *race des seigneurs* : un Duc, un Evêque, un Président, un Libertin, tous rouages de la féodalité et du déroulement de ces 120 journées. La *nudité* : dévêtues, examinées, les puissants s'assurent de la virginité de leurs proies. La *sélection* : à l'issue de l'inspection, une partition entre « reçues » et « renvoyées ». Les *insignes* : chacune arbore un ruban d'une couleur qui signifie l'appartenance des orifices à tel ou tel – rose, vert, noir, jaune, lilas, violet. Le *tatouage* : marquage au fer rouge d'un numéro. L'*uniforme* : chacun dispose d'un vêtement dont le tissu et la couleur signifient, la coupe permettant une copulation subite, immédiate, brutale. Le *règlement* : tatillon, pointilleux, vétilleux, il ne laisse rien au hasard : emploi du temps, horaires, heures de repas, menus, dates de fêtes, repos, rites, nombre, forme, agencement des objets, déplacements, panoplies, déroulement des orgies, minutage, scénographie. La *tonte* : elle prend place parmi les vexations et autres punitions infligées lors des manquements au règlement qui interdit formellement le rire, la sexualité libre, la manifestation de piété ou de religiosité. Pleins pouvoirs aux caprices des seigneurs, la vie des esclaves compte pour rien. A l'issue de ces 120 journées : le *registre* de comptabilité des morts.

« Tout cela de sang-froid », écrit le marquis. « Principe de délicatesse », écrivait Roland Barthes...

15

L'hédonisme féodal. Le Libertin Durcet – en verlan *c'est dur*, au sens moral et anatomique... – formule la Loi du camp : « nous satisfaire, n'importe aux dépens de qui ». Ailleurs, le même : « Je bande à faire le mal ». Et puis : « Que m'importe le crime pourvu que je me délecte ». Voilà les formules de l'hédonisme féodal, nocturne, indexé sur la pulsion de mort, autre façon de nommer l'isolisme cher au marquis. Ma jouissance coûte que coûte, le reste du monde peut bien s'effondrer. Je jouis, donc je suis ; et si je suis, le monde peut bien cesser d'être.

Ce que veut le héros de Sade ? Exciter les « atomes électriques », éprouver le « chatouillement qui électrise », connaître la « secousse », décharger, se vider. Jamais l'homme-machine n'a à ce point été réduit à sa pure énergie. La Mettrie, débordé sur sa radicalité, fournit le prétexte philosophique à la tragédie du sexe pur. Tout ce qui permet l'éjaculation, voilà l'utile, le bien, le bon, le vrai.

Dès lors, indistinctement, Sade célèbre les occasions de répandre sa liqueur séminale : voyeurisme, masturbation, gamahuchage, pédophilie, sodomisation, pédication, scatologie, irrumations, infanticide, gérontophilie, exhibitionnisme, inceste, triolisme, coprophilie, fellation, taquinisme, saphisme, coprophagie, fustigation, ondinisme, fétichisme, tortures, ivrognerie, blasphème, zoophilie, nécrophilie, nécrophagie, cannibalisme, exécutions, homicides, etc.

L'assemblage de toutes ces formules de base permet une multiplicité de combinaisons. Le roman déploie une accumulation de scènes ennuyeuses, racontées avec la précision des minutes d'un procès-verbal de l'administration pénitentiaire. Catalogue de gravures licencieuses, voire variations sur le thème de l'*Encyclopédie* qui accumule, ramasse, synthétise, propose une totalité clinique de *ce que peut le sexe sans loi*. Froidement, sans états d'âme, avec l'impassibilité d'un employé de morgue. Voire d'un directeur ou d'un administrateur de camp de concentration.

16

Ce que peut le sexe. « Rapide » aperçu de ce que contiennent ces *120 Journées de Sodome*, pour donner une lointaine impression de l'ennui, de la répétition, de la farce sinistre composée par le marquis : éjaculer sur le visage d'une jeune fille ; uriner sur le sexe d'un curé ; avaler la morve d'une vieille ; boire l'urine d'un grabataire malpropre ; se masturber dans des cheveux, sur un cul ou tout autre membre ; défoncer un cul, un con ; dissimuler un corps, sauf une partie ; jouir des mauvaises odeurs – pets, excréments, sueur ; avaler une décoction de crasse, de saleté, de merde humaine ayant mariné dans du champagne ; manger les sécrétions fermentées accumulées entre les doigts de pied ; gober les rots d'une femme qui n'arrête pas d'en produire ; idem avec les pets ; boire le vomi d'une femme gorgée d'émétique ; manger des aliments humectés au sexe d'une octogénaire ; lécher l'anus pustuleux d'un vieillard ne s'étant jamais lavé ; boire le sang menstruel ; manger fausses couches et fœtus ; se délecter de toutes sortes d'étrons humains, chauds, froids, tièdes, secs, humidifiés à l'urine, fermenté, moisis ; boire des lavements confectionnés avec du lait ; contrefaire les cris d'un enfant ; se faire langer ; dépuceler avec un étron ; fouetter avec divers objets : verges imbibées de matière fécale, de vinaigre, fouets aux lanières d'acier, martinets avec pointes recourbées ; frictionner les plaies à l'urine ; « péter dans un verre de vin de champagne » ; se faire attacher à une échelle puis transpercer les testicules avec des aiguilles d'or ; idem avec le gland, les fesses ; se faire brûler avec des pinces, piquer avec une alène de cordonnier ; introduire un bâton avec des épines dans l'urètre d'un homme ; brûler le sexe avec la cire d'une bougie ; se faire lier les articulations et serrer le cou ; « se faire coudre le trou du cul » ; imbiber les poils avec un liquide inflammable et y mettre le feu ; brûler l'anus avec une bougie ; jouer à pète-en-gueule ; blasphémer ; doucher à l'eau bouillante ; frotter le corps avec du gravier porté à l'incandescence ; se branler sur un cercueil ; profaner cimetières et cadavres ; tuer et sodomiser une jeune femme dans la seconde suivant l'assassinat ; éjaculer en assistant à une exécution capitale ; simuler un homicide – enfermer dans un sac, le coudre, le jeter à l'eau, le récupérer ; brûler vif le corps d'une femme ; enfermer dans une cage de fer sans possibilité de se tenir debout ou de s'asseoir ; gonfler une femme par l'anus avec un soufflet de forge jusqu'à éclatement ; sodomiser un dindon, le décapiter au moment de décharger ; idem avec chiens, chats, boucs, cygnes, chèvres ; se faire sodomiser par un cheval, un taureau ; entrer un serpent dans son anus ; enfermer dans un cercueil ; simuler une exécution ; crucifier ; installer dans un caisson à raréfier l'oxygène ; effectuer des lavements à l'huile bouillante ; faire avorter une femme ; la saigner jusqu'à l'évanouissement ; confectionner du boudin avec son sang et le manger ; cautériser les plaies au fer rouge ; arracher les dents ; donner des coups de marteau ; casser des membres ; énucléer, inciser, tailler, couper les corps ; réduire un homme à l'état de tronc et le sodomiser chaque jour pendant une année ; jeter « dans un four ardent » ; organiser des spectacles de pendaison ; remplir des fosses de cadavres. Arrêtons là : Sade remplit presque quatre cents pages avec le détail de ces délires – dont bon nombre furent pratiqués par la Milice de Vichy, la Gestapo allemande, la soldatesque nazie et tous les régimes fascistes.

17

Que sauver ? A son corps défendant, Sade décrit l'impasse dans laquelle on se trouve en affirmant l'éthique impossible, voire impensable ou tout simplement inutile. Lui non plus n'échappe pas aux contradictions du matérialiste fataliste qui affirme le règne de la nécessité en même temps qu'il vante les mérites de l'organisation volontariste et scrupuleuse, qu'il détaille un projet procédant d'un plan concerté et délibéré, d'un pacte entre libertins.

Le château de Silling n'est pas un produit *aléatoire et nécessaire* de la nature mauvaise et méchante, cruelle et criminelle, mais la création *volontariste et culturelle* d'un cerveau hanté par la pulsion de mort. Tout fascisme procède d'une crainte de l'impuissance – donc d'une impuissance réelle... – conjurée par la puissance surjouée. Si d'aventure il existait un sous-homme, nul doute qu'il définirait le fasciste.

Tout comme existe un *fascisme* débordant les catégories de l'histoire, il y a un *féodalisme* qui transcende les moments et les époques dans lesquels il s'incarne. Sade est le philosophe de la féodalité, de toutes les féodalités : celles d'avant, de pendant et d'après lui. Donc celles d'aujourd'hui, bien sûr. D'où l'intérêt de la lecture : pour connaître les mécanismes de l'ennemi on ne doit rien ignorer de son fonctionnement.

Et puis : lire ou relire quelques vigies antifascistes : en 1944, dans leur *Dialectique de la raison*, Horkheimer et Adorno transforment l'auteur des *Infortunes de la vertu* en emblématique penseur de la bourgeoisie, en précurseur du « fascisme » et de « l'ère totalitaire » ; en février 1951, dans *Les Origines du totalitarisme*, Hannah Arendt pointe la fascination pour les œuvres du marquis chez les intellectuels d'avant guerre, elle montre l'importance de cette donnée dans la formation intellectuelle des fascismes européens ; la même année, dans *L'Homme révolté*, Camus met en perspective la « république barbelée » du marquis et les camps de la mort ; et puis, en 1975, le dernier Foucault, revenu de sa période structuraliste, l'auteur de *Surveiller et Punir* enfin dessillé, affirme dans un entretien intitulé *Sade, sergent du sexe* que Sade « est un disciplinaire ». Enfin...

La seule originalité du marquis ? Manifester brutalement l'irruption du sexe dans la philosophie. En cela, il relève du continent des ultras des Lumières – mais en cela seulement. Toutefois, victime de son temps, produit de son époque et de plus d'un millénaire de judéo-christianisme, l'œuvre du marquis de Sade manifeste dans toute sa superbe le retour du refoulé chrétien.

De fait, cet érotisme nocturne, cette libido mauvaise, cette chair avilie, ce plaisir des sanies, ces épousailles du sexe et de la mort, cette perpétuelle haine de la femme, cette incapacité à un plaisir solaire, ludique, joyeux, partagé, voilà un pur produit du christianisme paulinien, l'exemple d'un cerveau formaté par la névrose de Paul de Tarse.

Français, encore un effort si vous voulez vraiment la déchristianisation et la possibilité d'un hédonisme qui parie sur la vie et tourne le dos aux gnoses chrétiennes. La Révolution française effectue un pas dans cette direction en sapant la féodalité prérévolutionnaire. Le triomphe de la bourgeoisie après Thermidor crée de nouvelles féodalités, les nôtres. D'où l'actualité de nouvelles Lumières – si possible ultras...

CONCLUSION

Les deux révolutions françaises

1

« *La poule et l'œuf* » *philosophique.* Contrairement à la légende fabriquée par l'historiographie dominante, les philosophes ne produisent pas la Révolution française. Car, à l'inverse, c'est bien plutôt la Révolution française qui les produit – du moins ceux qui apparaissent sur la carte postale réunissant habituellement Rousseau, Voltaire et l'*Encyclopédie* de Diderot et d'Alembert.

L'écriture de l'histoire *fait* l'histoire : elle crée l'événement majeur, puis décrète simultanément l'anecdote mineure ; elle promeut le philosophe considérable, elle évince le penseur dit de seconde zone ; elle adoube Arouet, repeint aux couleurs franches du héraut nécessaire, elle néglige l'autre, oublie celui-ci, salit celui-là, et envoie au purgatoire, voire en enfer, quiconque ne valide pas l'hypothèse de son parti pris rectiligne.

2

A mort les philosophes ! Aucun des philosophes enrôlés sous la bannière de la Révolution française n'en a connu les événements. Toutes les figures tutélaires de 1789 gisent six pieds sous terre. Le cadavre le plus récent, d'Holbach, a rendu l'âme matérielle le 21 janvier 1789, soit trois jours avant la convocation des Etats généraux par le roi.

Le sort de Condorcet, philosophe emblématique des Lumières qui, lui, agit en contemporain de la Révolution, renseigne sur ce qu'auraient pu connaître les philosophes dont on se réclame en faisant parler leurs textes. Du bon goût d'être mort en pareil cas ! Condorcet, par exemple, élu de la Convention, souhaite une République éclairée par une instruction nouvelle afin de réaliser la démocratie et une authentique souveraineté populaire. Son destin témoigne du sort réservé par le personnel politique aux penseurs en temps révolutionnaires.

Le philosophe travaille à son *Esquisse d'un tableau historique des progrès de l'esprit humain* quand le Comité de salut public, dont Robespierre et Saint-Just, le condamne. Pour échapper à la guillotine, il se cache. En pareils moments, il persiste à croire à la nécessité de « rendre la raison populaire ». Optimiste sur l'issue finale de l'humanité, fidèle à sa religion du progrès, en dévot de l'homme auquel il croit, Condorcet choisit la solution romaine. Retrouvé, arrêté, incarcéré, il se tue pour échapper à la mort le 29 mars 1794.

L'anecdote du buste d'Helvétius détruit par Robespierre à la séance de la Société des Jacobins le mercredi 5 décembre 1793 témoigne dans le même sens. Coupable de sympathie avec les ennemis de la Révolution (il est mort en 1771 !), le prétendu Incorruptible (en fait le plus cynique démagogue opportuniste et populiste qui fût jamais) montre sa singulière conception de la *vertu*...

D'Holbach aurait très probablement fait partie d'une charrette pour la guillotine, lui le philosophe athée, matérialiste, ennemi de toutes les religions. Car Robespierre exècre l'athéisme. Pour preuve, son *Discours sur la liberté des cultes* prononcé le 1er frimaire An II : « L'athéisme est aristocratique ; l'idée d'un grand être qui veille sur l'innocence opprimée et qui punit le crime triomphant est toute populaire ». Déchaîné contre le « philosophisme », il vomit les athées coupables de tous les maux : vendus à l'étranger, immoraux, sans honneur, sans morale, sans foi ni loi. Il écrit sans ambages : « Si Dieu n'existait pas, il faudrait l'inventer ». On retrouve là une citation extraite de l'*Epître à l'auteur du livre « Les trois imposteurs »*, qui date de 1768.

Ce discours prononcé aux Jacobins fin novembre 1793 marque la fin de toute possibilité d'une réelle révolution populaire au profit de sa formule bourgeoise, Robespierre nous le rappelle : la Déclaration des droits de l'homme, tables de la loi des libéraux de toujours, se promulgue en août 1789 « en présence et sous les auspices de l'Etre suprême ».

Ne parlons pas de Meslier que Robespierre et les siens auraient humilié, insulté, sali, pulvérisé, détruit, massacré, conchié (ce que Voltaire fit avec son assassinat de papier en mutilant sa pensée et son œuvre), tant son athéisme, son matérialisme, sa haine de toutes les religions, sa condamnation de la propriété, son invention d'un communalisme libertaire, auraient choqué Robespierre, ce bourgeois déiste, libéral, qui met la Terreur au service de cette idéologie, le libéralisme. Car la guillotine n'a jamais fonctionné pour l'athéisme, ni en son nom. En revanche, elle a décapité plus d'un citoyen s'affirmant sans Dieu ou supposé tel...

3

Le dionysisme de la Révolution. La (re)composition historiographique taille dans le vif de la Révolution française pour produire une forme apollinienne avec mesure, ordre, causalités apparentes, équilibres, harmonies, jeux de forces, logiques historiques. Facile, connaissant Thermidor et ses suites, de fabriquer la légende de la Révolution française ! La connaissance de la fin permet d'écrire plus facilement le roman. Mais en évitant tout ce qui n'entre pas dans ce schéma contraignant.

De la convocation des Etats généraux au 18-Brumaire, l'histoire n'est univoque et linéaire que pour l'historiographie dominante – dans laquelle j'intègre l'historiographie dominante des dominés, dont les histoires socialistes de Jean Jaurès ou communistes de Mathiez, Soboul, etc. En histoire comme ailleurs, l'apollinisme triomphe toujours au détriment du dionysisme...

Modérée et ultra, philosophique et économique, conservatrice et radicale, déiste et athée, de droite et de gauche, jacobine et fédérale, libérale et communiste, bourgeoise et populaire, mesquine et grande, pragmatique et idéologique, géniale et stupide, féministe et misogyne, émancipatrice et assujettissante, urbaine et rurale, intellectuelle et fiscale, tout dans cette Révolution se joue, s'oppose, s'affronte, se mélange.

4

Les deux Révolutions. Si dans le fouillis dionysien on taille pour faire émerger un nouvel apollinisme, que voit-on ? Une lecture qui oppose la Révolution des gagnants à celle des perdants. Logique de vainqueurs contre logique de vaincus. La bourgeoisie remplaçant la noblesse, contre le peuple, éternel floué des révolutions dans l'histoire. Ligne libérale, ligne ultra.

La ligne de force libérale triomphe avec les idées de Voltaire et la main de Robespierre, deux roturiers animés par le ressentiment. Les deux aspirent à remplacer la puissance féodale des nobles par celle, commerciale, des marchands, des entrepreneurs, des banquiers, des propriétaires. L'invention de la bourgeoisie moderne se joue dans cette période. L'issue de la partie désigne les perdants : les citoyens dits passifs – autrement dit, non propriétaires, ne payant pas d'impôts, incapables de subvenir à leurs besoins par leurs propres moyens.

Dans ce *camp libéral*, la Révolution française a sa légende : la convocation par le roi des Etats généraux ; le désir, au moins jusqu'à Varennes, de préserver la monarchie et de contrebalancer les pleins pouvoirs de la cour par une constitution ; la Déclaration des droits de l'homme et du citoyen dans la version de 1789 qui, dans son article 2, consacre la propriété et la sûreté comme des « droits naturels imprescriptibles », puis, dans son article 16, en fait « un droit inviolable et sacré », bien plus que la justice ou l'égalité ; c'est aussi la liberté totale pour le commerce, l'industrie, le négoce, la circulation des richesses et des biens ; la loi Le Chapelier, interdisant le syndicalisme ; l'article 10 qui reconnaît la liberté des croyances et des cultes accordée à la religion, si pratique pour légitimer spirituellement les nouvelles formes du temporel.

Dieu, propriété, sûreté, commerce, industrie, liberté, voilà les mots d'ordre de la nouvelle élite qui, avec cette Révolution, fait main basse sur la Nation. La légende de la Révolution française en Cinémascope peut commencer : Louis XVI le nez dans ses mécanismes de serrures ; Marie-Antoinette et ses brioches ; la prise de la Bastille quasi vide ce jour-là ; le bon mot des baïonnettes du serment du Jeu de paume ; Voltaire et Rousseau au pinacle ; Robespierre et Saint-Just, hérauts de la vertu républicaine ; Danton, ogre inversé de l'Incorruptible ; le bon Marat dans sa baignoire trucidé par Charlotte Corday la dérangée ; Thermidor qui arrête le délire de la Veuve ; et bientôt le petit Bonaparte qui ramasse et recolle les morceaux pour la plus grande joie des propriétaires, dont les nouveaux riches de la Révolution française ayant acquis les biens de l'Eglise avec une poignée d'assignats dévalués...

5

La radicalité révolutionnaire. En face, dans le *camp ultra*, la Révolution française offre un autre visage : l'abolition des privilèges ; la décapitation de Louis XVI ; la taxation et la loi sur le maximum ; l'athéisme déchristianisateur de l'An II ; elle concerne les « bras nus » de Michelet, les sans-culottes qui revendiquent

« l'égalité des jouissances », les Enragés et leur manifeste du 25 juin 1793, les prêtres rouges, Jacques Roux – « l'enragé des Enragés », écrit Michelet... – et Pierre Dolivier, Sylvain Maréchal, son *Dictionnaire des athées* et son *Manifeste des égaux* ; la Société des républicaines révolutionnaires fondée par Pauline Léon et Claire Lacombe ; Gracchus Babeuf et les babouvistes de sa conjuration ; autant d'acteurs rangés dans le tiroir de seconde zone parce qu'ils incarnent la Révolution française des perdants : les égalitaires, les amoureux de justice sociale, les féministes combattant avec les Enragés, les tenants d'un programme économique réellement social, parce que socialiste ou communiste.

Ce mouvement suppose les idées du *Testament* de Jean Meslier, même si les acteurs de la Révolution française ignorent l'intégralité de son œuvre : athéisme, communalisme, féminisme, égalitarisme, justice sociale, l'ensemble dans une perspective radicale, autrement dit, appliquée à la racine des choses.

Or la racine, c'est la collusion du pouvoir spirituel catholique romain, via l'Eglise et sa hiérarchie, et du pouvoir temporel de la monarchie française. Changer *réellement* les choses, c'est saper les fondations chrétiennes de la royauté capétienne dans la perspective d'un monde postféodal, postchrétien.

L'An II essaie cette radicalité. Nouvelle période, nouveaux actes, nouvelles pensées, nouveaux mots. Le vocabulaire de l'époque donne jour à « déroiser », « déprêtriser », « déféodaliser », « défanatiser ». Les dictionnaires contemporains conservent « déchristianiser »... Ce dernier terme contient d'ailleurs les autres : en finir avec le roi, les prêtres, la féodalité, le fanatisme, réunis dans le christianisme...

La déchristianisation veut la constitution civile du clergé, la proscription des prêtres réfractaires, la suppression du culte, la disparition des fêtes religieuses, la destruction des symboles catholiques, la nationalisation des biens du clergé, la laïcisation de l'état civil, une législation non religieuse sur le baptême, le mariage et le divorce, un calendrier non chrétien, une onomastique postchrétienne, la mort conçue en dehors des fables religieuses comme un repos et non une menace.

En tout et pour tout, cette réelle et radicale révolution dure du 5 octobre 1793 au 21 novembre de la même année, date du discours de Robespierre qui étouffe le mouvement en envoyant l'aile gauche des hébertistes et les Enragés à l'échafaud, puis en mettant sur le devant de la scène révolutionnaire la bimbeloterie des Temples de la Raison et des fêtes de l'Etre suprême au cours desquelles on brûle « le monstre de l'athéisme » dans le Jardin national. Moins de deux mois, c'est trop peu pour escompter un résultat tangible. La Révolution française n'est pas terminée.

Le peu de déchristianisation a tout de même de quoi réjouir les mânes de Meslier, Helvétius, d'Holbach, bien sûr, mais certainement pas celles de Voltaire, ni Rousseau, et encore moins, évidemment, Robespierre qui fit tout pour arrêter cette révolution-là en rétablissant la liberté des cultes lors de cette fameuse séance du 1er frimaire An II. Ce jour-là, les ultras périssent, les libéraux gagnent le droit d'achever leur coup d'Etat qui porte la bourgeoisie aux commandes de la machine républicaine. Le Robespierre de Thermidor s'acheminait d'ailleurs dans cette direction-là, les manuscrits des jours précédant son arrestation témoignent...

6

Philosophie (bourgeoise) des professeurs. Les vainqueurs libéraux et bourgeois rendent très vite hommage aux penseurs qui ont permis ce bouleversement. On comprend que Voltaire, le philosophe emblématique de cette ligne de force déiste, libérale et propriétaire, en un mot bourgeoise, entre au Panthéon en pleine Révolution française dès 1791... Lui qui travestit Meslier pour le dévitaliser, détestait La Mettrie, écrivait contre Helvétius, ridiculisait Maupertuis, moquait d'Holbach, méprisait le peuple, flattait les puissants, n'a pas volé sa place dans ce mausolée des importants.

Pour écrire l'histoire (de la philosophie) du point de vue des vainqueurs, les bourgeois disposent d'une arme ancienne, mais remise à neuf par Bonaparte devenu Napoléon : l'Université. Cette institution longtemps aux ordres de l'idéalisme chrétien se met au service des bailleurs qui l'appointent désormais : les libéraux, les bourgeois et leur spiritualisme, version modernisée du christianisme.

Le vent du boulet de la Révolution française passé si près, les bourgeois se souviennent confusément mais sûrement que des philosophes ont rendu possible ce cataclysme. La dangerosité du XVIIIe siècle est stigmatisée avec le matérialisme, le sensualisme, l'empirisme, le déisme, sans parler de l'athéisme.

En France, l'usage de la philosophie à des fins contre-révolutionnaires passe par l'Université du XIXe siècle. Afin de faire pièce à l'esprit de 89 – on ne parlait pas de « pensée 89 », mais on aurait pu... –, un obscur professeur trouve là un excellent moyen de devenir un fonctionnaire important par lequel tout passe. Son nom ? Victor Cousin.

Ce dernier, philosophe médiocrissime, donc prédestiné à exceller dans l'administration nationale de la philosophie, auteur d'une soupe entrée dans l'histoire des idées sous le nom d'*éclectisme*, concentre entre ses seules mains un pouvoir important dans le milieu politico-philosophique : en agissant sur les programmes, le contenu du baccalauréat, les concours d'enseignements, le corps d'inspection, la machine administrative, il crée la *philosophie des professeurs* qui triomphe depuis deux siècles. Signe particulier : haine de la vie quotidienne, mépris du corps, de la chair, des émotions, des sensations et perceptions, refus du concret, refuge dans l'idéalisme, culte du spiritualisme, apparente dissociation de la discipline avec la religion, en fait, sécularisation laïque du christianisme, l'ensemble se présentant sous les habits de magicien de l'idéalisme allemand. Cousin inaugure la grande tradition française de la germanophilie dans le monde philosophique...

La philosophie des professeurs se développe telle une patristique libérale. A cette époque on commence à rédiger des histoires de la philosophie, car on pressent, sinon comprend, l'importance pour l'histoire de l'écriture de l'histoire. Voire pour sa réécriture...

Les cours d'histoire de la philosophie, sous des allures neutres et objectives, permettent aux fonctionnaires d'Etat de la discipline, de sélectionner, de conserver, de garder, de célébrer des philosophes, des noms, des œuvres, puis d'en exclure et d'en évincer d'autres. Descartes contre Locke, Leibniz contre Gassendi, Kant contre Helvétius, Hegel contre d'Holbach. On crée des légendes, on lance des anathèmes. Dans son Cours de philosophie, tome premier, Cousin dit de La Mettrie et d'Holbach : « ce sont des fous » ! On inscrit les amis sur une liste officielle, un programme, en même temps qu'on passe les ennemis sous silence.

7

Clartés anglaises contre brumes allemandes. Toute la philosophie ne se réduit pas à la célébration de l'Esprit Absolu, au christianisme transfiguré par le Concept, ou à la religion de l'Etat comme la *Phénoménologie de l'esprit* et les *Principes de la philosophie du droit* de Hegel l'enseignent. La passion pour le néologisme, la dialectique absconse, le goût pour la rhétorique et la sophistique des scolastiques du Moyen Age revisités par Iéna ne constituent pas l'horizon indépassable de la philosophie (ce que l'historiographie dominante croit fâcheusement). Le salut existe en dehors de l'idéalisme allemand...

L'Université ne constitue pas l'horizon indépassable de la pensée après la Révolution française. Certes, Berlin, Tübingen, Iéna, Heidelberg, Fribourg ; évidemment, la Science de la Logique, la Conscience de Soi, l'Esprit du Monde, le Savoir Absolu ; très bien, Kant, Hegel, Fichte, Schelling. Mais ailleurs ? Rien ? Rien d'intéressant ? Rien d'important ?

Bien sûr que si. Car le XIXe siècle, quand il n'est pas complice de l'idéalisme formulé dans le langage allemand, c'est aussi celui des disciples anglais de l'utilitarisme français : le singulier William Godwin, le non moins extravagant Jeremy Bentham, le surdoué John Stuart Mill, le disciple Henry Sidgwick, mais également, outre-Atlantique, une pensée américaine incarnée dans la figure atypique de Henry David Thoreau ou de son maître, le transcendantaliste épicurien Emerson. Autant d'occasions de montrer que la philosophie parle une autre langue que le grec de Platon ou l'allemand de Kant car, quand elle a parlé le français d'Helvétius ou de D'Holbach, elle peut aussi s'exprimer dans la langue de Locke...

BIBLIOGRAPHIE

La face cachée des Lumières. Pour entrer dans ce siècle, il faudrait citer tout l'excellent travail de Robert Darnton qui a révolutionné la façon d'appréhender cette époque. Citons, entre autres livres, pour l'analyse du statut de l'intellectuel, de la culture bourgeoise, des pratiques ouvrières du fameux massacre des chats, *Le Grand Massacre des chats. Attitudes et croyances dans l'ancienne France*, Robert Laffont, 1985, pour la part antirationnelle, sinon déraisonnable, du siècle dit des Lumières, *La Fin des Lumières. Le mesmérisme et la révolution*, Odile Jacob, 1995, pour des réflexions sur le prix du livre, son coût, sa diffusion, sa pénétration dans les campagnes, *Gens de lettres, gens du livre*, Odile Jacob, 1992, pour une encyclopédie à propos de l'*Encyclopédie*, *L'Aventure de l'Encyclopédie : 1775-1800, un best-seller au siècle des Lumières*, Seuil, 1992. Travail considérable et passionnant. Un ouvrage pour commencer : *Pour les Lumières. Défense, illustration, méthode*, Presses Universitaires de Bordeaux, 2002.

J'aime la vigueur, l'engagement et la détermination de Louis Sala-Molins. Son analyse et son édition du *Code Noir* aux PUF sont magistrales ; on retrouve la même puissance à dénoncer l'inacceptable raison coloniale avec *Les Misères des Lumières. Sous la Raison, l'outrage*, Robert Laffont, 1992. Il fouille l'ombre des Lumières et montre combien les philosophes dits des Lumières justifient et défendent l'esclavage... Sala-Molins revendique « le parti pris de lire l'histoire des idées et du droit du point de vue des va-nu-pieds, des crève-la-faim, des esclaves ». Salutaire, revigorant...

On lira *Qu'est-ce que les Lumières ?* d'Emmanuel Kant dans *La Philosophie de l'histoire*, traduction Piobetta, Aubier Montaigne, et le commentaire donné par Michel Foucault dans un article éponyme, « Qu'est-ce que les Lumières ? », édité dans *Dits et Ecrits*, 1954-1988, Gallimard, tome IV, pp. 562-578.

La face ultra du XVIIIe siècle se trouve dans *Discours antireligieux français du dix-huitième siècle. Du Curé Meslier au marquis de Sade*, L'Harmattan, Presses de l'Université de Laval, 2003, excellente anthologie présentée, commentée sous la direction de Patrick Graille et Mladen Kozul ; la face réactionnaire est visible dans la somme passionnante de Didier Masseau, *Les Ennemis des philosophes. L'antiphilosophie au temps des Lumières*, Albin Michel, 2000 : tous les coups tordus des catholiques, de la réaction, des conservateurs, pour contrer la puissance de feu des Encyclopédistes et du clan dit des Philosophes.

Bonne narration de *L'Affaire des Cacouacs* par Gerhardt Stenger qui présente et analyse trois textes (un anonyme, un de Jacob Nicolas Moreau et un autre d'Odet Joseph Giry de Vaux, abbé de Saint-Cyr) violemment polémiques dirigés à l'époque contre les Philosophes. Suivant son étymologie grecque, « cacouac » signifie « méchant »... Publications de l'Université de Saint-Etienne, 2004.

Un titre et un sous-titre accrocheurs, *Philosophes sans Dieu. Textes athées clandestins du XVIIIe siècle*, réunis par Gianluca Mori et Alain Mothu chez la très sérieuse maison d'édition Honoré Champion, 2005, qui édite, préface et publie des textes de Dumarsais, Boulainvilliers, Fréret, Perelle et autres qui, pour la plupart, sont des textes déistes mais pas athées... Livre par ailleurs à un prix exorbitant.

*

Génie de Meslier, curé athée. On évitera le faux concocté par Voltaire en allant directement au texte édité en 1970 en trois gros volumes chez Anthropos sous le titre *Œuvres de Jean Meslier. Mémoire des pensées et sentiments de Jean Meslier*. On y trouve l'œuvre complète, avec la lettre aux prêtres et *L'Anti-Fénelon*. En ouverture au premier volume, des textes éclairants d'André Desné, Jean Deprun, Albert Soboul sur l'homme, le philosophe, le politique. Dans le troisième volume, des notes annexes passionnantes dont une sur le solipsisme au XVIIIe... Textes, documents afférents au dossier Meslier. Edition capitale qui n'a qu'un seul défaut : épuisée, elle est introuvable. A disposition aujourd'hui, un choix d'extraits en français modernisé sous le titre : *Mémoire*. Auteur : Curé Meslier, Exil, 2000. Travail bien fait et utile. Préface synthétique. Dernière heure : reparution du *Testament* aux éditions Alive, 2007.

Maurice Dommanget a écrit sur Meslier tout ce qu'on pouvait savoir en matière d'informations biographiques. Voir *Le Curé Meslier. Athée, communiste et révolutionnaire sous Louis XIV*, Julliard, 1965. Les travaux sérieux reconnaissent ouvertement leur dette à l'endroit de ce pavé de plus de cinq cents pages. L'auteur fournit tout ce que les suivants écrivent sur la question. Marc Bredel, à l'époque jeune professeur de philosophie – 34 ans en 1983 –, a publié chez Balland un *Jean Meslier l'enragé* dont le sous-titre est *Prêtre athée et révolutionnaire sous Louis XIV*. On ne peut mieux faire savoir qu'on écrit avec Dommanget sous la main, ou plutôt sur la table...

Elisabeth de Fontenay a consacré un chapitre – « La douleur des mouches et des araignées », pp. 489-496 – à Meslier et à son éthique de la pitié à l'endroit des animaux dans *Le Silence des bêtes. La philosophie à l'épreuve de l'animalité*, Fayard. Voir également « Le coup de grâce », pp. 289-299, le chapitre sur Malebranche, l'ennemi juré du curé qu'on a pourtant présenté comme un « malebranchiste d'extrême gauche », dans la préface aux *Œuvres* !

*

La Mettrie, bouffon tragique et philosophe. Nulle biographie au sens classique du terme pour ce philosophe extravagant, bouffon, tragique, hédoniste, travailleur et désinvolte. Pierre Lemée a commis pour l'instant le meilleur livre avec son *Julien Offray de La Mettrie. Médecin, philosophe, polémiste. Sa vie, son œuvre*, publié à compte d'auteur à l'Imprimerie du Mortainais – qui fit faillite avant la livraison complète des volumes en 1954. Avant lui, Nérée Quépat, *Essai sur La Mettrie sa vie et ses œuvres*, Librairie des bibliophiles, 1873. Plus récemment Claude Morilhat, *La Mettrie. Un matérialisme radical*, PUF, 1997. Meilleure synthèse philosophique.

On trouvera un chapitre sur La Mettrie (mais pas sur Meslier...) dans Friedrich Albert Lange, *Histoire du matérialisme*, Coda, 2004. Le même éditeur a publié les *Œuvres philosophiques* en 2004, sans introduction ou préface, mais avec des notes. Edition plus maniable grâce à la modernisation de l'orthographe et de la ponctuation que celle de Fayard, *Œuvres philosophiques,* tome I, et tome II, 1987, sous la responsabilité de Francine Markovits. Dans la même collection on peut trouver *Ouvrage de Pénélope ou Machiavel en médecine*, 2002. Raymond Boissier a consacré sa thèse à la présentation d'un texte de La Mettrie : *Un pamphlet médical au XVIIIe siècle. La Politique du médecin de Machiavel de Julien Offray de La Mettrie*, 1931, à compte d'auteur. Lire enfin l'excellente introduction (et les notes) de Paul Laurent Assoun, *L'Homme-Machine*, étrangement sous-titré : *L'antirobot*, facétie d'éditeur probablement ! Denoël Gonthier, 1981.

La revue *Corpus* a consacré son numéro 5/6 à La Mettrie : à boire et à manger... Le meilleur avec Ann Thompson, « La Mettrie ou la machine infernale », le pire avec John Falvey « La politique textuelle du *Discours préliminaire* : l'anarchisme de La Mettrie ». Ce dernier fait de La Mettrie un « anarchiste avant la lettre », p. 35, il produit l'« un des exemples offerts par les Lumières de l'émergence d'une idée maîtresse » à savoir... l'anarchie. Lisons précisément cet article : l'anarchiste en question exhorte « magistrats, ministres, législateurs (...) à continuer d'exercer sur le peuple un contrôle sévère », il manifeste par ailleurs « un mépris cynique des droits de l'homme », il assure les puissants de la collaboration des philosophes dans cette entreprise : on fait mieux pour un prétendu anarchiste ! Comme nombre d'universitaires qui se respectent, M. Falvey ne précise pas qu'il emprunte sa thèse à M. Starke, *Die politische Position La Mettrie's*, Neue Beiträge zur Literatur der Aufklärung, Berlin, 1964, p. 153. Selon cet auteur, La Mettrie illustre le courant « anarcho-individualiste du mouvement des Lumières »...

Le pire également avec Marian Skrzypek, « La Mettrie et la "religion du médecin" », qui prête à La Mettrie les idées d'un interlocuteur que le philosophe met en scène (p. 66). Sorti du contexte, le propos laisse croire que La Mettrie est athée. Ce que défend la vulgate, certes, mais avec pareil zèbre philosophique, déiste de surcroît, les choses sont plus compliquées.

*

Maupertuis le Lapon. Honnête biographie de Michel Valentin, *Maupertuis. Un savant oublié*, La Découvrance (!), 1998 – auteur breton, médecin, célébrant le compatriote chez un éditeur breton lui aussi... On trouvera nombre d'informations biographiques sur Maupertuis dans Elisabeth Badinter, *Les Passions intellectuelles*. Tome 1 : *Désirs de gloire* (1735-1751), tome 2 : *Exigence de dignité* (1751-1762). Auteur sévère avec Helvétius et Maupertuis, qui n'en méritent pas tant, mais hagiographique avec Condorcet... On lui doit par ailleurs un *Condorcet* chez Fayard avec son époux Robert Badinter. Lent, long, indigeste, interminable, mais extrêmement informé. Lire aussi, pour mesurer la méchanceté de Voltaire, et pas seulement avec Maupertuis, le très beau livre de Jean Orieux, *Voltaire, ou la royauté de* *l'esprit*, Champs Flammarion, deux volumes. De nombreux passages sur les rapports polémiques entretenus par les deux hommes.

Les *Actes de la journée Maupertuis* rassemblent les interventions d'un colloque tenu à Créteil le 1er décembre 1973. Article intéressant de Pierre Naudin, « Une arithmétique des plaisirs ? Esquisse d'une réflexion sur la morale de Maupertuis », pp. 15-31. Interventions également sur les rapports avec Dom Deschamps, Diderot, Montesquieu.

L'*Essai de philosophie morale* paru en 1749 à Berlin n'a jamais été réédité...

*

Helvétius, le percepteur gauchiste. *Le Bonheur* et les *Epîtres sur les arts* et *Epître sur le plaisir* suivis d'un échange de lettres avec Voltaire, à Londres, MDCCLXXVI ont été réédités chez Encre Marine. *De l'esprit* et *De l'homme*, deux volumes, ont été réédités par Fayard, Corpus le premier en 1988, les seconds l'année suivante. Aucune édition critique...

L'état de la bibliographie sur le philosophe est consternant : rien de très frais ni de réellement engageant... En 1907 une biographie intellectuelle d'Albert Keim, Alcan : lyrique, délayée, lente, longue, trop longue – 720 pages... – intitulée *Helvétius, sa vie et son œuvre*. Pas de perspective philosophique, des faits, de longs exposés qui rapportent les thèses des publications du philosophe... Néanmoins indispensable.

Plus vif, plus rapide, mais guère plus frais – 1911... – *Helvétius*, un choix de textes et une introduction de J.B. Séverac chez Louis Michaud. François Châtelet écrivit une préface à *De l'esprit* pour Marabout en 1973 : elle sent fort la commande et n'invite pas à s'emballer pour Helvétius...

Les communistes s'en emparent pour leurs Editions sociales, avec une préface de Guy Besse, *De l'esprit*, « Les classiques du peuple », 1968 – Helvétius s'en sort parce qu'il est le meilleur critique de la féodalité de son temps, mais il reste sur le seuil du génie parce qu'il n'est pas marxiste-léniniste ! « Marx, Engels et Lénine ont compris que sa philosophie du bonheur et de l'intérêt général – quelles qu'en soient les faiblesses et les inconséquences – annonce les plus belles vérités du socialisme scientifique ». Fermez le ban ! Guy Besse fut l'un de mes professeurs à l'Université de Caen. Lorsqu'il nous faisait cours, une fois sur deux, c'était pour massacrer Proudhon et porter Marx aux nues.

Même exercice de captation marxiste-léniniste, mais sur 446 pages, chez Kh. Momdjian, *La Philosophie d'Helvétius*, éditions de Moscou, 1959. L'exercice de style stalinien dans sa superbe : Helvétius athée, matérialiste, critique de la société de son temps, un bon point, mais, mauvais point, penseur bourgeois qui défend la propriété et passe à côté du communisme. Heureusement, Marx vint, et, mieux encore, Vladimir Ilitch Oulianov. Numéro identique, à l'oral, chez Althusser dans l'excellente *Anthologie sonore de la pensée française*, Frémeaux et Associés, CD1, « Helvétius révolutionnaire », entretien avec Serge Jouhet, RTF, 10 février 1962.

Le traitement d'Helvétius dans les Histoires mériterait un long texte. Par exemple, l'*Histoire de la philosophie* de La Pléiade, monument et institution de l'édition française, évite de lui consacrer un chapitre... On se contentera de huit références disséminées anecdotiquement dans le corps d'un ouvrage de plus de mille pages. Jean Deprun, à qui revient la charge de rédiger ce « Philosophie et problématique des Lumières » qui néglige Helvétius, consacre un chapitre entier aux « Anti-Lumières ». Gerdil ? Oui, Roche ? Bien sûr. Lignac ? Evidemment. Keranflech ? Pour sûr. Bergier, Martines de Pasqually ? Comment les éviter ? Une dizaine de pages pour ces catholiques vindicatifs. Helvétius ? Menu fretin philosophique...

Pas mieux chez Bréhier ! Dans les presque deux mille pages de son *Histoire de la philosophie* on en compte moins de deux sur Helvétius, mais c'est assez pour commettre une bourde monumentale. Selon l'éminent professeur de philosophie, sorbonnagre distingué, directeur de la *Revue philosophique*, *De l'esprit* passe pour un livre qui « est l'application, en matière intellectuelle, des thèses que d'Holbach soutenait en morale ». Bien. Sauf que le premier livre d'Helvétius paraît en 1758 et qu'à cette époque, d'Holbach n'a écrit aucun livre de philosophie et s'est contenté de traduire des ouvrages de minéralogie, de géologie, de pyritologie, de métallurgie et autres sujets scientifiques...

Le premier livre imprimé de D'Holbach, et encore, pas sous son nom, date de 1761. Il s'agit du *Christianisme dévoilé*. Helvétius, le prétendu copieur, se vend depuis trois ans en librairie. Si l'un doit s'inspirer de l'autre, ça n'est pas celui qu'on croit... On aura du mal à croire l'historiographe quand il met dans le même sac philosophique La Mettrie, Helvétius et d'Holbach pour les distinguer par le seul « élan merveilleux du style » ! Les a-t-il vraiment lus ?

Plus fort encore : un récent ouvrage de 2001 ayant pour titre *Histoire raisonnée de la philosophie morale et politique* et pour alléchant sous-titre *Le bonheur et l'utile*, passe tout bonnement sous silence le nom même d'Helvétius : introuvable dans la table des matières et dans l'index... Thomas d'Aquin, Descartes et Kant sont les plus richement dotés dans ce collectif de 750 pages dirigé par Alain Caillé. Rappelons que le bonheur et l'utile occupent l'épicentre de la philosophie d'Helvétius... On ne peut noyau plus dur !

Revenons au dictionnaire, prélevons le tome cinq dans les 10 volumes du *Grand Larousse Encyclopédique*. Entrée Helvétius : on y apprend que Claude Adrien était un philosophe matérialiste, radicalement athée, ayant collaboré à l'*Encyclopédie*. Voilà pas moins de trois erreurs en quelques lignes : cet athée farouche est un déiste ; ce philosophe matérialiste ne traite nulle part dans les mille cinq cents pages de son œuvre complète de l'atome, de la matière, des particules, il conclut même que la matière relève bien plutôt des mots creux des philosophes ; enfin, cet encyclopédiste n'a jamais publié une seule notice, même minimale, dans la somme supervisée par Diderot et d'Alembert !

Pour les Idéologues, un seul ouvrage de référence, ancien lui aussi : François Picavet, *Les Idéologues. Essai sur l'histoire des idées et des théories scientifiques, philosophiques, religieuses, etc. en France depuis 1789*, 1891, Georg Olms Verlag, reprint 1972, 628 pages. Plus récent, Laurent Clauzade, *L'Idéologie ou la révolution de l'analyse*, Tel Gallimard, 1998.

*

D'Holbach et la Boulangerie. L'œuvre complète existe grâce au courage d'un éditeur – Jean-Pierre Jackson – auquel on doit un excellent catalogue de philosophie – dont Locke, Hume, Saint-Evremond, La Mettrie, Lange. *Œuvres philosophiques*, tomes 1, 2, 3, éditions Alive, tome 4, éditions Coda. Deux mille pages de philosophie radicalement athée, matérialiste et ultra. Tome 1 : *Le Christianisme dévoilé, La Contagion sacrée, Lettres à Eugénie, Théologie portative*. Tome 2 : *Essai sur les préjugés. Système de la nature. Histoire critique de Jésus-Christ*. Tome 3 : *Tableau des saints, Le Bon Sens, Politique naturelle, Ethocratie*. Tome 4 : *Système social, La Morale universelle, Catéchisme de la nature*.

Evidemment, pas grand-chose *sur* d'Holbach, sinon Pierre Naville, *D'Holbach et la philosophie scientifique au XVIIe siècle*, Gallimard. Un livre éclaté en chapitres secs et hétérogènes – et qui date de 1943, mis à jour en 1967. La date de la première édition, pendant l'Occupation, fait de ce livre un texte militant radical pour qui sait le lire. Il reste à écrire une biographie intellectuelle critique de la vie, de l'œuvre et de la pensée du baron. Un ouvrage sur le salon, la Boulangerie, la Synagogue : René Hubert, *D'Holbach et ses amis*, André Delpuech éditeur.

*

Sade, vices et vertus. Certes Sade fut un paria, un maudit, un habitué des Enfers de bibliothèque. Mais les thuriféraires appuyés sur la très ancienne mauvaise réputation devraient revoir leurs positions : les éditions de poche existent depuis plus d'un quart de siècle et, consécration de l'institution, on trouve Sade depuis 1990 en trois volumes à La Pléiade. Les Œuvres contiennent : tome 1 : *Dialogue entre un prêtre et un moribond, Les 120 Journées de Sodome, Aline et Valcour* ; tome 2 : *Les Infortunes de la vertu, Justine ou les malheurs de la vertu, La Nouvelle Justine* ; tome 3 : *La Philosophie dans le boudoir, Histoire de Juliette.*

Les biographies : Gilbert Lely fait autorité avec *Vie du marquis de Sade*, Pauvert, 1965. Edition abrégée dans *Sade*, Idées Gallimard. Jean-Jacques Pauvert, éditeur de Sade, grand défenseur par-devers Dieu, martyr de la cause sadienne, a donné une somme en trois volumes : *Sade vivant*, tome 1 : *Une innocence sauvage* (1740-1777), tome 2 : *« Tout ce qu'on peut concevoir dans ce genre-là... »* (1777-1793), tome 3 : *« Comme je me flatte que ma mémoire »* (1793-1804), chez Robert Laffont. Une hagiographie de plus de mille cinq cents pages : le héros dans toute sa superbe, le bourreau est une victime, les victimes, des bourreaux. Bel exemple de mauvaise foi et d'aveuglement. Le contraire d'un travail d'historien – qui manque. Dès lors, on tiendra pour négligeable la série des autres biographies qui se contentent de reformuler Lely et Pauvert.

La coterie des gendelettres souteneurs du fascisme sadien : Jean Paulhan, *Le Marquis de Sade et sa complice* (1945), éd. Complexe ; Maurice Blanchot, *Lautréamont et Sade* (1949), Minuit et *La Raison de Sade* (1963) in *Sade et Restif de la Bretonne*, éd. Complexe ; Pierre Klossowski, *Sade mon prochain*, précédé de *Le Philosophe scélérat*, Seuil (1947 et 1967) ; Georges Bataille, *La Littérature et le Mal*, (1957), Gallimard ; Michel Foucault, *Folie et Déraison. Histoire de la folie à l'âge classique* (1961), Plon ; Lacan, *Kant avec Sade* (1963) repris dans *Ecrits*, Seuil ; Gilles Deleuze, *Présentation de Sacher-Masoch*, (1967), Minuit ; Roland Barthes, *Sade, Fourier, Loyola* (1971), Seuil ; Annie Le Brun, *Soudain, un bloc d'abîme, Sade*

(1986), Pauvert ; Sollers, *Sade contre l'Etre suprême*, précédé de *Sade dans le temps* (1996), Gallimard. Pareil aréopage sidère...

Les antifascistes : Raymond Queneau, « Lectures pour un front », in *Bâtons, chiffres et lettres* (1945), Gallimard ; Max Horkheimer et Theodor W. Adorno, *La Dialectique de la raison* (1947), Gallimard ; une note seulement dans Hannah Arendt, *Les Origines du totalitarisme* (1951), Gallimard ; Albert Camus, un chapitre de *L'Homme révolté*, « La négation absolue : un homme de lettres »*,* (1951), Gallimard. Un livre qui ne tient pas ses promesses sur le sujet : *Sade ou la tentation totalitaire* (2001), Honoré Champion, par Svein-Eirik Fauskeväg – belle idée, mais pari non tenu, le livre reste à écrire.

Simone de Beauvoir saisit la part féodale du marquis dans *Faut-il brûler Sade ?* (1955) mais n'en tire pas toutes les conclusions, l'ensemble reste décevant, surtout au regard des belles intuitions ; Sartre analyse – brillamment – le sadisme, mais pas Sade, dans *L'Etre et le Néant*. En revanche, dans la *Critique de la raison dialectique*, sacrifiant lui aussi à la fable d'un Sade authentiquement révolutionnaire, Sartre ne peut conclure à ce que sa magistrale analyse laisse pourtant percevoir : Sade penseur du fascisme quintessencié...

*

Révolutionner la Révolution. Des tonnes de livres sur le sujet de la Révolution française, mais très peu sortent de la vulgate. Conservatrice avec Tocqueville, romantique avec Michelet, socialiste avec Jaurès, communiste – robespierriste donc... – avec Mathiez ou Soboul, libérale avec Furet, sans compter les ouvrages thématiques sur tous les sujets concernant cette époque, les encyclopédies, les dictionnaires et livres d'occasions faits pour rentabiliser la plume lors des célébrations. Biographies comprises...

D'où l'intérêt d'une lecture réellement alternative et radicalement libertaire avec Daniel Guérin, *La Lutte de classes sous la Première République. Bourgeois et « bras nus » (1793-1797)*, deux volumes chez Gallimard, 1946. Ces plus de huit cents pages ont donné lieu à une synthèse intitulée *Bourgeois et Bras nus (1793-1795)*, Idées Gallimard, 1973. Remarquable pour démonter une légende et détruire les lieux communs. On lira, du même auteur, *La Révolution française et nous*, Maspero, 1976, pour penser cette période historique en regard de notre modernité. Voir aussi *Les Anarchistes et la Révolution française*, un collectif sous la direction de Gaetano Manfredonia, éditions du Monde libertaire, 1990.

Sur quelques questions concernant les ultras : Serge Bianchi, *La Révolution culturelle de l'an II. Elites et peuple*, Aubier. Maurice Dommanget, *1793. Les Enragés contre la vie chère suivi de Les curés rouges. Jacques Roux – Pierre Dolivier. Manifeste des enragés et des égaux*, éd. Spartacus. Du même, chez le même éditeur, *Babeuf et la conjuration des Egaux*. Enfin, texte introuvable et très intéressant – ceci expliquant cela – Patrick Kessel a réuni sous le titre *Les Gauchistes de 89*, 10/18, une somme extraordinaire de textes d'inconnus qui occupaient l'ultra-gauche pendant la Révolution française. Textes de Momoro, Roux, Maréchal, Lequinio, Varlet, Cloots et beaucoup d'autres cachés par l'habituelle carte postale de l'historiographie dominante.

*

Une philosophie de ministre. Victor Cousin est le prototype du philosophe raté faisant une carrière politique à l'aide de la philosophie. Pour se rendre compte de ce qu'est une carrière de ce genre, on lira la somme de Patrice Vermeren, *Victor Cousin. Le jeu de la philosophie et de l'Etat*, L'Harmattan. A quoi on ajoutera une très intéressante compilation des textes de cette sorte d'individu, d'autant plus proche du pouvoir qu'il s'est éloigné de la philosophie : *La Philosophie saisie par l'Etat. Petits écrits sur l'enseignement philosophique en France (1789-1900)*, Aubier. Lire également, colligées par Michel Espagne et Michael Werner, *Lettres* d'Allemagne. Victor Cousin et les hégéliens, éd. du Lérot. Voir aussi Eric Puisais, *La Naissance de l'hégélianisme français (1830-1870)*, L'Harmattan. Un excellent exemple du fonctionnement de la machine à détruire la pensée alternative par les philosophes dominants est proposé dans le détail par Pierre F. Daled, *Le Matérialisme occulté et la Genèse du « sensualisme ». Ecrire l'histoire de la philosophie en France*, Vrin.

LA CONSTELLATION HÉDONISTE	LA CONSTELLATION IDÉALISTE
	1694 : naissance de Voltaire.
1698 : (7 juill.) naissance de Maupertuis.	
1709 : (19 déc.) naissance de La Mettrie.	
	1710 : Leibniz, Théodicée.
	1710 : Berkeley, Principes de la connaissance humaine.
	1712 : naissance de Rousseau.
1713 : naissance de Diderot.	*1713 : Fénelon*, Démonstration de l'existence de Dieu.
	1714 : Leibniz, La Monadologie.
1715 : (janv.) naissance d'Helvétius.	*1715 : mort de Malebranche.*

1715 : mort de Louis XIV. Régence.

1716 : naissance de Dom Deschamps.	
	1717 : mort de Leibniz.
1719-1729 : écriture des *Mémoires* de l'abbé Meslier.	
1723 : (8 déc.) naissance de D'Holbach.	

1723 : Louis XV sur le trône.

	1724 : naissance de Kant.
1729 : (28 ou 29 juin) mort de Jean Meslier.	
	1734 : Lettres philosophiques *de Voltaire.*
1740 : naissance de Sade.	
1745 : *Histoire naturelle de l'âme*, de La Mettrie.	
1748 : *L'Homme-Machine, L'Homme-Plante* et *Discours sur le bonheur, ou L'Anti-Sénèque*, de La Mettrie.	
1748 : naissance de Bentham.	

LA CONSTELLATION HÉDONISTE	LA CONSTELLATION IDÉALISTE
1749 : à Berlin, *Essai de philosophie morale*, Maupertuis. Edition française en 1751.	
1750 : *Les Animaux plus que machines*, de La Mettrie.	
	1750 : Discours sur les sciences et les arts, *de Rousseau.*
1751 : mort de La Mettrie.	*1751 :* Diatribe du Docteur Akakia (contre Maupertuis), *de Voltaire.*
	*1751 : dans l'*Encyclopédie *(art. « Athéisme »), l'abbé Yvon réclame la peine de mort pour les athées.*
	1754 : Discours sur l'origine et les fondements de l'inégalité parmi les hommes, *de Rousseau.*
1755 : Morelly, *Code de la nature*.	
1756 : naissance de Godwin.	*1756 :* Poème sur le désastre de Lisbonne, *de Voltaire.*

1757 : déclaration royale qui punit de mort les auteurs, éditeurs, colporteurs d'écrits hostiles à la religion.

1758 : *De l'esprit*, d'Helvétius.

1759 : (27 juillet) mort de Maupertuis.	*1759 :* Candide, *de Voltaire.*

1759 : condamnation au feu de De l'esprit *d'Helvétius.*

1761 : *Le Christianisme dévoilé*, de D'Holbach.

1762 : Calas roué à mort.

1762 : Voltaire imprime et diffuse un faux Testament *de Jean Meslier.*

LA CONSTELLATION HÉDONISTE	LA CONSTELLATION IDÉALISTE
	1762 : Contrat social, l'Emile *et* La Profession de foi du vicaire savoyard, *de Rousseau.*
1764 : Beccaria, Traité des délits et des peines	*1764 :* Lettres écrites de la montagne, *Rousseau*
	1764 : Dictionnaire philosophique *(Contre l'athéisme), de Voltaire.*
1766 : *Lettres de Trasybulle à Leucippe*, de Fréret.	
1768 : affaire Rose Keller / Sade.	
1769 : *Essai sur les préjugés*, de Dumarsais.	
1769-1770 : *Histoire critique de Jésus-Christ, L'Esprit du judaïsme, Examen critique de la vie et des ouvrages de Paul* et *Tableau des saints,* de D'Holbach.	
1770 : *Système de la nature*, de D'Holbach.	*1770 : naissance de Hegel.*
1770 : *Jordanus Brunus redivivus* (manuscrit clandestin).	*1770 : Voltaire écrit contre d'Holbach :* Dieu, réponse au Système de la nature.
1771 : (26 déc.) mort d'Helvétius.	
1772 : (posth.) *De l'homme*, Helvétius.	
1772 : *Le Bon Sens*, de D'Holbach.	
1772 : naissance de Charles Fourier.	
1772 : affaire de Marseille / Sade.	
1773 : *Supplément au voyage de Bougainville*, Diderot.	
	1774 : avènement de Louis XVI.
1774 : mort de Dom Deschamps.	
1775 : (posth.) *La Vérité ou le Vrai Système*, de Dom Deschamps.	

LA CONSTELLATION HÉDONISTE	LA CONSTELLATION IDÉALISTE
1775 : Diderot, *Réfutation suivie de l'ouvrage d'Helvétius intitulé : L'Homme*.	
	1778 : mort de Rousseau et de Voltaire.
	1781 : (posth.) les Confessions *de Rousseau.*
	1781 : Critique de la raison pure, *de Kant.*
1782 : *Dialogue entre un prêtre et un moribond*, de Sade.	*1782 : (posth.)* Rêveries du promeneur solitaire, *de Rousseau.*
1784 : mort de Diderot.	*1784 :* Qu'est-ce que les Lumières ? *et* Idée d'une histoire universelle d'un point de vue cosmopolitique, *de Kant.*
	1785 : Fondements de la métaphysique des mœurs, *de Kant.*
1787 : *Les Infortunes de la vertu*, de Sade.	
	1788 : Critique de la raison pratique, *de Kant.*
1789 : (21 janv.) mort de D'Holbach.	
1789 : *Aline et Valcour*, de Sade.	

1789 : Révolution française.

1789 : *Introduction aux principes de morale et de législation*, de Bentham.	
	1790 : Critique de la faculté de juger, *de Kant.*
1791 : *Justine ou les malheurs de la vertu*, de Sade.	
	1792 : Du mal radical dans la nature de l'homme, *de Kant.*
	1793 : La Religion dans les limites de la simple raison, *de Kant.*

21 janvier 1793 : exécution de Louis XVI.

LA CONSTELLATION HÉDONISTE	LA CONSTELLATION IDÉALISTE

1793 : *Enquête sur la justice politique*, de Godwin.

20 prairial An II (8 juin 1794) : Fête de l'Etre suprême.

1794 : *Esquisse d'un tableau historique des progrès de l'esprit humain*, de Condorcet.

1795 : *La Philosophie dans le boudoir*, et *La Nouvelle Justine* suivie de *L'Histoire de Juliette*, de Sade.

        1798 : Anthropologie d'un point de vue pragmatique, *de Kant.*
        1798 : L'âme du monde, *de Schelling.*
        1798 : Système de l'éthique, *de Fichte.*

18 brumaire An VII (10 nov. 1799) : coup d'Etat de Bonaparte.

        1800 : Système de l'idéalisme transcendantal, *de Fichte.*
        1802 : Foi et Savoir, *de Hegel.*
        1804 : mort de Kant.

1804 : Napoléon empereur.

        1804 : Philosophie et religion, *de Schelling.*

1806 : naissance de John Stuart Mill.

        1807 : Phénoménologie de l'esprit, *de Hegel.*

1808 : *Théorie des quatre mouvements*, de Fourier.

        1812 : Science de la logique, *de Hegel.*

1814 : mort de Sade.

LA CONSTELLATION HÉDONISTE	LA CONSTELLATION IDÉALISTE
1820 : *Le Nouveau Monde industriel et sociétaire*, de Fourier.	
	1831 : mort de Hegel.
1832 : mort de Bentham.	
1836 : mort de Godwin.	
1837 : mort de Charles Fourier.	

INDEX

CORPS

âme
 animaux, 113
 immatérielle, 35, 113, 181, 236, 247
 immortelle, 35, 38, 120, 162, 201, 236, 248
 matérielle, 29, 32, 83, 102, 103, 113, 181, 201, 247
 monisme, 32, 83, 102, 103, 114, 120, 247, 248
 mortelle, 31, 32, 56, 247, 289
amour de soi, 119
célébré, 39
cinq sens, 190, 191, 247
haine du corps, 37, 310
passions, 39, 77, 78, 151, 156, 190, 191, 193, 202, 206, 208, 285, 288
plaisirs de l'âme, 113, 163, 164
plaisirs du corps, 113, 163, 164
sexualité
 morale chrétienne, 70, 71
 d'Holbach, 252
 Meslier, 70, 71
 Sade, 273, 275, 277, 278, 295, 296, 297, 298, 299

ESTHÉTIQUE

Boucher, 134
Fragonard, 134
Lancret, 134
Watteau, 134

EUDÉMONISME

bonheur,
 Helvétius, 170, 171, 172, 177, 205, 207, 208, 212, 213, 215, 217, 219
 d'Holbach, 222, 237, 242, 244, 253, 259, 260, 263, 265, 286, 318, 319, 320
 Maupertuis, 140, 160, 166
 Meslier, 56, 57, 84, 92, 93
 La Mettrie, 110, 111, 134, 135
 ultras, 39, 40
malheur, 125, 132, 160, 202, 218, 260
et politique, 228, 258

FEMME

haine, 37, 300
Helvétius et les femmes, 168, 170
inférieure, 21, 22, 25
Kant et les femmes, 21, 22, 25, 26
Maupertuis et les femmes, 145, 147, 148
Meslier et les femmes, 46, 49, 70, 72
La Mettrie et les femmes, 109, 134
misogynie, 272
Sade et les femmes, 272, 273, 274, 275, 276, 277, 281, 293, 294, 296, 297, 298, 300

HÉDONISME

chrétien, 164, 165, 166
désir
 d'Holbach, 239, 242, 248, 250
 Maupertuis, 139, 161, 162, 166
 Meslier, 61, 70, 81
 ultras, 37, 39

334 *Les Ultras des Lumières*

Helvétius, 167, 192, 193, 206
d'Holbach, 248, 250
La Mettrie, 133, 134, 135
moderne, 37
politique, 84, 85
plaisir
  arithmétique, 141, 156, 157, 158, 318
  définition, 159
  mesure, 159
  recherche, 170
  ultras, 38, 39
Sade, 271, 279, 286, 294, 300
social, 56, 84, 92, 93
et utilitarisme, 140

HISTORIOGRAPHIE

ce qu'elle est, 15, 16, 301, 304
dominante, 19, 23, 36, 43, 140, 156, 164, 301, 304, 305, 310, 311, 312
fautive, 100, 265, 278
personnage conceptuel, 224
subalterne, 19, 36, 219, 305, 310, 311, 312
Université, 309, 310, 311

LIBERTÉ

déterminisme,
  théologique, 31
  ultras, 31
  La Mettrie, 104, 109, 124, 126, 127, 128, 129, 132, 287, 288
  d'Holbach, 248, 250, 255, 256, 257, 266, 287, 288
  Sade, 284, 286
d'expression, 30
libéralisme, 39, 174, 262, 304
libre arbitre
  La Mettrie, 124, 125, 127, 288
  Maupertuis, 162
  d'Holbach, 245, 248, 251, 255, 256, 288
  Sade, 284, 285
  ultras, 31, 32, 38

LUMIÈRES

définition, 25, 26, 27
pensée clandestine, 28, 29, 30, 31, 32, 33, 50, 51, 106, 175, 314, 329
philosophiques, 19, 20, 21
radicales, 23, 27, 28, 36, 37
salons, 20, 25, 27, 28, 30, 52, 79, 86, 145, 148, 150, 151, 173, 174, 175, 176, 192, 203, 218, 219, 221, 224, 225, 226, 229, 254, 321
siècle des Lumières, 16, 17, 18, 313, 314
  emblèmes, 21, 22, 23
  invention, 16
théologiques, 19, 20

MATÉRIALISME

autonome, 37, 38
clinamen, 69, 80, 132, 245, 255, 257
critiqué, 24, 68
français, 37, 78, 79, 80, 81, 82, 83, 101
Helvétius, 181, 182
d'Holbach, 228, 245, 246
immanence, 37, 39, 40, 73, 79, 104, 122, 133, 199, 201, 205, 240, 247, 248, 265, 285, 288
matière = Dieu, 118, 119, 123
particules, 38, 69, 80, 245, 320
Sade, 288

MORALE

bien, 28, 60, 89, 110, 124, 127, 130, 160, 161, 162, 163, 166, 176, 178, 196, 197, 198, 199, 201, 203, 214, 251, 252, 259, 265, 285, 289, 290
chrétienne, 55, 69, 71, 196, 244, 289
colère, 43, 53, 57, 79, 90, 93, 149, 151, 188, 234, 267
immoralisme, 124, 244
mal, 60, 66, 73, 83, 84, 110, 124, 127, 130, 160, 176, 178, 196, 197, 200, 201, 204, 251, 252, 265, 285, 289, 290, 295, 322
punition, , 34, 38, 88, 128, 216, 226, 251, 293, 294
prudence, 28, 106, 112, 115, 116, 117, 161, 202, 225
remords, 76, 111, 113, 125, 126, 127, 132, 133, 199, 288, 289
tendresse, 127, 128
tolérance, 20, 39, 180, 206, 263

MORT

Epictète, 164
Epicure, 164
Helvétius, 187, 188, 189
d'Holbach, 227, 302
Marc-Aurèle, 164
Maupertuis, 154
Meslier, 52, 53, 94
La Mettrie, 107, 108, 135

Index

peine de mort, 22, 35, 128, 174, 184, 218, 251, 253, 254, 255, 277, 292, 328
Sade, 272, 273, 278, 289
suicide, 134, 156, 164, 218, 239, 242
Zénon, 164

NATURE

lois de la nature, 64, 87, 113, 153, 158, 162, 165, 166, 234, 245, 248, 250, 251, 252, 260, 264

PHILOSOPHE

rôle, 103, 104

PHILOSOPHES

I – ANTIQUITÉ

Aristippe, 163
Aristote, 68
Diogène de Sinope, 53, 97, 108, 152, 195
Diogène Laërce, 80
Epicure, 56, 58, 68, 69, 70, 80, 157, 164, 192
Esope, 63, 193
Flavius Josèphe, 45
Hippocrate, 101, 102
Horace, 26
Lucrèce, 38, 58, 176, 230
Marc-Aurèle, 164
Origène, 181
Pétrone, 109
Platon, 16, 39, 103, 152, 163, 175, 190, 199, 202, 235, 312
Protagoras, 58
Sénèque, 45
Socrate, 101, 102, 108
Tacite, 45, 62, 232, 233
Théophraste, 193
Tite-Live, 45, 253
Zénon, 164

II – RENAISSANCE

Giordano Bruno, 34, 58
Rabelais, 276
Vanini, 34, 45, 58

Chrétien épicurien

Montaigne, 45, 52, 53, 55, 56, 73, 85, 91, 108, 190, 197

III – LIBERTINS BAROQUES

Charron, 58
Gassendi, , 26, 78, 81, 85, 310
La Mothe Le Vayer, 58, 72
Saint-Evremond, 58, 135, 203, 321
Spinoza, 29, 34, 58, 65, 78, 79, 132, 158, 177, 256

IV – CLASSIQUES

D'Alembert, 24, 28, 29, 35, 78, 147, 152, 153, 186, 225, 301, 320
Bacon, 177, 186
Bayle, 31, 34, 223, 265
La Boétie, 45, 91, 197
La Bruyère, 45, 169
Condorcet, 21, 28, 30, 79, 173, 218, 225, 227, 302, 317
Descartes, 16, 17, 20, 31, 32, 33, 44, 75, 76, 79, 80, 81, 103, 120, 142, 178, 190, 191, 241, 310
Diderot, 21, 22, 24, 28, 29, 35, 79, 173, 186, 225, 229, 254, 301, 318
Fénelon, 45, 50, 86
Fichte, 311, 331
Hegel, 18, 36, 310, 311
Hobbes, 186, 190, 230
Hume, 79, 174, 225, 246, 321
Kant, 21, 22, 25, 26, 27, 37, 38, 92, 186, 199, 200, 201, 202, 203, 204, 311, 312
et Helvétius, 199, 200, 201, 204, 310
Leibniz, 149, 151, 158, 161, 177, 188, 247, 310
Locke, 175, 186, 190, 191, 310, 312
Malebranche, 45, 74, 75, 76, 77, 178, 190, 247, 315
Montesquieu, 22, 28, 33, 142, 147, 186, 318
Pascal, 45, 190, 194
La Rochefoucauld, 169, 175, 193
Rousseau, 22, 23, 24, 28, 29, 33, 58, 79, 174, 180, 185, 215, 216, 225, 226, 284, 301, 306, 308
Schelling, 311, 331
Voltaire, 16, 19, 21, 22, 24, 28, 29, 33, 34, 58, 79, 94, 107, 139, 180, 186, 301, 303, 305, 306, 308, 309, 315
  et Meslier, 94, 95, 96
  et Descartes, 143
  et d'Holbach, 230, 231

V – ULTRAS

Helvétius
  et l'amitié, 197, 198

et l'amour, 196, 197
et l'anthropologie, 215
et l'argent, 168, 169, 172, 212
attaqué, 184, 185, 186
et le bonheur, 170, 171, 172, 177, 205, 207, 208, 212, 213, 215, 217, 218
et la charité, 198
et le clergé, 206, 207
et le conséquentialisme, 204
et le corps, 202
déiste, 180, 202
dénigré, 175, 176
et Descartes, 191
et Dieu, 201
son écriture, 188, 189
et l'éducation, 215, 216, 217
et l'égoïsme, 195
et les enfants, 198
et le fédéralisme, 213
et les femmes, 168, 170
formation, 167, 169
et Frédéric II, 139, 187
hédoniste, 192
et Hobbes, 190
homme d'action, 171
et l'idéalisme, 199
et l'immanence, 201
et l'industrie, 172
et Jésus, 180
et la jouissance, 196
et la justice, 40
et Locke, 190, 191
et la maçonnerie, 214
et le mariage, 202, 203
et le matérialisme, 181, 182
et la métaphysique, 201, 202
et La Mettrie, 287, 288
et la morale, 176, 177, 178
sa mort, 187, 189
naissance, 167
nominaliste, 181
son œuvre, 176, 182, 187, 188, 189
origine, 167
pensée cynique, 193, 194, 196
et la politique hédoniste, 208
et le pouvoir, 209, 210, 212
portrait, 168
et la propriété, 213
et le réformisme, 211, 212
et la religion, 178, 179, 180, 183, 184, 205, 206, 207, 208, 209
et les salons, 79, 173, 174
et le sensualisme, 178, 189, 190, 191
et l'utilitarisme, 190

et la ville, 173
et Voltaire, 171
et la volupté, 39

D'Holbach
et l'âme, 247
et l'argent, 244
et l'athéisme, 180, 228, 264, 265, 266
et le bonheur, 222, 237, 242, 244, 253, 259, 260, 263, 265, 286
caractère, 223
et le clergé, 223, 264
et le conséquentialisme, 252, 253
et le corps, 247
et le désir, 239, 242, 248, 250
et le déterminisme, 248, 250, 255, 256, 257, 258, 287, 288
et Diderot, 224
et Dieu, 233, 234, 235, 236, 237
et les dogmes, 238, 245
et l'Eglise, 237, 238
et l'*Encyclopédie*, 35
enfance, 221
et Epicure, 245
à l'Index, 30
et l'immanence, 247
et Jésus, 234, 240, 241
et la justice sociale, 262
et le libre arbitre, 245, 248, 249, 251, 255, 256, 288
et la loi, 260, 261
et le mariage, 222, 223
et Marie, 240
et le matérialisme, 40, 228, 245, 246
et La Mettrie, 287, 288
et la morale, 263, 264
sa mort, 227, 302
naissance, 221
et la nature, 244, 245, 264
noblesse, 221
et la non-violence, 244
son œuvre, 227, 228, 229, 230
et Paul de Tarse, 237, 238
et la peine de mort, 253
et le plaisir, 248, 250
et la politique, 229, 252, 258, 259, 260
et la propriété, 261, 262
pseudonyme, 222, 226
et la religion, 228, 231, 232, 234, 235, 236, 237, 238, 239, 240, 242, 243, 244, 263
son salon, 224, 225, 226, 229
et les sciences, 35
et la sexualité, 252

Index

et les textes bibliques, 232, 233, 234, 238, 241
et la tolérance, 263
et la torture, 254
traducteur, 230
et le travail, 224
et l'utilité sociale, 253
vie familiale, 222

Maupertuis
et d'Alembert, 152, 153
et les animaux, 146
et le bonheur, 140, 160, 166
caractère, 151
chrétien, 164, 165
et le désir, 139, 161, 162, 166
et Dieu, 161
discrédité, 145, 146, 149
et l'édition, 156
expéditions, 144
et les femmes, 145, 147, 148
et Frédéric II, 146, 148, 150, 154
formation, 141, 142
et La Mettrie, 106
sa mort, 154
naissance, 141
et Newton, 142, 143, 144, 155
pensée tragique, 161
et la religion, 148, 164, 165
sa santé, 147, 148, 150, 153
scientifique, 140, 154, 155
et l'utilitarisme, 140, 155, 156
et Voltaire, 150

Jean Meslier
et les animaux, 73, 74, 75, 76, 77
et l'argent, 45
et l'athéisme, 49, 58, 59, 180
et le bonheur, 56, 57, 84, 92, 93
campagnard, 25
et les cartésiens, 75, 76
et le clergé, 88, 89
et les Commandements, 71
et le communalisme, 49, 56, 85, 93
et le corps, 70
et Descartes, 44
et le désir, 61, 70, 81
et Dieu, 48, 59, 60, 61, 65, 69
et le droit naturel, 87
son écriture, 53, 54, 55
et l'éducation, 73
enfance, 44
et l'éthique catholique, 69
et les femmes, 46, 49, 70, 72
formation, 44
et les intellectuels, 90
et Jésus, 65, 66, 67, 69, 70
et le mal, 73, 74, 75, 77, 83, 84

et le mariage, 70, 72
matérialiste, 68, 69, 78, 79, 80, 81, 82, 83
et les miracles, 65
et la mort, 52, 53
sa mort, 52, 94
et la noblesse, 47, 56, 57
novateur, 32, 37, 57, 58
son œuvre, 44, 50, 52, 53, 54, 56, 94, 95, 96, 97, 98
oublié, 43, 44
et le péché, 83
et la pensée postchrétienne, 49, 57
et le peuple, 49, 72, 86, 87
et le plaisir, 39
et la politique, 84, 85, 86, 91, 92
et les prophéties, 66
et la propriété, 40, 91, 92
et la religion, 40, 47, 48, 51, 55, 56, 57, 64, 67, 68, 69
et la révolution, 91, 92
et la servitude, 73
et la sexualité, 70, 71
solitaire, 45, 46, 52, 79, 80, 97
sources, 45
et les textes sacrés, 62, 63, 64, 69

La Mettrie
agnostique, 118
et l'animal, 122, 123
et l'autobiographie, 108, 109
et le bonheur, 110, 111, 134, 135
et le corps, 120, 121
déiste, 117, 118
et le déterminisme, 104, 109, 124, 126, 127, 128, 129, 132, 287, 288
et Descartes, 103, 114, 115
et Dieu, 117, 118, 119
son écriture, 111, 113
et l'édition, 115, 116
exil, 106
et le fatalisme, 288
et les femmes, 109, 134
formation, 101, 102
et Frédéric II, 99, 102, 106, 107, 115, 139
hapax existentiel, 103
hédoniste, 133
et Helvétius, 287, 288
et d'Holbach, 287, 288
et l'immanence, 288
et la jouissance, 40
et la liberté, 124, 125, 126, 127, 287, 288
et la machine, 121, 122
matérialiste, 100, 102, 103, 104, 120, 121, 123, 124, 125

et Maupertuis, 106
et les médecins, 105
et la morale, 124, 125
et la mort, 107, 135
sa mort, 107, 108
naissance, 99, 100
son œuvre, 105, 112, 113
origine, 100
oublié, 100
panthéiste, 118, 119
pensée postchrétienne, 117
pensée tragique, 130, 131, 132
et les plaisirs, 134, 135
portrait, 99, 109
et la punition, 128
radical, 106
et la religion, 115, 117, 118, 119
et le remords, 125, 126, 127
et le rôle du philosophe, 103, 104
sa santé, 102, 103
sceptique, 118
et le stoïcisme, 133, 134
et la table, 107
et la tendresse, 127, 128
vision de l'homme, 122, 123, 124
et la volupté, 109, 110, 111

Sade
et l'âme, 289
et l'aristocratie, 291
et l'athéisme, 288
et l'autobiographie, 280
et le bien commun, 40
ses condamnations, 277, 278
et le corps, 289
ses crimes, 275, 276, 277
et la cruauté, 271, 290, 296, 297, 298
délinquant, 272, 274
et le déterminisme, 284, 285, 288
et Dieu, 288
et l'éducation, 286
étymologie de son nom, 271
sa famille, 273
et les femmes, 272, 273, 274, 275, 276, 277, 281, 293, 294, 296, 297, 298, 300
féodal, 130, 131, 272, 274, 281, 283, 292, 295, 299
sa formation, 273
et Helvétius, 286, 287
et d'Holbach, 97, 284, 285, 286, 287
et l'isolisme, 290
et la jouissance, 279
et le libre arbitre, 285, 289
et le matérialisme, 284, 288
et La Mettrie, 285, 287, 288
minimisé, 281, 282, 283
misogyne, 272
et la monarchie, 273
et la morale, 289
et la mort, 289
sa mort, 272, 278
sa naissance, 272
et la nature, 289
sa noblesse, 272
oxymorique, 284
et le pape, 273
ses parents, 272
et le peuple, 287
et le plaisir, 39, 271, 279, 287, 294, 300
et la politique, 40, 284
et la prostitution, 273
et la pulsion de mort, 288, 295, 299, 300
et la religion, 275, 288, 289
et le remords, 288, 289
et la Révolution, 273, 274, 292
sadisme, 279, 280
et la sexualité, 273, 275, 277, 278, 295, 296, 297, 298, 299
et le totalitarisme, 292, 293
et la tyrannie, 291
et l'utilitarisme, 286
et la violence, 293, 296, 297, 298

VI – MODERNES

Adorno, 272, 299, 323
Alain, 203
Althusser, 178, 319
Arendt, 272, 299, 323
Bakounine, 85
Bataille, 281, 283, 322
Bentham, 140, 216, 311, 327, 330, 332
Camus, 272, 299, 323
Deleuze, 281, 283, 322
Emerson, 312
Engels, 85, 319
Feuerbach, 61
Foucault, 281, 283, 299, 314, 322
Godwin, 140, 311, 328, 331, 332
Horkheimer, 272, 299, 323
Marx, 36, 85, 319
Mill, 140, 311, 331
Nietzsche, 11, 194, 200, 256, 280
Proudhon, 85, 319
Sartre, 281, 323
Schopenhauer, 256
Sidgwick, 311
Thoreau, 31, 312

Index

VII – OUVRAGES CITÉS

Les 120 Journées de Sodome, Sade, 271, 292, 293, 296
Abrégé des systèmes, La Mettrie, 105, 112
Aline et Valcour, Sade, 40, 290, 292
Les Animaux plus que machines, La Mettrie, 113, 123
Annales, Tacite, 62, 232
Anthropologie d'un point de vue pragmatique, Kant, 200, 202
L'Anti-Sénèque ou Discours sur le bonheur, 104, 108, 110, 112, 113, 117, 125, 126, 133, 287
L'Art de jouir, La Mettrie, 112, 134, 288
L'Art de la verrerie, d'Holbach, 224
Le Bonheur, Helvétius, 170, 318
Le Bon Sens du curé Meslier, d'Holbach, 96
Candide, Voltaire, 150
Les Caractères, La Bruyère, 169
Caractéristiques de l'homme, Shaftesbury, 157
Catéchisme du curé Meslier, Sylvain Maréchal, 97
Le Christianisme dévoilé, d'Holbach, 36, 226, 228, 230, 320, 321
Cinq Mémoires sur l'instruction publique, Condorcet, 218
Code de la Nature, Morelly, 40, 211
La Contagion sacrée ou Histoire naturelle de la superstition, d'Holbach, 228, 230
Le Contrat social, Rousseau, 30
Contribution à la critique de la philosophie du droit de Hegel, Marx, 36
Cours de philosophie, Victor Cousin, 310
Critique de la raison pratique, Kant, 33, 186, 200
Critique de la raison pure, Kant, 33
Critique des Evangiles synoptiques, Bruno Bauer, 65
Définition du concept de race humaine, Kant, 22
De la nature des choses, Lucrèce, 38, 80, 230
De la nature humaine, Hobbes, 230
De la recherche de la vérité, Malebranche, 75
De la vie heureuse, Sénèque, 133
De l'esprit, Helvétius, 140, 168, 170, 175, 176, 179, 181, 183, 186, 187, 188, 189, 191, 192, 196, 197, 200, 201, 202, 209, 286, 318, 320
De l'Esprit des lois, Montesquieu, 284
De l'homme, Buffon, 22
De l'homme, Helvétius, 170, 173, 175, 179, 180, 181, 183, 187, 188, 196, 201, 205, 215, 218, 286, 318
Démonstration de l'existence de Dieu, Fénelon, 50
Des délits et des peines, Beccaria, 254
Des réactions politiques, Benjamin Constant, 203
Dialectique de la raison, Horkheimer, Adorno, 299
Dialogue entre un prêtre et un moribond, Sade, 97
Diatribe du docteur Akakia, Voltaire, 150
Dictionnaire, Boiste, 280
Dictionnaire des athées, Sylvain Maréchal, 307
Dictionnaire philosophique, Voltaire, 33, 34
Des différentes races humaines, Kant, 22
Dieu, réponse au Système de la nature, Voltaire, 231
Discours de la méthode, Descartes, 191
Discours de la servitude volontaire, La Boétie, 91
Discours préliminaire, La Mettrie, 103, 112, 115, 117, 131
Discours sur la liberté des cultes, Robespierre, 303
Discours sur les miracles, Woolston, 230
Discours sur les sciences et les arts, Rousseau, 22
Discours sur l'origine de l'inégalité parmi les hommes, Rousseau, 92
Dissertation physique à l'occasion du nègre blanc, Maupertuis, 140, 154
Dissertation sur saint Pierre, d'Holbach, 238

Doctrine de la vertu, Kant, 202
Doctrine du droit, Kant, 203
Eloge de la Mettrie, Frédéric II, 99
Emile, Rousseau, 217
Encyclopédie, d'Alembert et Diderot, 29, 33, 34, 35, 157, 173, 182, 224, 225, 296, 301, 313
Enquête sur l'entendement humain, Hume, 246
Epître à l'auteur du livre « Les trois imposteurs », Robespierre, 303
Epître à Mlle A.C.P. ou la Machine renversée, La Mettrie, 110, 111, 124
Epître à mon esprit ou l'anonyme persiflé, La Mettrie, 111
Epître sur le plaisir, Helvétius, 170, 171, 318
Epître sur les arts, Helvétius, 170, 318
Esquisse d'un tableau historique des progrès de l'esprit humain, Condorcet, 218, 302
Essai concernant l'entendement humain, Locke, 191
Essai de cosmologie, Maupertuis, 149, 153, 165
Essai de philosophie morale, Maupertuis, 140, 148, 155, 158, 161, 162, 165
Essai sur divers sujets de littérature et de morale, abbé Trublet, 157
Essai sur la société des gens de lettres et des grands, sur la réputation, sur les mécènes, et sur les récompenses littéraires, d'Alembert, 152
Essais, Montaigne, 52, 53, 55, 108
Ethica more geometrico, Spinoza, 158
L'Ethocratie ou Le gouvernement fondé sur la morale, d'Holbach, 222, 225, 229, 251, 254, 259, 260, 262, 263, 265, 286, 321
Examen critique de la vie et des écrits de saint Paul, d'Holbach, 238
Examen des principes et des effets de la religion chrétienne, d'Holbach, 226
Extrait des sentiments de Jean Meslier, Voltaire, 96
La Fable des abeilles, Mandeville, 221

La Faculté vengée, La Mettrie, 105
Figure de la terre, Maupertuis, 154
Français, encore un effort si vous voulez être républicains, Sade, 273, 291
Le Gai savoir, Nietzsche, 280
La Guerre des Gaules, Jules César, 232
Histoire critique de Jésus-Christ ou Analyse raisonnée des Evangiles, d'Holbach, 228, 233
Histoire de Juliette, Sade, 274
Histoire de la folie à l'âge classique, Foucault, 283
Histoire du matérialisme, Friedrich Albert Lange, 100
Histoire naturelle de l'âme, La Mettrie, 105
L'Homme-Machine, La Mettrie, 100, 106, 110, 112, 113, 116, 117, 118, 120, 122, 126, 131, 287
L'Homme-Plante, La Mettrie, 113, 122
L'Homme révolté, Albert Camus, 299, 323
Les Infortunes de la vertu, Sade, 290
Introduction à la minéralogie, d'Holbach, 224
Jordanus Brunus redivivus, Anonyme, 32
Lettre de Thrasybule à Leucippe, Nicolas Fréret, 32
Lettres, Epicure, 80
Lettres persanes, Montesquieu, 142
Lettres philosophiques, Voltaire, 95, 143
Lettres sur l'art de conserver la santé et prolonger la vie, La Mettrie, 105
Livre de la sagesse éternelle, Emanuel Swedenborg, 18
Les Lois du mouvement et du repos déduites d'un principe métaphysique, Maupertuis, 149
Manifeste des égaux, Sylvain Maréchal, 307
Maximes, La Rochefoucault, 169
Mémoires, Saint-Simon, 169
Mémoires sur l'instruction publique, d'Holbach, 227
Métaphysique des mœurs, Kant, 186, 201
Météores, Descartes, 142

Index

La Morale universelle ou Les Devoirs de l'homme fondés sur sa nature, d'Holbach, 229, 286, 321

La Nouvelle Justine, Sade, 279, 285, 290, 292

Nouvelles Libertés de penser, Anonyme, 32

Origine des êtres et des espèces, Henri de Boulainvilliers, 32

Les Origines du totalitarisme, Hannah Arendt, 299, 323

L'Ouvrage de Pénélope, La Mettrie, 112

Pensées philosophiques, Diderot, 33

Pensées sur la comète, Pierre Bayle, 265

Petit homme à longue queue, La Mettrie, 112

Phédon, Platon, 235

Phénoménologie de l'esprit, Hegel, 18, 311

Le Philosophe, Dumarsais, 32

La Philosophie dans le boudoir, Sade, 97, 285, 286

Politique du médecin de Machiavel, La Mettrie, 105, 112

Politique naturelle ou Discours sur les vrais principes du gouvernement, d'Holbach, 229, 286

Premier Mémoire sur les Cacouacs, Jacob Nicolas Moreau, 20

Présentation de Sacher-Masoch, Deleuze, 283, 322

Principes de la philosophie, Descartes, 80

Principes de la philosophie du droit, Hegel, 311

La Profession de foi du vicaire savoyard, Rousseau, 23, 33

Prolégomènes à toute métaphysique future qui pourra se présenter comme science, Kant, 201

Psychopathia sexualis, Krafft-Ebing, 280

Pyritologie, d'Holbach, 224

Rapport du physique et du moral de l'homme, Cabanis, 227

Réflexions sur l'athéisme, Tournemire, 50

Réflexions sur l'esclavage des Nègres, Condorcet, 21

Réflexions sur l'existence de l'âme et sur l'existence de Dieu, Anonyme, 32

Règles pour la direction de l'esprit, Descartes, 158

La Religion dans les limites de la simple raison, Kant, 37, 200

Réponse à la question : Qu'est-ce que les Lumières ?, Kant, 21, 25

La République, Platon, 16

La Richesse des nations, Adam Smith, 174, 221

Sade, Fourier, Loyola, Barthes, 282, 322

Supplément au voyage de Bougainville, Diderot, 21

Sur la faculté de penser, Volney, 227

Sur les preuves de l'existence de Dieu, André Robert Peruelle, 32

Sur un prétendu droit de mentir par humanité, Kant, 203

Surveiller et punir, Michel Foucault, 299

Système de la nature ou Des lois du monde physique et du monde moral, d'Holbach, 96, 140, 223, 228, 229, 230, 231, 242, 245, 246, 247, 250, 251, 255, 257, 259, 266, 287, 321

Système d'Epicure, La Mettrie, 109, 113

Le Système social ou Principes naturels de la morale et de la politique, avec un examen de l'influence du gouvernement sur les mœurs, d'Holbach, 229, 321

Tableau des saints, d'Holbach, 228

Testament, Jean Meslier, 32, 48, 49, 50, 52, 53, 54, 55, 56, 58, 77, 80, 85, 91, 94, 96, 307, 315

Testament de Jean Meslier, Rudolf Charles, 97

Théologie portative ou Dictionnaire abrégé de la religion chrétienne, d'Holbach, 228

Théorie des sentiments moraux, Adam Smith, 221

Le Tonneau de Diogène, Sylvain Maréchal, 97

Traité de l'âme, La Mettrie, 105, 110, 113

Traité de la vie heureuse par Sénèque avec un Discours du traducteur sur le même sujet, La Mettrie, 133

Traité de l'homme, Descartes, 75
Traité du soufre, d'Holbach, 224
Traité du vertige, La Mettrie, 103, 108, 110
Traité mathématique sur le bonheur, Stillingfleet, 157
Vénus métaphysique, La Mettrie, 134
Vénus physique, Maupertuis, 154
Vie d'Apollonios de Tyane, Philostrate, 64
Vies, opinions et sentences des philosophes illustres, Diogène Laërce, 80
La Voix de la perfectibilité, Fabre d'Eglantine, 19
La Volupté, La Mettrie, 112, 134
Vues sur le genre humain, Fabre d'Eglantine, 19
Zadig, Voltaire, 143

VIII – BIOGRAPHIE / AUTOBIOGRAPHIE

Montaigne, 108
La Mettrie, 108, 109

POLITIQUE

eudémoniste, 229, 258, 259, 260
Frédéric II, 96, 99, 100, 102, 106, 115, 139, 146, 147, 148, 150, 152, 153, 161, 187
et Jean Meslier, 84, 85, 86, 91, 92
monarchie, 23, 30, 39
et religion, 24, 31, 34, 35, 88, 208, 209
république, 30
Révolution française, 16, 17, 21, 27, 31, 33, 49, 57, 58, 85, 89, 92, 93, 97, 134, 207, 217, 218, 272, 301, 302, 303, 304, 305
  des vainqueurs, 305, 306
  des vaincus, 305, 306, 307, 308
Robespierre, 33, 218, 302, 303, 304, 305, 306, 308
Saint-Just, 305, 306

RELIGION

agnosticisme, 58, 118
arrière-monde, 16, 34, 37, 79, 236, 239, 240
athéisme, 23, 30, 32, 33, 34, 35, 36
  avancées, 32, 33, 37
  critiqué, 24, 303
  définition, 179, 266
  d'Holbach, 180, 228, 264, 265, 266
  Meslier, 48, 49, 58, 59, 180
  moral, 263, 264, 265, 266
  naissance, 32
  et réflexion, 267
  Sade, 288
charité, 180, 194, 196, 198, 209, 243, 286, 291
christianisme hédoniste, 165, 166
déchristianisation, 33, 57, 263, 300, 307, 308
déisme, 23, 24, 29, 33, 34, 36, 37, 58, 117, 118, 165, 180, 231, 309
et démocratie, 302
Dieu, 23, 24, 29, 33, 34, 37, 38, 48, 59, 60, 61, 65, 69, 117, 118, 119, 161, 201, 233, 234, 235, 236, 237, 288
espérance, 243
Eucharistie, 67, 68, 69
et hédonisme, 84, 85
et matière, 118, 119, 123
fidéisme, 165
hédoniste, 156, 207, 208
Index, 29, 30
saint Jérôme, 63
Jésus, 29, 48, 65, 66, 67, 68, 69, 99, 100, 165, 180, 228, 231, 233, 234, 240, 241
jeûne, 243
et Lumières, 16
miracles, 24, 29, 64, 65, 66, 96, 230, 234, 243
morale sexuelle, 70, 71
mort, 239, 240
mysticisme
  Cagliostro, 19
  Fabre d'Eglantine, 18, 19
  Louis Claude de Saint-Martin, 18
  Emanuel Swedenborg, 18
panthéisme, 58, 118, 165
Paul de Tarse, 64, 88, 228, 231, 237, 238, 243, 274, 300
péché, 38, 60, 62, 65, 69, 75, 83, 84, 119, 124, 127, 200, 202, 234
et politique, 24, 31, 34, 35, 88, 208, 209
polythéisme, 58
prophéties, 55, 64, 66, 96, 234, 241
punition, 34, 35, 38, 88
résurrection, 29, 235
sacrements, 69, 70, 189, 206, 235, 239
Thomas d'Aquin, 68, 320
théisme,, 23, 34, 37, 165

et tradition, 267
Trinité, 67, 68, 69
abbé Yvon, 33, 35, 36, 224, 328

SCIENCES

abbé Bergier, 20, 24, 230, 319
Boyle, 17
et *Encyclopédie*, 38
Franz Joseph Gall, 17
Huygens, 17
Lelarge de Lignac, 20, 319
Franz Anton Mesmer, 18

Newton, 17, 142, 143, 144, 145, 146, 150, 151, 155, 158, 186
abbé Odet Giry de Saint-Cyr, 20

UTILITARISME

161, 166, 186, 188, 189, 199, 204, 207, 216, 217, 223, 229, 252, 258, 261, 286, 311

VIE PHILOSOPHIQUE

conversation, 30, 82, 113, 134, 139, 147, 148, 170, 172, 176, 183, 224, 225, 226, 267

Du même auteur :

A CÔTÉ DU DÉSIR D'ÉTERNITÉ, *Fragments d'Egypte*, Mollat, 1998. Le Livre de Poche, 2006.
ANTIMANUEL DE PHILOSOPHIE, *Leçons socratiques et alternatives*, Bréal, 2001.
ARCHÉOLOGIE DU PRÉSENT, *Manifeste pour l'art contemporain*, Grasset-Adam Biro, 2003.
ARS MORIENDI, *Cent petits tableaux sur les avantages et les inconvénients de la mort*, Folle Avoine, 1994.
L'ART DE JOUIR, *Pour un matérialisme hédoniste*, Grasset, 1991. Le Livre de Poche, 1994.
CÉLÉBRATION DU GÉNIE COLÉRIQUE, *Tombeau de Pierre Bourdieu*, Galilée, 2002.
LE CHIFFRE DE LA PEINTURE, *Valerio Adami*, Galilée, 2008.
LA COMMUNAUTÉ PHILOSOPHIQUE, *Manifeste pour l'Université populaire*, Galilée, 2004.
CYNISMES, *Portrait du philosophe en chien*, Grasset, 1990. Le Livre de Poche, 2004.
EPIPHANIE DE LA SÉPARATION, *La peinture de Gilles Aillaud*, Galilée, 2004.
ESTHÉTIQUE DU PÔLE NORD, *Stèles hyperboréennes*, Grasset, 2002. Le Livre de Poche, 2004.
FÉERIES ANATOMIQUES. *Généalogie du corps faustien*, Grasset, 2003. Le Livre de Poche, 2004.
FIXER LES VERTIGES, *Les photographies de Willy Ronis*, Galilée, 2007.
LES FORMES DU TEMPS, *Théorie du sauternes*, Mollat, 1996. Le Livre de Poche, 2009.
LES ICÔNES PAÏENNES, *Variations sur Ernest Pignon-Ernest*, Galilée, 2003.
L'INNOCENCE DU DEVENIR, *Une vie de Nietzsche*, Galilée, 2008.
L'INVENTION DU PLAISIR, *Fragments cyrénaïques*, Le Livre de Poche, 2002.

MÉTAPHYSIQUE DES RUINES, *La peinture de Monsu Desiderio*, Mollat, 1995.

L'ŒIL NOMADE, *La peinture de Jacques Pasquier*, Folle Avoine, 1993.

PHYSIOLOGIE DE GEORGES PALANTE, *Portrait d'un nietzschéen de gauche*, Grasset, 2002. Le Livre de Poche, 2004.

POLITIQUE DU REBELLE, *Traité de résistance et d'insoumission*, Grasset, 1997. Le Livre de Poche, 1999.

PRÊTER N'EST PAS VOLER, Mille et une nuits, 2000.

LA PUISSANCE D'EXISTER, *Manifeste hédoniste*, Grasset, 2006. Le Livre de Poche, 2008.

LA RAISON GOURMANDE, *Philosophie du goût*, Grasset, 1995. Le Livre de Poche, 1997.

LA SAGESSE TRAGIQUE, *Du bon usage de Nietzsche*, Le Livre de Poche, 2006.

LA SCULPTURE DE SOI, *La morale esthétique*, Grasset, 1993 (Prix Médicis de l'essai). Le Livre de Poche, 1996.

LE SONGE D'EICHMANN, Galilée, 2008.

LE SOUCI DES PLAISIRS, *Construction d'une érotique solaire*, Flammarion, 2008.

SPLENDEUR DE LA CATASTROPHE, *La peinture de Vladimir Vélikovic*, Galilée, 2002.

SUITE À LA COMMUNAUTÉ PHILOSOPHIQUE, Galilée, 2006.

THÉORIE DU CORPS AMOUREUX, *Pour une érotique solaire*, Grasset, 2000. Le Livre de Poche, 2001.

THÉORIE DU VOYAGE, *Poétique de la géographie*, Le Livre de Poche, 2006.

TRACES DE FEUX FURIEUX. *La Philosophie féroce*, t. 2, Galilée, 2006.

TRAITÉ D'ATHÉOLOGIE. *Physique de la métaphysique*, Grasset, 2005. Le Livre de Poche, 2006.

LE VENTRE DES PHILOSOPHES, *Critique de la raison diététique*, Grasset, 1989. Le Livre de Poche, 1990.

Journal hédoniste :

I. LE DÉSIR D'ÊTRE UN VOLCAN, Grasset, 1996. Le Livre de Poche, 1998.

II. LES VERTUS DE LA FOUDRE, Grasset, 1998. Le Livre de Poche, 2000.

III. L'ARCHIPEL DES COMÈTES, Grasset, 2001. Le Livre de Poche, 2002.

IV. LA LUEUR DES ORAGES DÉSIRÉS, Grasset, 2007.

Contre-histoire de la philosophie :

I. LES SAGESSES ANTIQUES, Grasset, 2006. Le Livre de Poche, 2007.
II. LE CHRISTIANISME HÉDONISTE, Grasset, 2006. Le Livre de Poche, 2008.
III. LES LIBERTINS BAROQUES, Grasset, 2007. Le Livre de Poche, 2009.
IV. LES ULTRAS DES LUMIÈRES, Grasset, 2007. Le Livre de Poche, 2009.
V. L'EUDÉMONISME SOCIAL, Grasset, 2008.
VI. LES RADICALITÉS EXISTENTIELLES, Grasset, 2008.

 **www.livredepoche.com**

- le **catalogue** en ligne et les dernières parutions
- des **suggestions de lecture** par des libraires
- une **actualité éditoriale permanente** : interviews d'auteurs, extraits audio et vidéo, dépêches…
- **votre carnet de lecture** personnalisable
- des **espaces professionnels** dédiés aux journalistes, aux enseignants et aux documentalistes

Composition réalisée par PCA - 44400 Rezé

Achevé d'imprimer en août 2009, en France sur Presse Offset par
Maury-Imprimeur - 45330 Malesherbes
N° d'imprimeur : 148785
Dépôt légal 1re publication : septembre 2009
LIBRAIRIE GÉNÉRALE FRANÇAISE - 31, rue de Fleurus - 75278 Paris Cedex 06

30/8445/6